關隴背景×玄武兵變×平定突厥

從血腥宮廷政變到天下大治

李世民如何在爭權奪利中締造太平盛世？

劉后濱，張飄 著

從亂世英豪到開創盛世

貞觀之治

從血腥政變中踏出一條血路，又以政治清明成為千古明君

關於唐太宗與他的和平時代——
細看李世民的輝煌一生，一睹貞觀風采！

以農為本、選賢與能、從諫如流、經略四方……
前無古人的「天可汗」，開創千年盛世的先局！

目錄

序……………………………………………………………………005

引言…………………………………………………………………007

第一章　帝王之謎 —— 李世民的身世與血統……………………009

第二章　太原風雲 —— 起兵反隋的關鍵抉擇……………………019

第三章　開國元勳 —— 李世民的戰功與忠義……………………031

第四章　戰場之王 —— 秦王的軍事奇蹟…………………………043

第五章　皇權陰影 —— 開國皇帝的次子…………………………057

第六章　生死對決 —— 玄武門政變始末…………………………071

第七章　美人與江山 —— 唐太宗的後宮世界……………………081

第八章　君臨天下 —— 擺脫玄武門的陰影………………………093

第九章　治國之道 —— 以誠換心的統治術………………………105

目錄

第十章　選才用能 —— 帝王與賢臣的博弈……………………119

第十一章　忠臣智囊 —— 唐太宗的最強輔佐………………131

第十二章　忠言逆耳 —— 魏徵與太宗的恩怨………………145

第十三章　群雄並起 —— 李世民的能人收攬術………………157

第十四章　喋血雙雄 —— 李世民的生死盟友…………………173

第十五章　門神傳奇 —— 唐太宗的生死守護者………………187

第十六章　名將風雲 —— 唐太宗與李靖………………………201

第十七章　託孤重臣 —— 李世民的最後信賴…………………217

第十八章　太宗遺澤 —— 權力交接與歷史影響………………233

附錄論文……………………………………………………………255

增訂後記……………………………………………………………325

序

吳宗國

說到唐太宗，當然離不開貞觀之治，但是成就貞觀之治的不僅是唐太宗一個人。對貞觀之治有所貢獻的，有隋煬帝，他從反面為唐初的人們留下了豐富而生動的經驗教訓；有在浩繁的工役和連年戰爭中的農民，他們以生命的代價喚醒了貞觀統治者的良知；有從隋朝末年一路打來的各路英雄，他們不僅為了百姓的生存付出艱苦卓絕的努力，而且有著豐富的政治閱歷。正是他們讓貞觀君臣了解到「為君之道」和「安人之道」。

因此貞觀之治是歷史發展的產物，是貞觀君臣和百姓共同努力的成果。而唐太宗李世民身為創造這一段輝煌歷史的領軍人物，也有特別的貢獻，因而成為歷代人們稱頌的對象，成為歷代帝王學習的楷模。

對於唐太宗這樣一位帝王，相關研究著作已經出版的不下數十種。本書只是其中較晚出版的一本。

本書從天子的身世之謎和太原起兵說起，以託孤和最後的權力交接收篇，也是圍繞唐太宗的生平展開的。但與過去的著作往往從政治、經濟、軍事和文化等各個方面作全面的鋪敘不同，本書則從細節入手，讓讀者更貼近一個真實的唐太宗。對於身為秦王的李世民在唐朝開國過程中的貢獻；對於玄武門之變以後身為皇帝的李世民如何透過實際行動表明自己做皇帝「所以養百姓也」，而不是為了家族的私利；對於唐太宗能夠將心比心，順遂人性，在大部分情況下尊重人性，也都透過具體事件和情節來加以說明。作者不是板起面孔說教，而是透過生動的敘述，向讀者揭示唐太

序

宗輝煌的一生,以就事論事的議論,和讀者一起討論唐太宗的內心世界和思想。

本書內容基本上按照問題來加以安排,同時又兼顧時間順序,把編年體和紀事本末體加以結合,方便讀者全方位地了解唐太宗。

這些都說明,作者不僅在唐太宗相關歷史問題上有深入精到的研究,而且在表現形式上也作了許多探索,使讀者能夠更了解這一段歷史。將歷史的智慧送到大眾手中,讓大眾也能享受歷史的精采與深邃,這是史學工作者的神聖使命。在這方面,本書又邁出了堅實而可喜的一步!

引言

　　凡是讀過一些書的華人，沒有不能背幾首唐詩的。一千多年前的唐代，離我們並不遙遠。那樣一個繁華盛世，是如何開創出來的呢？

　　瓦崗英雄的傳奇、門神的由來，還有「房謀杜斷」的賢相故事、諫臣魏徵向君王進諫的藝術，都是人們耳熟能詳的。這一切，都圍繞著一位偉大的帝王而展開，他就是唐太宗李世民。

　　唐太宗李世民是中國歷史上最有影響力的皇帝之一，有學者將中國古代的皇帝分為聖君、暴君、庸君和昏君四種，唐太宗就是才德兼備的「聖君」典範。

　　唐太宗的年號叫做貞觀，在位共二十三年。歷史上將他的統治時期稱為「貞觀之治」，強調那是一個治理得非常好的歷史時代，主要內涵包括：政治清明，上下一心，同心同德；社會穩定，風俗淳厚，犯罪率低；百姓對皇帝和政府充滿信任，人人都覺得生活充滿希望。

　　身為開創了「貞觀之治」的一代明君，唐太宗李世民到底是一個怎樣的皇帝呢？讀者們可以從古人的治國方略和政治實踐中汲取更多的智慧，對中國歷史上的輝煌時代給予更多的關注。

引言

第一章
帝王之謎 —— 李世民的身世與血統

歷來帝王的相貌總是被描繪得神乎其神，而開創了「貞觀之治」的李世民，同樣也不例外，說他有「龍鳳之姿，天日之表」[001]，那麼，這個體貌特徵是否也是編出來的呢？根據史書的描述，李世民的長相像是胡漢混血兒，還有的說他就是一個純粹的胡人。那麼，李世民的身上究竟有沒有漢人的血統呢？他的父系和母系家族分別是怎樣的？他的身世對他日後的治國理政又會有哪些影響？傳說李世民的母親從小不但聰慧過人，個性極強，而且頗有主見。有這樣的母親，少年時代的李世民表現出了怎樣與眾不同的才能和膽識？

下面，我們就來看看李世民的家世和身世。

一、關隴貴族的家世

李世民的曾祖父李虎，西魏時官至太尉，是當時掌握西魏實權的軍事霸主宇文泰的重要助手，因而位列「八柱國之家」，是統兵的「六柱國」之一，被賜姓大野氏，所以當時又稱大野虎。

西魏的八柱國，包括實際控制政權的宇文泰和西魏王室成員廣陵王元

---

[001]《舊唐書》卷二〈太宗本紀〉，中華書局 1975 年，第 21 頁。

第一章　帝王之謎──李世民的身世與血統

欣,但他們二人只是掛名而不帶兵。真正領兵的有六人,每一柱國各督兩位大將軍,統領整個府兵系統,構成了西魏和後來北周政權的基礎。他們分別是:李虎、李弼、獨孤信、趙貴、于謹、侯莫陳崇。「八柱國」之下的「十二大將軍」,包括元贊、元育、元廓、侯莫陳順、宇文導、達奚武、李遠、豆盧寧、宇文貴、賀蘭祥、楊忠、王雄。

看這份名單,可知西魏、北周都是以鮮卑貴族為基礎的政權,其中許多人是胡姓將領。西魏時期,為了結成一個以關中、隴西為根據地的利益集團,宇文泰把跟隨他一起進入關中的漢人將領,都改為鮮卑姓氏。後來楊堅接掌北周政權後,又恢復了他們原本的漢姓。

李虎死於西魏時期,但他對於北周的建立有佐命之功,故北周初被追封為唐國公。他的兒子李昞繼承了唐國公的爵位,在北周擔任內外要職。

二、胡漢混血的身世

按照史書上的記載,李世民的家族成員多有「狀貌類胡」[002]者,其體貌特徵為:濃眉,眼睛較深,鬍鬚微卷,臉部線條硬朗,身形矯健,英俊而不失勇武,這多少有點不同於中原漢人。實際上,李世民是典型的胡漢混血。李世民的祖父李昞,娶了西魏八柱國之一獨孤信的女兒。獨孤是鮮卑族八大姓之一,就是胡族血統。也就是說,李世民的祖母是胡人。李世民的母親竇氏,同樣出身於北方游牧民族中的鮮卑部落。

---

[002]《舊唐書》卷六四〈滕王元嬰傳附嗣滕王涉傳〉,第2437頁。又,唐人段成式《酉陽雜俎》卷一載:「太宗虬鬚,嘗戲張弓掛矢」。杜甫〈贈太子太師汝陽郡王詩〉中有「汝陽讓帝子,眉宇真天人。虬須似太宗,色映塞外春」,見《文苑英華》卷三〇一。此外,《隋唐嘉話》中曾記載李元吉跟隨秦王討伐王世充,遇到其手下大將單雄信,元吉被其稱為「胡兒」。

二、胡漢混血的身世

　　這是一個貴族間的強強聯姻。北魏分裂後，宇文泰控制了關隴地區，並逐漸組成了一個以府兵制為依託的關隴軍事貴族集團，這個集團成為西魏、北周政權的基礎。其中最有權勢的，就是前面提到的「八柱國」，而李世民的曾祖父李虎和獨孤信都是八大柱國之一。獨孤信有七個女兒，長女是北周明帝的皇后，最小的女兒嫁給了楊堅，隋朝建立後成為獨孤皇后。獨孤信的四女兒嫁給了李虎的兒子李昞，生有李淵，也就是後來的唐高祖，而唐朝建立後她被追封為元貞太后。

　　這獨孤信也真是了不起，生了這麼多女兒，出了三個朝代的皇后，可謂是中國歷史上最成功的老丈人了。不過，獨孤信生前可沒有享受到國丈的榮寵，北周建國後不久他就因為牽涉一宗謀反案而被賜死於家。

　　後來唐朝人因為楊貴妃得寵而光耀門楣，以至「遂令天下父母心，不重生男重生女」[003]。其實，獨孤信才是值得羨慕的。他的這幾個女兒，在歷史上都赫赫有名。

　　例如，隋文帝的獨孤皇后就很有個性，是歷史上有名的「妒婦」。她知道隋文帝要娶小老婆後，堅決不同意。隋文帝就離家出走以示抗議。不過，最後還是拗不過獨孤皇后，只好又回來了。其實，這也說明他們倆的感情好。能夠讓皇帝死心塌地，當然不是一般的人物。

　　在西魏、北周的時候，那些軍功貴族最重視的就是婚姻和官位，他們在一個很小的圈子裡互相通婚，以維持門第和血統的高貴。獨孤信把女兒嫁給了李虎的兒子，使兩個「八大柱國」結為親家。同樣，隋文帝楊堅的父親楊忠，當時是獨孤信的部下，八大柱國之下的十二大將軍之一，所以楊家也是關隴軍事貴族集團中的核心家族之一。

　　不僅李世民的祖母是北方少數民族鮮卑人，他的母親竇氏（即紇豆陵

---

[003]　白居易撰，謝思煒校注：《白居易文集校注》卷一二〈長恨歌〉，中華書局 2006 年，第 943 頁。

氏）同樣也是鮮卑人。李唐皇室屬於胡漢混血的家族，是無可爭辯的事實，所以李世民那種濃眉虯鬚的體貌特徵也就不足為奇了。而且，隋唐是魏晉南北朝以來民族融合開花結果的時期，是中國歷史上一個新民族和新文化形成的時期。在那個時代，有許多人是很難用胡人或漢人來區分的，如果要用一個詞來界定唐朝人的民族身分，那就只能說是「唐人」而不是「漢人」。

大詩人李白到底是漢人還是胡人？其實在唐朝這不是一個問題。就連李白自己也不在意自己的民族身分。還有先世為拓跋鮮卑的元稹，先世出自匈奴的劉禹錫，他們都是把自己看成是「唐人」而不是「胡人」。這麼多著名的「唐人」都忽略了自己「胡人」的身分，這就是唐朝的一個重要歷史特徵。

那麼，李世民胡漢混血的家世和他的「貞觀之治」又有什麼關係呢？

李世民胡漢混血的家世，為他日後的治國統治帶來了深刻的影響。他對待不同民族的態度和制定的民族政策，都少了許多的隔閡和歧視，顯示出來的是包容和尊重的態度。另外，李世民的家世除了胡漢混血的特徵外，就是隸屬於一個當權的貴族集團。因為，從父系來說，李唐皇室是北周和隋朝的皇親國戚，而從母系來說，也是北周的皇親國戚。

三、李淵和竇夫人

李世民的父親李淵，是唐朝的開國皇帝。李淵是典型的貴族子弟，儘管歷史記載中他的家世和郡望（即祖籍，在魏晉南北朝時期，大族的籍貫意味著其在地方上的影響力與威望）都不盡真實，但從他的祖父輩算起，

三、李淵和竇夫人

確實就是身處政治中心的關隴軍事貴族集團中的核心家族。

李淵於北周天和元年（566）生於長安，七歲喪父，襲封唐國公。小小年紀就有了一個高貴的國公爵位，這對李淵來說意味著什麼？一是幼年喪父，從小失去父愛，性格比較沉著穩重；二是喪父的孩子早當家，他的擔當意識很強，比較豁達寬容；三是他能夠很早地進出隋朝的皇宮，接受高層政治的薰陶。李淵在父親去世後，一直受到姨母，即隋文帝楊堅的妻子獨孤皇后的關懷。李淵的年紀比楊廣大三歲，在孩提時代，或許還和楊廣一起玩耍，是皇宮裡一對無憂無慮的小玩伴。

想想看，我姨丈是皇帝，我表弟是皇帝，這是什麼感覺？在楊堅取代北周建立隋朝後，十五歲的李淵被任命為隋文帝的貼身侍衛官——千牛備身。現在他的姨母已經是隋朝的皇后，李淵得到了更多的關照。做了幾年的侍衛官，李淵就直接升遷為地方長官——刺史。李淵的騎射水準和指揮作戰的能力，在當時都是出類拔萃的。加上他特殊的家庭背景和姻親關係，以及出色的政治表現，到隋煬帝即位後，李淵已經成為當時政壇上的一個實力派人物。

我們常說：「一個成功的男人背後總有一個偉大的女人。」李世民的母親前面，那可是站著兩個成功的男人。竇氏對丈夫李淵的幫助自不必多言，對兒子李世民的影響也是深遠的。

李世民的母親竇氏，是北周上柱國竇毅和北周武帝的姐姐襄陽長公主的女兒。據說竇氏剛出生時就髮垂過頸，三歲時頭髮就長得與身體一樣長。反正按照中國古人的理解，偉大人物出生的時候，就會顯出和凡人不一樣的氣度。竇氏從小得到舅舅北周武帝的愛重，因此也就在皇宮中被養大。她耳濡目染發生在宮中的國家大事，早早地顯露出政治才能，從小就有一種對政治敏銳的直覺和早熟的氣質。在《舊唐書·竇皇后傳》中，記

載了這樣一件事情，大體是說：北周武帝迫於突厥的壓力，立了突厥可汗的女兒為皇后，但心裡總不滿意，也時常表現出來。年幼的竇氏於是就開導起做皇帝的舅舅來，私下對他分析說，「四邊未靜，突厥尚強，願舅抑情撫慰，以蒼生為念。但須突厥之助，則江南、關東不能為患矣」[004]。就是要周武帝先委屈一下個人感情，以爭取突厥的援助，好全力對付江南的陳朝和關東的北齊。小小年紀，如果真有如此見識，那簡直就是神童。

竇氏的氣節和魄力，在隋朝取代北周的過程中表現得最為真實。當她得知楊堅稱帝時，氣憤地自投於床，咬牙切齒地說：

「恨我不為男兒，不能救舅氏之難。」此言一出，嚇得她的父母趕緊掩住其口，提醒她說：「汝勿妄言，滅吾族矣！」[005]

李淵如何能夠娶到這麼一個奇女子為妻？歷史上流傳著「雀屏中目」的故事。

當年竇毅夫婦為了給女兒求賢夫，採取了比箭招親的辦法。他們在門屏上畫兩隻孔雀，凡有求婚者，輒給兩支箭射之，約定只有射中孔雀眼睛者，才可許配之。當時應召來求親的都是自詡不凡的王公子弟，前後數十人，可無一能中。李淵姍姍來遲，到得竇府，開弓射箭，兩發各中一目，因此娶得了一代名門閨秀。

竇氏雖然不是男兒，但確實有男兒氣概。有這樣一位善於出謀劃策的夫人，李淵還有什麼事情不能搞定？所以，李淵的政治謀略中，是少不了竇氏的智慧的。史料記載，李淵的長相「高顏面皺」[006]，大概就是額頭很高，皺紋也多，典型的電影畫面中西北老漢模樣。因為李淵和楊廣原本就

---

[004]　《舊唐書》卷五一〈后妃上・高祖太穆皇后竇氏〉，第 2163 頁。
[005]　《舊唐書》卷五一〈后妃上・高祖太穆皇后竇氏〉，第 2163 頁。
[006]　李昉：《太平廣記》卷一六三〈讖應・神堯〉，中華書局 1961 年，第 1176 頁。

是表兄弟，楊廣做了皇帝後，在退朝之後還經常拿他開玩笑。有一次，隋煬帝賜宴招待群臣，當眾戲謔李淵為「阿婆面」，李淵是又鬱悶又氣憤，但又不便表現出來。回到家裡，見到自己的兒子們，只是一個勁地嘆氣流淚。他甚至懷疑自己的命相很苦，對自己的妻子竇氏說：「我李某人身世可悲啊。今天更是被皇上當眾侮辱，稱我為『阿婆面』。看來，我這苦命人是沒什麼希望了，兒孫也難免受飢挨凍了。」竇氏聽完，當即歡呼雀躍地表示祝賀。她說，阿婆就是堂主，堂者唐也，也就是您唐國公要當家作主了，這難道不是全家的福兆嗎？李淵原本愁容慘淡，經聰明的夫人這麼一說，當即渙然冰釋。

所以，李世民生長在這樣的家庭環境中，使他從小受到政治的衝擊和薰陶，很早就具備了超乎常人的膽識和謀略。

話又說回來，竇氏與李淵對孩子的影響應該是一樣的。李淵有四個兒子，為什麼偏偏是李世民在政治鬥爭中具備了超乎常人的膽識和謀略呢？是不是因為他當上了皇帝才這樣說的？

四、李世民的名字之謎

竇氏與李淵一共生了四個兒子，長子李建成，次子李世民，三子李元霸（早死），四子李元吉。李世民於隋文帝開皇十八年（598）十二月戊午日生於武功別館。史書上說，該子出生時，有二龍戲於館門之外，前後三日才離去。及生後四年，有一書生，自稱善於察人面相，見到李淵，驚道：「公是貴人啊，且有貴子。」隨後見到李淵四歲小兒，更道：「此小兒

有龍鳳之姿，天日之表，只須年近二十歲時，必能濟世安民。」[007] 這一句話非同小可，一向持重的李淵也感到震驚。書生許是擔心李淵會起殺心，言罷便神祕消失，而李淵竟也用此「濟世安民」之意，給這第二子取名為「世民」。

這個說法也有一點令人懷疑。既然擔心相面書生將這個孩子的異相說出去，又為何要為他取一個堂堂的大名就叫做「世民」呢？也許這是後人根據他的名字而編造的一個神奇傳說吧。然而李世民卻也不負其名，自幼便顯出聰睿之姿，思慮深遠，遇事常能果斷處之，平日裡則不拘小節，而言行舉止之間，有種不似常人的氣度。

李世民的不同尋常之處，在唐人傳奇故事中也有描寫。講李靖和紅拂女夜奔故事的〈虯髯客傳〉裡寫到：有志於建立王業的虯髯客，約李靖赴太原去探查李世民的虛實。其時李世民和劉文靜正積極準備起兵反隋，李靖帶著紅拂女到了太原後，隨著道士與虯髯客去謁見劉文靜，並擺開了棋局，透過弈棋來較量高下。一會兒，李世民進來，他的氣度和風範，把在場的人都驚呆了。小說裡形容李世民出場的原話是「精采驚人，長揖而坐。神氣清朗，滿座風生，顧盼燁如也」[008]。

這應該是後人對李世民風度的一種合理想像。陪同虯髯客的道士是一位圍棋高手，也是一位世外高人。一見到李世民，他就自動認輸，說「此局全輸矣！於此失卻局矣！救無路矣」！出來後，就對虯髯客說，你再也不必想著爭奪天下的事情了，這個天下只能是他李世民的。後來，虯髯客就放棄了野心，而李靖也投奔到李世民的麾下，幫助李世民建功立業。

總之，李世民成長在一個亂世之中的上層貴族家庭，耳濡目染，加上

---

[007]《舊唐書》卷二〈太宗本紀〉，第 21 頁。
[008] 李劍國輯校：《唐五代傳奇集》第三編卷四三〈虯髯客傳〉，中華書局 2015 年，第 2457 頁。

父母有意無意的教導，雖然不能說了解官場人心，卻也比一般孩子早熟。我們看到歷史記載中的少年李世民，少了幾許天真爛漫，多了些深沉穩重，這也就是正史說他「玄鑑深遠」，「時人莫能測也」[009]的緣由。當然，少年李世民不僅多了心機與經驗，也被賦予了政治使命感和責任感，天下大事離他並不遙遠，建功立業的夢想也非海市蜃樓。他的抱負，遠比許多人要高要大。

五、雁門解圍的無名小將

李世民的軍事眼光和英雄膽識，在他少年時代就已經嶄露頭角了。「雁門解圍」是他留在歷史記載中的第一筆。當時的情形是這樣的：

大業十一年（615）夏，突厥對隋朝發動了一次襲擊，隋煬帝忍無可忍，立即出塞親巡。八月，隋煬帝巡至北塞。恰逢突厥始畢可汗來襲，隋煬帝一行來到雁門回防，結果被突厥包圍。當時的形勢非常危急，雁門周圍被突厥圍得水洩不通，城裡的糧食又告急。當城下突厥兵射出的箭頭紛紛落到眼前的時候，隋煬帝被嚇得風度全失。這位一向搏擊進取的宏放之主，卻無法控制地在群臣面前與自己的小兒子趙王楊杲相擁而泣。

天子被圍，非同小可，帝國各路軍自然緊急前去援救。當時屯衛將軍雲定興的軍營內，站出一後生，雖是無名小將，卻也少年英姿。這個後生從容對雲定興道：「如今前去救援，必得大張旗鼓才行。」

嗯？此話怎講？這後生分析道：「且說始畢可汗舉全國之師，竟敢圍困我們天子，必是仗著倉促之間，我們無以救援。現在我們若大張軍容，

---

[009]《舊唐書》卷二〈太宗本紀〉，第 21 頁。

第一章　帝王之謎──李世民的身世與血統

數十里之間幡旗相續，夜間則鉦鼓相應，則是出乎突厥意料之外。突厥必然會以為我們四方救兵已蜂擁而至，驚懼之間，必然撤圍而去。不然的話，敵眾我寡，拚盡力氣去打硬仗，恐怕我們終會力單不支啊。」

雲定興並非剛愎自用之輩，稍加思索，利害立見。果然，帝國救兵大張旗鼓，進至崞縣，突厥軍隊的偵察人員得知，驚得飛告始畢說：「隋朝大軍來了！」始畢可汗頓時心虛，慌忙下令撤圍而去。

這個向雲定興建言的英姿少年，正是還不滿十八歲的李世民。少年李世民嶄露頭角，便顯示了他不凡的軍事眼光和英雄膽識。

果真是李世民的建議令突厥兵馬不戰而退？在《舊唐書》和《新唐書》的〈太宗本紀〉裡，確實給人這個印象。但《資治通鑑》只是記載「定興從之」，之後就記載隋煬帝向嫁於突厥的義成公主求救。公主遣使告訴始畢可汗「北邊有急」，同時「東都及諸郡援兵亦至」[010]，突厥於是解圍而去。

由此可見，突厥撤兵，有義成公主暗中的幫助，而且各地援兵均至，也並非只有雲定興的部隊而已。李世民的作用，在〈太宗本紀〉中被誇大了許多。他當時的身分和閱歷，還不可能在雁門之圍中有這麼大的影響力。

即便如此，身為初入軍營的小將來說，能夠想出妙計，並得到統領將軍的認可和贊同，也已經顯示出李世民所具有的不同於常人的智慧和才能。

---

[010]《資治通鑑》卷一八二，中華書局 1956 年，第 5699 頁。

第二章
太原風雲 —— 起兵反隋的關鍵抉擇

　　在人們的印象當中，好像一提到唐朝，馬上就會想到李世民，似乎唐朝就是由李世民開創的，而把唐朝真正的建立者李淵忽略到一邊去了。之所以會出現這個情況，很重要的原因是唐朝國史當中記載「太原起兵」的主謀是李世民。因為誰是「太原起兵」的主謀，誰就是真正意義上唐朝的開國者。那麼，「太原起兵」事件中，李淵和李世民都做了些什麼，究竟是誰主導呢？史料眾說紛紜。有史書記載說，李世民當年透過裴寂把李淵引進隋煬帝的晉陽行宮，灌醉了李淵，使得李淵酒後對宮女做了糊塗之事，即李世民設了個圈套，逼得李淵不得不反，所以「太原起兵」的主謀應該還是李世民。但是，不管是什麼原因讓李淵最終起兵反隋，李淵無疑都是「太原起兵」的主謀。那麼李世民是否篡改了歷史呢？「太原起兵」後，李淵是怎樣廢掉隋煬帝，建立大唐帝國的呢？在這個過程中，李世民到底發揮了什麼作用呢？

一、史籍中的謎團

　　隋朝末年，天下鼎沸，有理想、有野心奪取天下的英雄大有人在。在被隋煬帝暫時冷落的太原，就有這樣一股勢力正在醞釀著一個龐大的陰謀。很快，這股勢力就從太原起兵，不到半年的時間，就占領了帝國版圖中最

第二章　太原風雲——起兵反隋的關鍵抉擇

具政治號召力的首都長安，並很快奠定了統一全國建立新政權的政治基礎。所以，某種程度上可以這麼說，唐朝的建立源於「太原起兵」。

但是，太原起兵的策劃、組織和領導者，到底是唐朝的開國皇帝李淵，還是他的次子李世民呢？如果從記載唐朝歷史的所謂正史《舊唐書》和《新唐書》以及《資治通鑑》等史籍來看，人們很容易得出一個結論：太原起兵是李世民策劃的。

據《舊唐書·高祖本紀》記載，大業十三年（617），李淵被隋煬帝任命為太原留守，太原郡丞王威、武牙郎將高君雅為副留守。當時，天下起兵反隋的勢力蜂擁而起，隋煬帝所在的江都（今江蘇揚州）被孤立了。在這種情況下，李世民就和晉陽縣令劉文靜首謀，勸舉義兵。李淵聽從了李世民的建議，於是安排李世民和劉文靜等人具體籌劃，並利用隋朝軍官劉武周據汾陽宮舉兵造反的機會，要他們開展募兵。

又《新唐書·高祖本紀》記載，大業十三年，李淵被任命為太原留守。當時，隋煬帝南遊江都，天下盜起。李淵之子李世民知隋必亡，暗中結交豪傑，招納逃亡之人，與晉陽縣令劉文靜謀舉大事。起兵造反的計策確定後，李淵還不知情。李世民想實情相告，又擔心李淵不聽。李淵還兼任隋煬帝的行宮——晉陽宮的長官，和李淵有密切交往的裴寂擔任副長官。李世民私下找到裴寂商議，裴寂就選了晉陽宮的幾個美女，乘李淵喝醉酒之後，陪他過夜。然後，裴寂把李世民的謀劃告訴了李淵，李淵大驚。裴寂說：「安排宮女侍奉您，事情暴露後是要殺頭的，我這麼做就是為了要勸您下定決心起兵啊。」李世民乘機向李淵彙報了整個計畫。李淵開始時堅決不同意，還表示要舉發李世民。過一會兒李淵還是答應了，說：「我愛護你，怎麼忍心去告發你呢！」

《新唐書·太宗本紀》記載，李世民與晉陽縣令劉文靜關係尤為密切。

劉文靜因為受李密的牽連而被關進了監獄，李世民乘夜到獄中去見他，一起謀劃起兵的大事。當時百姓為了躲避動盪，很多都逃入太原城，達幾萬人。劉文靜擔任縣令時間很久，認識其中一些豪傑，李世民就和他共同部署了具體的計畫。等到他們商量已定，就去找裴寂，要裴寂告訴李淵。李淵開始並不同意，稍後也就答應了。

若按照這些記載，那太原起兵就完全是李世民一手策劃和安排的，李淵只是聽從了李世民的計謀；或者是李世民設了一個圈套，讓李淵往裡鑽，最後迫使其答應起兵。

《資治通鑑》記載太原密謀起兵一段歷史，採用的是追述的方式。從介紹李世民的身世開始，後即轉入到李世民與劉文靜的相見和密謀，然後再敘述結交裴寂，告知李淵。其線索與兩《唐書》基本相同。

但是，在溫大雅記錄李淵起兵過程的《大唐創業起居注》一書中，情況卻並非如此。李淵被隋任命為太原留守後，大業十三年（617）建立了大將軍府，當時溫大雅就是李淵大將軍府的記室參軍。記室參軍相當於機要祕書的職務，是專職記錄軍隊中隨時發生的事情的，不可能費盡心思去編造事實。所以，他的書就相當於一部李淵的軍事日誌，紀錄基本上是真實的。按照這本書的說法，李淵對起兵反隋是早有預謀的。例如，書中記載，李淵到太原上任的時候，心裡暗自高興。因為太原是古代陶唐氏（傳說中的帝堯）的地盤，而李淵的爵位是唐國公，他認為這是一種天意，暗示自己要當皇帝。所以，他懷著一顆「經綸天下之心」[011]，一路上都非常注意收買人心，許多人投靠了他。

這就出現了一個矛盾：如果溫大雅的說法沒問題，那麼，根據唐朝的

---

[011] 溫大雅：《大唐創業起居注》卷一，上海古籍出版社1983年，第4頁。

第二章　太原風雲──起兵反隋的關鍵抉擇

實錄和國史編撰的正史──《舊唐書》和《新唐書》，為什麼要把太原起兵的功勞都歸到李世民的頭上呢？

二、史實被有意隱瞞

正史把太原起兵的功勞都歸於李世民，是因為其所依據的國史是按照李世民當皇帝以後的需要而記載的。李世民的皇位，是透過軍事政變奪權得來的，這種行動顯然不符合法統和倫理，不足以垂範後世。

因此，李世民稱帝後，便試圖隱瞞一些史實。在李世民的授意下，貞觀史臣在撰寫《高祖實錄》和《太宗實錄》時，就大肆鋪陳李世民在武德年間的功勞，竭力抹殺太子建成的功績，貶低高祖李淵的作用。而且把太原起兵的密謀描繪為李世民的精心策劃，高祖李淵則處於完全被動的地位。這樣一來，李世民便堂而皇之地成為開創李唐王業的首功之人，皇位本來就應該是他的，李淵退位後也就理應由他來繼承皇位。

有關唐朝開國的歷史紀錄，確實有人做了手腳，是史臣為了辯護唐太宗取得皇位的合法性而虛構出來的，有一些方面是背離事實的。

事情的真相到底如何？關鍵就是要弄清楚李淵何時起了反隋之心。

隋煬帝統治的後期，隨著對高麗的戰爭及其帶來的頻繁的兵役和徭役，階級矛盾日益尖銳起來。而且，隋煬帝個人的獨斷專行和打壓貴族官僚的政策，也引起了統治階級內部矛盾的激化。有野心、有眼光的人，都在思考天下有變時的出路問題。據《舊唐書·宇文士及傳》記載，大業九年（613）隋煬帝用兵遼東的時候，李淵身為朝中的大臣，在前線督運糧草。那個時候，隋煬帝的統治還沒有全面崩潰，但李淵的政治野心已經

二、史實被有意隱瞞

萌生了出來。他在涿郡，與自己在殿內省任職時的下屬宇文士及「密論時事」。一些唐史專家認為，這是李淵心生反隋之念跡象的最早錄[012]。「密論時事」是不是就說明他們在談論起兵造反呢？李淵和宇文士及都是高官子弟，又是曾經的同僚，他們的關係很深，所以可以在一起談論很敏感的政治話題。但是，他們說了些什麼，當事人都沒有向外界透露，自然也不能透露。只是在李淵稱帝之後，為了籠絡宇文士及背後的勢力，不埋沒宇文士及的功勞，他有一次對自己的死黨裴寂說起：宇文士及和我討論天下之事，已經六七年了，遠在你們和我在太原謀劃天下之前。

看起來似乎他們在籌劃謀反，其實不然。就在李淵和宇文士及「密論時事」的這一年，楊玄感趁著隋煬帝用兵遼東的機會，起兵反隋，一時震驚天下。當時，李淵的內兄竇抗也勸他乘機而起。竇抗是想藉著天下大亂的機會，讓李淵撈一筆政治資本。但是，富有洞察力的李淵認為時機不成熟，他對竇抗說了一句「無為禍始，何言之妄也」[013]，就搪塞過去了。其實，他只是和宇文士及私下談論當前的政治形勢和自己的理想，而沒有任何的計畫和行動。不過，李淵的政治野心卻由此可見一斑。

李淵反隋之念的正式形成，是在大業十一年（615）[014]。當時，農民起義已成燎原之勢，隋朝的統治面臨著嚴重危機，隋煬帝的猜忌之心也更加變本加厲。這年三月，隋煬帝因開國功臣李穆之子李渾（字金才）門族強盛，殺李渾及宗族三十二人。四月，煬帝以李淵為河東撫慰大使。副使夏侯端勸李淵說：「天下方亂，能安之者，其在明公。但主上曉察，情多猜忌，切忌諸李，強者先誅。金才既死，明公豈非其次？若早為計，則應

---

[012]　牛致功：《李淵建唐史略》，陝西人民出版社 1983 年，第 2 頁。
[013]　《舊唐書》卷六一〈竇威傳〉，第 2368 頁。
[014]　汪籛：〈李淵晉陽起兵密謀史事考釋〉，《汪籛漢唐史論稿》，北京大學出版社 2016 年，第 447 頁。

第二章　太原風雲──起兵反隋的關鍵抉擇

天福。不然者，則誅矣。」[015] 對於夏侯端的分析，李淵深表贊同。

不久後，李淵又被任命為太原留守，成為今山西境內的最高軍政長官。此時李淵對李世民說：「唐固吾國，太原即其地焉。今我來斯，是為天與。與而不取，禍將斯及。然歷山飛不破，突厥不和，無以經邦濟時也。」[016] 李淵明確表示出自己有「經邦濟時」之心。

大業十二年（616）底，突厥乘李淵南下鎮壓起義軍之機，攻取馬邑（今山西朔州）。丟失了地盤可是地方長官的責任，隋煬帝於是派人囚捕李淵，並要把他解送到隋煬帝行在的江都。這件事情，成為李淵起兵的導火線。

後來隋煬帝從江都派來使臣，宣布釋放李淵。江都使臣的到來，是太原起兵方案最終敲定的時刻，所謂「雄斷英謨，從此遂定」[017]。

也就是說，太原起兵其實是李淵有預謀、有組織的一次武力反隋的行動。李淵才是真正的首謀之人，也是起兵過程中的最高領導者。

三、四大主角兩條線索

太原起兵的四大主角是李淵、李世民、裴寂和劉文靜。這四人之間，在謀劃起兵的過程中，到底是透過什麼方式聯結在一起的？這裡面，包含著三個重大問題。

首先要弄清楚，劉文靜是什麼時候入獄的。按照史書上的記載，當時劉文靜因與李密聯姻而被捕入獄，然後李世民去獄中探望劉文靜，於是上

---

[015]　《舊唐書》卷一八七上〈忠義上·夏侯端〉，第 4864 頁。
[016]　溫大雅：《大唐創業起居注》卷一，第 2 — 3 頁。
[017]　溫大雅：《大唐創業起居注》卷一，第 4 頁。

演了隋末版的「隆中對」[018]。

李密在大業九年（613）就參與了楊玄感反隋的軍事行動，為什麼要等到大業十三年（617）李淵出任太原留守後才被抓起來呢？難道是劉文靜此時才與早已是隋朝叛臣的李密聯姻？那他就是明擺著要與隋朝作對，要在李淵父子面前表明自己的反隋立場，以此試探李淵對自己的態度和政治動向。憑著劉文靜的性格，這樣的安排他是可能做出來的。

還有一種可能，就是劉文靜早就和李密聯姻了，由於他級別不高，一直沒有引起注意，沒有被追查。李淵來到太原後，故意把事情挑明，並乘機把他關了起來，目的也是試探劉文靜的政治態度，並因此結納他為自己謀劃起兵的參謀和敢死隊員。這樣的解釋，對於老謀深算的李淵來說，也是講得通的。因為把劉文靜關起來，李世民才能去接近他，與其商討經營天下的大計。這很像是李淵的故意安排。而且從後來的事態發展來看，後一種可能性更大。

其次要弄清楚，劉文靜是先結識李淵還是李世民。按照正史上的記載，劉文靜是先認識李世民，然後串通李世民利用賭博之法接近裴寂，而裴寂又選晉陽宮女私侍李淵，再告以起兵之事。[019] 根據分析，李世民是知道李淵有反隋想法的，他完全不必使用這種方法來告知李淵。那麼這種記載是否完全是杜撰的？為什麼會出現這種說法？

《舊唐書·劉文靜傳》載：「及高祖鎮太原，文靜察高祖有四方之志，深自結托。」[020] 這段話當然說明李淵早有反隋之心，同時也表明劉文靜在李淵來到太原之初，就看出李淵是個野心勃勃的人物，可以追隨以取富

---

[018]《舊唐書》卷五七〈劉文靜傳〉，第 2290 頁。
[019]《資治通鑑》卷一八三，第 5730 頁。
[020]《舊唐書》卷五七〈劉文靜傳〉，第 2290 頁。

第二章　太原風雲——起兵反隋的關鍵抉擇

貴，故而主動結交，且關係還不淺。劉文靜與李淵的結識，早在他和李世民密謀之前就發生了。

而且，很有可能，劉文靜是透過李淵才認識李世民的，或者說，是李淵把劉文靜介紹給了李世民認識，促成了兩人後來的密謀。至於裴寂，本來就與李淵有舊交情，現在兩人又同地為官，自然關係更加密切。史載二人常常喝酒下棋，聊到天亮，不知疲倦。李淵與裴寂的關係，看來遠比與劉文靜的關係好，但這並不代表裴寂就比劉文靜更了解李淵的政治野心。裴寂與李淵的親近，更多應是得自兩人同為貴族出身，家世背景相似，有談話的基礎。

另外，裴寂的職位也更方便，且更有理由與李淵每日遊樂，至於僅是縣令的劉文靜，就不可能有很多這樣的機會。李淵如果經常與劉文靜一起，也肯定會引來別人的懷疑和關注。這種種原因，令最先洞察李淵心思，本想追隨他的劉文靜，最終與李世民結成了密切關係，而把裴寂推到了李淵的身邊。

最後還要弄清楚，裴寂以晉陽宮女私侍李淵是否為勸其起兵的特意安排。按照正史的記載，裴寂安排宮女私侍李淵，是迫使李淵同意起兵的一種手段，其實不然。《新唐書・裴寂傳》上有一段話：「寂嘗以宮人侍唐公，恐事發誅，間飲酣，乃白秦王將舉兵狀」[021]。說明裴寂是以前就曾安排宮女私侍李淵，非為勸說李淵才特意安排的。很可能因為裴寂與李淵關係密切，私交甚好，裴寂就利用職務之便，私選宮女侍奉自己的頂頭上司，而這件事後來被解釋成李世民與劉文靜迫使李淵起兵的籌碼。僅就這件事本身來說，應該不完全是杜撰的。

由於事實被修改或掩蓋，我們很難確切知道，李淵和李世民雙方對於

---

[021]　《新唐書》卷八八〈裴寂傳〉，中華書局 1975 年，第 3737 頁。

謀劃起兵一事的消息，是如何互相傳遞的。從李淵、李世民、裴寂、劉文靜四人以後的行動和命運來看，大體上李淵與裴寂、李世民與劉文靜分別進行過密謀，而李淵由於身分特殊，行動更加謹慎，故李世民向李淵明確提出起兵計畫的可能性更大，但是全局還是掌握在李淵手中。

也就是說，太原起兵的謀劃，應該存在兩條線索。李世民受李淵的影響，積極進行反隋活動，爭取早日起兵。謹慎的李淵，不會親自交代李世民招兵買馬。而李世民的活動，也不需要或者不可能一一告知李淵。所以，李世民謀劃起兵，是他在李淵默許下的獨立行動。從這種意義上來說，李世民在太原起兵中所產生的影響與李淵一樣巨大，他們是兩條並進又獨立的線，誰也不可替代、掩蓋對方的功勞。

太原起兵的經過，以李世民為主體的那條線，或者說在李世民所了解的事實真相中，可能就是史書上所記載的那樣，史官們只是沒有把李淵的故事寫出來而已。所以，歷史不是簡單地被篡改，只是有一部分被有意或無意地掩蓋了起來，將起兵詮釋成了一個單線發展的事件。[022]

四、發展軍事力量

李淵要籌組和發展自己的軍事力量，一是要有領兵的將領，二是要有兵，三是要有錢帛糧草。

從將領的角度說，李淵是山西境內的最高軍政長官，他可以在隋朝的軍事系統內部發展力量。如在太原擔任府兵系統鷹揚府司馬的許世緒，就是很早進入李淵集團的人。實際上，李淵在起兵之前祕密結交了許多心腹

---

[022] 參見趙璐璐〈太原起兵真相再探——兼論《資治通鑑》的敘事方式〉，《文史知識》2007年第3期。

第二章　太原風雲──起兵反隋的關鍵抉擇

和敢死之士，其中就包括一些流寓在太原及附近地區的隋朝軍將，除了許世緒等在職軍將之外，還有如逃免兵役的隋朝皇室警衛系統所謂「三衛」的兵士長孫順德、劉弘基、竇琮等。

從兵源的角度說，李淵除了自己掌握的少量軍隊外，主要是透過鎮壓當地的農民起事的武力，來擴充自己的軍事實力。大業十一年（615）以來，他利用鎮壓農民起義的機會，不斷擴大自己的軍事力量。正如同鎮壓黃巾起事是曹操的發跡之本一樣，鎮壓山西境內的反隋農民力量，使李淵很快擴充了兵源。當時，歷山飛帶領的山西反隋農民軍有十餘萬人，李淵採取誘敵深入、出奇制勝的戰術，徹底打敗了歷山飛，乘機收羅了許多潰散的人馬。

從後勤保障的角度考慮，李淵也在山西的土豪富戶中發展力量。如當地的木材商武士彠（即武則天的父親），在李淵行軍的途中就經常接待他。後來，武士彠甚至還冒著生命危險為李淵帶來了禁止挾帶的兵書，李淵對他也是以富貴相許。

可以說，在組織起兵的問題上，儘管李淵一直在積極準備，放手發展自己的軍事力量，但他做得是非常謹慎而隱密的。對於一些人的建議，李淵都審慎地聽取，並積極謀劃。

如太原人唐儉，就是李淵謀劃起兵的一個核心謀士。唐儉的父親、隋戎州刺史唐鑑，與李淵是舊交。李淵任太原留守後，唐儉就向他提出了起兵反隋的方針和具體的策略部署。他說：「明公日角龍庭，李氏又在圖牒，天下屬望，非在今朝。若開府庫，南嘯豪傑，北招戎狄，東收燕趙，長驅濟河，據有秦雍，海內之權，指麾可取。願弘達節，以順群望，則湯、武之業不遠。」[023]

---

[023]《舊唐書》卷五八〈唐儉傳〉，第 2305 頁。

李淵回答說：「商湯消滅夏桀、周武王討伐商紂王之事，不是那麼簡單啊。今天下已亂，我們確實要考慮一下將來了。從私的角度說，我們需要圖存。從公的角度說，我們有責任救民於水火。」末了，李淵還意味深長地對唐儉說：「卿宜自愛，吾將思之。」表示要慎重考慮他的建議。

　　歷史記載中沒有留下李淵和唐儉謀劃的詳細經過，但從後來唐儉的經歷來看，他們當初確實是有一番深謀遠慮的。唐朝建國後，唐儉一直被委以重任，是圖形於凌煙閣的開國功臣，到高宗顯慶元年（656）去世，後陪葬昭陵，官為立碑。出土的《唐儉墓誌銘》上，對其在謀劃太原起兵過程中的貢獻進行了充分的肯定，說李淵和唐儉在策略方針上「若合符契」，「以石投水，百中之策無遺；言聽計從，千里之勝斯決」[024]。

　　實際上，在起兵以前，李淵如此這般的謀劃當不會太少。溫大雅在《大唐創業起居注》中，多次講到李淵善於收羅人才。說他來到太原後，就「私喜此行，以為天授」，既然天意要他拯救百姓，於是他「所經之處，示以寬仁，賢智歸心，有如影響」。還說他「素懷濟世之略，有經綸天下之心。接待人倫，不限貴賤，一面相遇，十數年不忘。山川衝要，一覽便憶。遠近承風，咸思託附」[025]。這些都是李淵放手發展軍事力量的原始紀錄。

五、敢死隊長李世民

　　李淵其實是一個很有城府和謀略的政治家，太原起兵的前後過程都是在他的直接指揮下進行的。在對待突厥的態度上也可以看出他軍事謀略上

---

[024]　周紹良主編：《唐代墓誌彙編續集》，顯慶〇〇六，上海古籍出版社 2001 年，第 89 頁。
[025]　溫大雅：《大唐創業起居注》卷一，第 4 頁。

第二章 太原風雲——起兵反隋的關鍵抉擇

的過人之處。突厥,是當時北方一支比較強大的軍事力量。一方面,為了不使突厥成為搗亂的敵人;另一方面,也可以藉助突厥壯大自己的聲勢,於是李淵選擇了對突厥的拉攏政策。他向突厥始畢可汗稱臣,取得了突厥的支持,亦解除了受突厥攻擊的後顧之憂。李淵派出的這個聯絡人,就是劉文靜。而裴寂是李淵最為看重的謀臣密友,李淵決定要起兵及各項具體部署,相當程度上都是聽取了他的意見。

還有李淵謀劃起兵的時候,接到了已經在河南擁有強大力量的瓦崗軍領袖李密的來信。李淵面對李密狂妄自大的來信,給他寫了一封很謙恭、很奉承的回信。李淵卑辭推獎以麻痺李密,派劉文靜出使突厥以解後顧之憂,都是起兵謀劃中的重大戰略決策。關於起兵的謀劃,李淵的表述和李世民的表述,都是站在各自立場上的,自然就是兩個大不相同的版本了。

那麼,李世民在謀劃和組織起兵的過程中,到底發揮了什麼作用呢?

在李淵的授意下,李世民在謀劃起兵的過程中,主要做了以下幾件事:放手結納當地的英雄豪傑和亡命之徒;去囚所探視劉文靜,商討具體的行動方案;在劉文靜的配合下,尋找機會,大肆招兵買馬;後來又支持劉文靜去連絡突厥。年僅十八九歲的李世民,實際上是充當了一個急先鋒和敢死隊長的角色。

第三章
開國元勳 —— 李世民的戰功與忠義

李淵起兵的部隊從太原開出後不久，在霍邑（今山西霍州）遇到了嚴重的挫折。回師太原還是進攻霍邑，這是一場比眼光、比胸懷、比意志的重大行動。李淵的軍中出現了兩派意見，一派是以李世民為代表的主戰派，主張堅決前進；一派是以裴寂為代表的主退派，主張撤回太原。面對進退兩難的抉擇，李淵還是決定回師。就在李淵已經下令撤退，部隊開始掉頭回撤的那天晚上，李世民在父親的軍帳前大哭不止。

李世民這樣悲傷慟哭究竟是為哪般？他是拿這支部隊做賭注，還是真的具有奪取天下的策略眼光和穩操勝券的局勢分析？李淵因為李世民的「軍帳夜哭」而冷靜地重新思考，改變了主意，唐朝開國戰爭中的第一次重大挫折因此被扭轉。李世民在唐朝建立後被封為首席開國功臣，難道就是因為他這一哭而挽救了起兵的太原軍嗎？

其實，李世民不僅是太原起兵過程中的敢死隊長，也是起兵謀劃過程中的核心謀士。

一、上陣父子兵

中國歷史上的開國皇帝，凡是靠造反起家的，其核心力量要不是同僚，如劉邦與蕭何、曹參；要不就是兒時的夥伴，如朱元璋與徐達、湯和；

第三章　開國元勳——李世民的戰功與忠義

還有就是兄弟聯手，如趙匡胤與趙光義，也就是宋太祖和宋太宗。而李淵造反起兵則很特別，他依靠的主要是自己的三個兒子，是父子一起運籌謀劃的。

李淵在太原經營的時間並不長，從大業十一年（615）四月擔任河東撫慰大使算起，到大業十三年（617）五月正式起兵，只有兩年的時間。如果從他擔任太原留守時算起，也就只有一年半的時間。在這麼短的時間裡，他是如何組織起一支造反的隊伍來的呢？

李淵起兵，最核心的謀劃人物並不多，也就只有他的三個兒子，還有隋朝的晉陽宮監裴寂、晉陽縣令劉文靜等少數幾人。李淵對自己的三個兒子都很看重。起兵過程中，他還對兒子們說起：「然晉陽從我，可謂同心之人，俱非致命之士。漢初，有蕭、曹，而無爾輩，今我有爾輩，而無蕭、曹。天道平分，乃復如是。行矣自愛，吾知爾懷。」[026] 李淵一直覺得自己沒有像劉邦手下蕭何、曹參那樣的謀士，卻有三個出色的兒子，這是劉邦比不上的。這也說明，李淵起兵的家族色彩很重，有明顯的父子兵特點。

李淵去太原上任的時候，只有二兒子李世民跟隨，長子李建成和四子李元吉都留在河東（今山西永濟西），所以最初的謀劃是李淵跟李世民商量作出的。剛到太原時，李淵所說「唐固吾國，太原即其地焉。今我來斯，是為天與」[027] 的一段起兵謀反的話，就是對李世民說的。馬邑失守後，李淵被拘押，應急的一系列謀劃也是李淵跟李世民商量作出的。隋煬帝派出的使臣到達太原，李淵得到赦免後，才通知長子李建成，要他照看好弟弟李元吉，在河東暗中結交一些英雄豪傑，盡快來太原會合；同時也

---

[026]　溫大雅：《大唐創業起居注》卷二，第 21 頁。
[027]　溫大雅：《大唐創業起居注》卷一，第 2 — 3 頁。

要李世民在太原當地「密招豪友」。

李淵的第三個女兒是和竇氏生的，唐朝建立後封為平陽公主。由於歷史上沒有留下她的名字，我們只好稱之為平陽公主了，儘管當時她還不是公主。當李淵在太原謀劃起兵的時候，平陽公主和她的丈夫柴紹還在長安。李淵祕密派人要把他們接到太原，他們夫婦商量後決定，為了避免暴露起兵的計畫，平陽公主留在長安，柴紹偷偷地來到太原會合。所以說，李淵在太原起兵的謀士中，還有自己的女婿。

父子兵是李淵起兵的主體力量，但並不是說李淵就沒有其他的謀臣猛將。李淵在太原起兵，可以說是籌劃周詳、組織嚴密、準備充分、隊伍齊整。可是，人們印象中好像李淵只是一個孤家寡人，整個起兵的計畫都是由李世民作出的，甚至唐朝的天下都是李世民帶領一批英雄豪傑打下的。

這主要是因為唐朝建立後，李淵用人堅守關隴貴族的固有立場，以勛貴之人為核心建立政權，而參與謀劃和組織太原起兵的多數人，都出身不高，唐朝建立後大都在軍隊系統任職，在權力中樞的地位不是很顯赫。那些出身勛貴的隋朝官僚，大都是在唐朝建國後不斷來投的，並不是太原起兵的元從功臣。而且，唐建立後的統一戰爭，主要是由秦王李世民指揮的，顯赫於世、著稱於史的隋唐之際的許多英雄人物，都歸入了李世民的帳下。

二、誓師起兵

大業十三年（617）春，李淵認為取代隋朝的時機已經成熟，決定起兵。起兵就要有軍隊，恰巧這時在馬邑起兵的劉武周勾結突厥南下，進據

第三章 開國元勳——李世民的戰功與忠義

汾陽宮，李淵就藉機以防備劉武周為名，下令募集軍隊，由李世民掌握。

李淵在正式起兵之前，還做了幾件重要的事情。一是除掉隋煬帝安排監督他的副留守王威和高君雅。李淵透過裴寂認識了當地的土豪，即晉陽鄉長劉世龍，而劉世龍與高君雅關係很近，李淵因此掌握了他們的動靜。

大業十三年（617）五月十五日，李淵與王威、高君雅一起升堂辦公，劉文靜把早已安排好的一個府兵軍官劉政會帶入，劉政會稱有機密要彙報。李淵看完報告後，宣布王威、高君雅勾結突厥，引兵南下。這時，王、高與李淵發生了激烈爭執，但李世民早已控制住了局勢，王威、高君雅被逮捕。次日，有突厥兵幾萬人進攻太原，李淵乘機殺掉了王威、高君雅，去除了起兵的心腹之患。

起兵之前的第二件大事，是派劉文靜向突厥始畢可汗稱臣，取得了突厥的支持，解除了後顧之憂。

起兵之前的第三件大事，是派其子李建成和李世民率兵，打敗反對自己的屬下西河（治今山西汾陽）郡丞高德儒，攻取西河郡，為南下進入關中掃除第一個障礙。七月，李淵在太原發兵南下，以四子李元吉留守太原，自己和另外兩個兒子帶領三萬人南下。改易旗幟，雜用絳白，白以示突厥，表示與隋劃清界限；絳以示隋的官僚貴族，表示自己仍然是隋朝的一員。同時致書李密，卑辭推獎，表示將來擁立李密做皇帝。

李淵決定從太原南下入關，也是抓住了一個很好的時機，就是李密帶領的瓦崗軍正在河南迅速發展，有力地牽制住了東都洛陽的隋軍。

而在都城長安周邊，事先也作了嚴密的布局。長安周圍的許多城鎮，都已為李淵的親屬所招降的義軍占領。關中的地主官僚與李淵有著千絲萬縷的關係。

二、誓師起兵

如李淵的從弟李神通，在長安西南的鄠縣（今陝西西安鄠邑區）一帶，發展到一萬多人，自稱關中道行軍總管，其屬下有京師大俠史萬寶、隋朝樂城（今安徽亳州東南）縣長令狐德棻等。

後來被李淵封為平陽公主的女兒，在其夫柴紹前往太原參與謀劃起兵之後，自己回到了長安郊區的鄠縣（今陝西西安鄠邑區），募集了一支由當地亡命山澤的人組成的勢力，在東起鄠縣，西到郿縣，包括今陝西咸陽西部的興平、武功、周至一帶，聚集了七萬餘人，打退了駐守長安隋軍的多次進攻。這支號稱「娘子軍」的部隊，後來在渭水北岸與李世民會合，為李淵打下長安作出了很大貢獻。

李淵的另一個女婿段綸，在長安東南的藍田（今陝西藍田）一帶，也聚集了一萬餘人，響應從太原南下的李淵大軍。

李淵在太原起兵後，「三秦士庶，衣冠子弟，郡縣長吏，豪族兄弟，老幼相攜，來者如市」[028]。他很快獲得了官僚貴族的廣泛支持，當時身在各個武裝集團的官僚士大夫，也都心向李淵，把重建統一國家的希望寄託在他身上。

李淵起兵後能夠迅速南下，西渡黃河進入關中，是有著許多方面原因的，他的策略部署也很高明。但是，其中有一個細節，就是在攻打霍邑（今山西霍州）時一個重大決策的改變，是由於李世民的一場大哭而作出的。有時候，細節就決定了成敗。

---

[028]　溫大雅：《大唐創業起居注》卷二，第33頁。

第三章　開國元勳──李世民的戰功與忠義

三、軍帳夜哭

　　起義的部隊從太原出發十天後，來到了霍邑北邊五十餘里的賈胡堡。此時，長安的隋朝政權已經開始部署對李淵的圍剿，代王楊侑派遣虎牙郎將宋老生率精兵二萬屯守霍邑，派遣左武候大將軍屈突通率領驍果數萬屯河東（今山西永濟），對李淵形成夾擊之勢。局勢非常明顯，李淵西進關中，會受到隋朝方面的有效遏制。當時又正遇上北方的雨季，李淵的軍隊無法前行，只得就地等待天氣好轉。考慮到可能要等待一些時日，李淵派人率領一支由老弱兵士組成的部隊回太原去搬運一個月的糧食來。

　　這年的秋天，山西的雨一直下個不停，部隊被困在賈胡堡。派去聯繫突厥的劉文靜又遲遲沒有消息。劉文靜出使突厥，名義上是向突厥借兵，實際上是為了穩住突厥，解除劉武周聯合突厥、威脅太原的後顧之憂。李淵一直在等待劉文靜的消息，尤其是被洪澇困住以後，他更加急切地盼著劉文靜回來，好做出決定。但李淵為什麼一定要等到劉文靜的消息才能做決定呢？

　　因為，如果劉文靜出使突厥成功，說明突厥已經接受了李淵想聯合的誠意，不會和李淵作對，李淵就可以放心地攻打霍邑了。可是，李淵還沒等來劉文靜，讓他最擔憂的事情卻要發生了：傳聞說，在馬邑（今山西朔州）起兵的劉武周得到突厥的支持，正準備進攻太原。

　　屋漏偏逢連夜雨。秋雨綿綿延延，不見停止，軍中糧食也出現了危機。那麼，是進，還是退呢？是繼續進攻霍邑，還是回救太原？李淵也拿不定主意，不知該怎麼辦好。於是，他緊急召集部下，當然也包括他的兩個兒子李建成和李世民，要商議出一個萬全之策來。眾人感覺到事態的嚴重，但是兩種意見都有，一種是主張先救太原，一種是主張進攻霍邑，雙

三、軍帳夜哭

方爭論得很激烈。

李淵的謀臣密友裴寂，他主張先救太原。他的理由是：宋老生和屈突通聯兵據險，一時難以攻下，一旦開戰，就可能糾纏很長時間，不得脫身，遷延日久，又會乏糧；李密雖說與我們聯合，實則狡詐難測；突厥貪婪不講信用，唯利是圖；劉武周稱臣於突厥，兵勢正強，而太原是一都之會，位置重要，且義兵的家屬都在那裡。

裴寂這番話，殺傷力是蠻大的，況且他分析得也很有道理。所以，當時就有很多人站在了裴寂這一邊，主張回救太原。

可是，這時候李世民站了出來，他根據裴寂所說的理由一一給予反駁：現在正是糧食收穫的季節，何必擔憂糧食缺乏？

宋老生輕浮急躁，一戰可擒；李密顧戀洛陽附近的地盤和糧倉，不會進突破瓶頸中；劉武周與突厥表面上勾結在一起，內實互相猜忌；我們大唐起兵，本為行大義於天下，理應奮不顧身以拯救天下蒼生，一定要搶先拿下長安，才能號令天下，現在遇到一股小敵就要退兵，恐怕起義兵眾一朝解體，還守太原一城之地，那是反賊，不是義師。若安於做賊，終不可長久，那樣將如何自全？李世民說得也有道理。

李世民的大哥李建成是堅決支持他的，他也說：「萬萬不可後退。無論是從形勢上、道義上，都要前進，這才是號令天下的出路。」

兩派意見眾說紛紜，爭得很厲害。可能李淵的心裡也存在著裴寂那樣的擔憂，所以，儘管李世民兄弟倆據理力爭，但李淵還是傳令下去，決定班師回太原。李世民還想勸說李淵，但他已經回帳睡下了。

當天晚上，因為心情鬱悶，李淵翻來覆去睡不著。偏偏這時候又聽到有人在軍帳外面號哭，就更加煩躁了。便問：「誰在外面號哭？」衛兵支支吾吾，李淵就更生氣了：「帶進來！」一看，是自己的兒子李世民。李淵雖

第三章　開國元勳——李世民的戰功與忠義

然很惱火，但是看到兒子眼睛中的憂慮，他也不由得懷疑起自己的決定是否正確。於是，他不無憐愛地問道：「何以如此？」

李世民就說：「我們起兵，就是為了一個『義』字，氣可鼓不可洩啊。我們這支部隊，您都稱呼大家為義士，這還沒帶大家取得點成績，才遭受一點挫折就放棄，那還叫什麼義士？一旦後撤，很快就會人心渙散。軍士們散於前，四周這麼多敵人乘於後，到時候，身死兵敗，天地之間無以援救，後悔都來不及啊！怎麼能不悲傷？」這支部隊是李世民負責招募起來的，他很了解其中的微妙。李淵聽了，一時頓悟。因為自己有和裴寂他們一樣的擔憂，憂思太深，所以其他的意見都聽不進去了，差點鑄成難以挽回的大錯。但是，班師的軍令已經傳達下去了，軍隊也已經開始撤退，所以李淵當時就有些為難和慌亂。

李世民倒是很理智，他說：「右軍還沒有動，左軍雖然出發了，但還沒走遠，讓我去追。」

李淵如釋重負地笑了笑說：「我們的成敗，都看你的了。你就好好處理吧。」[029]

於是，李世民和李建成分道追回了左軍，李淵也改變了回師太原的決定，進兵霍邑。

十來天後，回太原運糧的人馬到了，下了二十多天的秋雨也停了。準備充分以後，李淵在霍邑城東五六里的地方，按照李建成和李世民的建議，由他本人先挑陣引出宋老生，並率軍與之正面對陣，稍戰詐退，李世民率騎兵掩襲其後。交戰正酣時，混戰中聽到歡呼：「宋老生已被抓獲！」宋老生軍中士兵不知是詐，一時軍心動搖，如潮水般潰敗。宋老生逃回城下，被劉弘基一刀砍過去，身首異處。李淵大獲全勝。

---

[029]《資治通鑑》卷一八四，第 5744 — 5745 頁。

接著，李淵經臨汾，下絳郡（治今山西新絳），收用了隋朝絳郡通守陳叔達。不久打到了龍門。這時，劉文靜引領著康鞘利等突厥兵五百人、馬兩千匹趕了上來。李淵藉助突厥兵以張聲勢，同時也解除了突厥和劉武周聯合進攻太原的後顧之憂。

九月，李淵軍主力從河東順利渡過黃河，南下進入關中。李淵入關後，坐鎮洛河上游的長春宮（今陝西大荔東舊朝邑境內），指揮圍攻長安的戰鬥。李建成率東路軍，進駐潼關，防備河東屈突通指揮的隋軍。李世民率西路軍，從長安的北部和西部形成包圍。

於是，前面提到的關中地區支持李淵的力量，將近十萬人眾，先後都加入了李世民的部隊。進攻長安之前的李世民部，已經發展到十三萬人。

十一月，攻克長安。年底，占領巴蜀。為全國的統一奠定了堅實的基礎。

一切都在李世民的計畫中，李淵也不得不佩服起自己兒子的軍事才能來。

四、首席功臣

武德元年（618）的五月二十日，李淵在長安正式登基稱帝。八月六日，唐高祖李淵下詔，要求有關部門匯總上報後，確立一份開國功臣的名單。在這份詔令中，李淵欽定李世民和裴寂為首席功臣。

根據《唐會要》的記載，武德元年八月六日，唐高祖李淵下詔曰：

朕起義晉陽，遂登皇極，經綸天下，實仗群材。尚書令秦王、右僕射裴寂，或合契元謀，或同心運始。並蹈義輕生，捐家殉節。艱辛備履，金

第三章　開國元勳——李世民的戰功與忠義

石不移。論此忠勤，理宜優異。官爵之榮，抑唯舊典；勳賢之議，宜有別恩。其罪非叛逆，可聽恕一死。其太原元謀勳效者，宜以名聞。[030]

李淵在詔書中點名表彰的，只有李世民和裴寂二人。表彰李世民的話是「合契元謀」，也就是說，他是最初與李淵一起謀劃起兵的人，而且在起兵反隋這一點上，父子二人是一拍即合，這是李世民最大的功勞。表彰裴寂的話是「同心運始」，這是說裴寂從一開始就參與到起兵的謀劃之中，而且與李淵是同心同德。

看來，在李淵的心目中，只有李世民和裴寂是他太原起兵最親密的謀劃者，李世民是太原起兵也是唐朝開國的首席功臣。這裡面有兩個問題，一是為什麼李淵只提李世民而不提李建成？二是為什麼與裴寂發揮了同等作用的劉文靜也被李淵忽略了？

關於第一個問題，答案其實很簡單。一來因為最初的起兵謀劃李建成並未參與，當時他還在河東，沒有隨著李淵來到太原。二來李建成在這個時候已經被立為太子，而太子就是儲君，與大臣之間有著一道不可踰越的鴻溝，是君與臣的分別。李世民被李淵目為首席功臣，那他就是臣，是李淵的臣，也是未來皇帝李建成的臣。從這裡也可以看出，說李淵很早就動過念頭要立李世民為太子，那完全是李世民自己後來編造出來的謊言。

關於第二個問題，原因在於裴寂與劉文靜在李淵心目中的地位其實是不一樣的。在李淵看來，裴寂不僅是最初參與起兵謀劃的功臣，更是與自己氣類相投的貴族子弟，而且還是一起做過壞事的哥兒們；而劉文靜當時只是晉陽縣令，地位與李淵相距甚遠，且與李淵沒有什麼密切的交往，在起兵過程中基本上也是與李世民保持密切聯繫，屬於起兵謀劃過程中的另外一條線。正因為如此，劉文靜後來會感到不平，對裴寂的怨憤也許在這

---

[030]《唐會要》卷四五〈功臣〉，上海古籍出版社 2006 年，第 935 頁。

四、首席功臣

個詔書頒下後就萌生了。

不過，李淵的詔書並不是最終的決定，他只是特意提出了李世民和裴寂二人，給予特殊的表彰，具體需要表彰的功臣名單，則要有關部門提出來，所謂「其太原元謀勳效者，宜以名聞」，就是把可以列入太原起兵第一等功臣「太原元謀勳效」的人，提交一份名單上來。

有關部門上報的名單，最後是這樣的：

> 尚書右僕射裴寂、納言劉文靜，加恕二死。左驍衛大將軍長孫順德、右驍衛大將軍劉弘基、都水監趙文恪、右屯衛大將軍竇琮、衛尉少卿劉政會、鴻臚卿劉世龍、吏部侍郎殷開山、左翊衛大將軍柴紹、內史侍郎唐儉、庫部郎中武士彟、驃騎將軍張平高、左驍衛長史許世緒、李思行、李高遷等，並恕一死。[031]

這個名單除了列出了所有的「太原元謀勳效」之外，與李淵在前一道詔書中說的，有三點出入：一是尚書令秦王李世民不在這個名單中，這也許是有關部門覺得把李世民與一幫大臣放在功臣名單裡不合適，畢竟李世民的身分比所有功臣都要特殊；二是原來說李世民和裴寂這樣的功臣可以「恕一死」，即犯一次死罪可以恕免，現在改為第一個級別的功臣如裴寂可以「恕二死」；三是劉文靜被列為與裴寂同等地位的第一個級別的功臣。[032]

---

[031]《唐會要》卷四五〈功臣〉，第 935 頁。
[032] 參見張耐冬《太原功臣與唐初政治》，中國社會科學出版社 2018 年，第 56－65 頁。

第三章　開國元勳──李世民的戰功與忠義

第四章
戰場之王 —— 秦王的軍事奇蹟

　　李世民即帝位後，由呂才協音律，魏徵等制歌辭，把一曲〈秦王破陣樂〉改編成為宮廷典禮及各種重大祭祀活動中的樂舞。貞觀七年（633），唐太宗又親製〈破陣舞圖〉，命呂才依圖教樂工一百二十人披甲執戟而舞。此舞以其濃厚的戰陣氣息和強大的威懾力，令觀者「凜然震竦」[033]，後稱〈神功破陣樂〉。高宗時，修入雅樂，名曰〈七德〉，此後一直是唐朝國家慶典中的主要樂舞。

　　在這個樂舞中，李世民做秦王時期指揮的幾次重大戰爭都得到了形象化的反映。

一、智破「萬人敵」

　　唐軍占領長安後，面臨著四面的敵人。李淵並沒有多少可以用的大將，如何才能把已經取得的政治優勢轉化為戰場上的實力？年輕的李世民又是如何成為前線統帥的？

　　武德元年（618）五月，李淵正式稱帝。對於剛在關中立足的唐王朝來說，隴西的薛舉可以說是一個勁敵。薛舉自然也明白，唐朝的建立對他是

---

[033]《舊唐書》卷二八〈音樂志〉，第 1046 頁。

第四章 戰場之王──秦王的軍事奇蹟

一個威脅，所以當年六月，他就趁著對方剛剛立足，根基不穩，大舉來犯。李淵這時候也不示弱，立即作出回應，命李世民率兵出擊。這一次，沒有了李淵和李建成，李世民要獨自面對強敵。他第一次以秦王的名義率軍出征，望著飄揚的大旗，興奮、壓力湧向他的心頭。

但是，李世民與薛氏軍隊的第一戰並不順利。唐軍急於求戰，又恃眾輕敵，疏於防備。在高墌（今陝西省長武縣北），薛舉引軍掩襲唐軍陣後，唐軍大敗。據史書記載，當時適逢秦王患病，由劉文靜、殷開山主持軍務。二人不聽從李世民的告誡，急於出戰，結果被薛舉的軍隊偷襲，死傷大半。李世民只得領兵暫時退回長安，薛舉乘機奪下了高墌。劉文靜、殷開山因為此事被除名，貶為庶民。

薛舉一戰得勝，大喜，正欲進軍長安，卻病倒了。更沒想到的是，薛舉一病竟再未起，一命嗚呼了，其子薛仁果（兩《唐書》作「杲」，《資治通鑑》作「果」）繼承政權，繼續與唐軍對峙。

薛舉本就是土匪一類的割據者，他野蠻殘忍，對待俘獲的士兵，一律進行殘酷的屠殺，缺乏家國天下的大關懷。這種人根本不懂得「得民心者得天下」的簡單道理。薛仁果的殘忍，與其父相比是有過之而無不及。他喜歡殺人，喜歡殺掉對手後再強娶他們的妻妾。薛仁果繼位之後，政權內部的矛盾更為激烈，兵勢日衰。八月己丑，李淵又以李世民為元帥，再次發兵，進攻薛仁果。

薛仁果號稱「萬人敵」，李世民遇到了一個強大的對手。這一仗，李世民先是堅壁閉壘六十日以驕敵，然後抓住對方糧盡的時機頑強追擊，在淺水原（今陝西長武東北）一舉打敗了敵人。戰場上的李世民，已經越發成熟，不僅懂得運用各種兵法和戰術，還懂得分析敵方心理，最終克敵制勝。這一仗，他一雪唐軍前恥，消滅了薛氏政權這個威脅關中的勁敵，為

自己第一次獨立出征贏得了漂亮的一分。

　　戰後，李世民安撫軍民，穩定當地形勢，積極收攬人才。他與褚亮的相識，就在此時。褚亮來自南朝的名門大族，他博聞強記，能文善談，是當時著名的文士。李世民沒有因為褚亮是薛仁果的親信就對他有防範之心，而是屈身下士，以禮相待，兩人很快就結為至交。回到長安後，李世民奏請高祖，讓褚亮做了自己秦王府的文學之職。不久以後，褚亮就成為著名的「秦府十八學士」之一了。褚亮的兒子褚遂良，後來也成為太宗朝後期的重要人物。

　　在天下大亂的年代裡，英雄和土匪是並生的。英雄和土匪的區別，不在於誰的兵力強大，也不在於一兩次戰役的輸贏，關鍵是看志向有多大，目標有多遠。

　　李世民獨立指揮的第一場大戰，儘管經歷了一些挫折，但最終取得了輝煌的勝利，為李淵政權在關中站穩腳跟奠定了基礎。李世民為自己贏得了聲譽與威望，為自己不斷地掌握軍隊和地方控制權開創了新的起點。他的下一個目標是出關廝殺，接管整個統一戰爭的指揮權。

二、拚毅力還要拚體力

　　太原是李唐政權龍興之地，整個山西實際上也是長安的屏障。山西失守，長安就危在旦夕。而當李淵正在關中經營的時候，山西被突厥支持的割據勢力劉武周占領了。由於缺乏真正能夠領兵出征的大將，李淵只好把目光投向了西征回來的李世民，畢竟李世民有了指揮作戰的經驗。

　　劉武周當時在山西北部割據，手下的宋金剛、尉遲敬德等都是驍將。

第四章　戰場之王──秦王的軍事奇蹟

他看到太原由年幼的李元吉鎮守，於是命宋金剛帶兵攻打太原，抄李淵的老底。宋金剛迅速占領了太原以南的很多地方，唐朝方面派裴寂等人去迎擊，但都失敗了，隨後李元吉棄守太原，逃到長安。李淵本想放棄山西，力保關中，為李世民所勸阻。於是李淵派李世民出馬，來對付宋金剛和劉武周，而李世民一出馬就把宋金剛給打退了。但他並沒有就此停手，他要追擊，窮追不捨。因為李世民看到宋金剛的部隊給養不足，隊伍也比較疲憊，於是決定「宜將剩勇追窮寇」。在追擊的過程當中，李世民顯示了超凡的體能。

這一仗打得很辛苦。剛開始是李世民堅守，雙方相持了五個月，其間李世民不斷派人騷擾對手後方，等到對方糧草斷了，扛不住要退兵的時候，李世民就開始追擊。李世民率軍晝夜兼行二百里，一直追到自己的糧草也跟不上，手下的人又飢又累。這時有人建議先行修整，畢竟已經兩天沒吃飯，三天未解甲了，如果再這樣追下去，自己都會被拖垮的。而且將士們也說，我們已經打了勝仗，奪回了劉武周、宋金剛占領我們的很多地方，現在他們已經撤退，不用再費那麼大的工夫去追他們了。李世民不同意，認為這是徹底擊潰宋金剛、劉武周的大好機會，千萬不能錯過。一旦放鬆追擊，給了他們休養生息的機會，那就是放虎歸山了。可以看到，李世民打的仗很少留下後患，要做就做得徹底。

李世民率兵拚命追趕宋金剛，在一個叫雀鼠谷的地方追上了他們。一日八場戰鬥，宋金剛連敗八陣，毫無招架之功，因為實在是被追得太疲勞了。

就在李世民連贏八陣這天晚上，他的部下不知道從哪兒抓來一隻羊，當時軍中無糧，全體將士就靠這隻羊來慶祝勝利了。在雀鼠谷吃了敗仗之後，宋金剛的部隊退回到介休（今屬山西）城中，李世民就接著攻城。圍

二、拚毅力還要拚體力

困兩天以後,宋金剛的部下紛紛逃跑,部將尉遲敬德以介休城降唐,他也成為日後李世民手下的重要將領。宋金剛本想糾集殘部,再跟李世民打一仗,但手下人再也不願意了,紛紛表示再也不想見到李世民了。那個時候,李世民已經成了宋金剛部下甚至宋金剛本人永遠揮之不去的噩夢。

李世民的身體確實好,幾天急行軍,又沒東西吃,戰士們都受不了了,但李世民還能夠堅持,可見他的體能一定很好。唐朝人的體質都不錯,在中國歷史上各個朝代當中,唐朝可能是人們體質最好的一個朝代了。

不僅如此,李世民還很有責任感。他總是身先士卒,自己帶頭往前衝,覺得自己比手下做得都好,不放心別人往前衝。李世民原本是貴族出身,父系、母系都是關隴的權貴家族,所以人們很容易把他想像為沒有責任心的公子哥兒。但李世民不是這樣的,在他成長的年代,從政治上來說,家族所處的環境非常險惡;從社會上來說,天下即將大亂,社會局勢也非常複雜動盪。在這種環境下成長起來的貴族公子,其實有一種非常強烈的社會責任感。李世民不光關心自己的部下,還有強烈的以天下蒼生為念的觀念,不願看到百姓受苦,要救民於水火之中。

言歸正傳。介休之戰,宋金剛的力量被徹底打垮,難以再戰。而并州的劉武周聽說宋金剛戰敗,嚇得丟下并州,倉皇投奔突厥去了。宋金剛本想逃往并州尋求劉武周的幫助,卻落得人去樓空,想要據并州再戰,又沒有人肯聽從。最後,宋金剛只好仿效劉武周,帶了幾百人投奔突厥而去。

其實,那個時候突厥對劉武周的態度也發生了轉變。後來,宋金剛與劉武周先後從突厥那裡謀歸,但都被突厥殺死,命運竟是出奇地相似。

第四章　戰場之王──秦王的軍事奇蹟

三、孤身赴險

　　隨著戰爭的推進，唐朝政權越來越呈現出征服四方、統一全國的態勢。李淵絕不是鼠目寸光的人，而李世民又是堅決執行李淵統一策略最得力的將領。

　　從隋煬帝大業九年（613）楊玄感起兵以來，東都洛陽就是各方勢力爭奪的最重要目標。李密就是因為沒有拿下洛陽，最終葬送了自己和瓦崗軍的前途。李世民打敗了劉武周之後，下一個目標就是洛陽。而占據洛陽的王世充，力量本來就很強，還有河北強大武裝竇建德的聲援和支持。形勢決定了在洛陽周邊展開的將是一場惡戰。

　　武德三年（620）七月，就在李世民從山西前線回來兩個月之後，李淵任命他為諸軍統帥，討伐王世充。李世民當仁不讓，為大唐剷平所有敵人，打倒所有對手，正是他的志向。軍馬勞頓沒有消耗掉李世民的熱情，戰爭的艱辛也不能阻止李世民的步伐。某種程度上，李世民從戰爭勝利中樹立了自信，找到了無與倫比的成就感，獲得了無上的榮耀。他的很多東西，都是從這幾年的軍旅中得來的。可以說沒有作為將軍的李世民，也就沒有作為皇帝的唐太宗。

　　對於新生的唐朝來說，這是生死攸關的一場戰鬥，也是最富有傳奇色彩的一場戰鬥。李世民高超的策略決策和指揮藝術，以及在戰場上的勇猛自信，再一次得到了盡情的發揮。

　　李世民喜歡親自上前線看戰場地形和偵察敵情，這是成為一個名將的必修課，但危險也是非常大的。歷史上在檢視地形時被敵人偷襲的名將不在少數。這次洛陽之戰，李世民又親自出馬去檢視地形，隨身只帶了五百輕騎。不料剛到北邙山的魏宣武陵，王世充就率領一萬精銳突然出現，將

三、孤身赴險

李世民團團包圍。王世充的大將單雄信衝到李世民馬前，就要手起槊落，幸虧尉遲敬德從一旁大呼躍出，將單雄信刺下馬來。李世民的小股人馬，居然從萬人的包圍中突圍出來。與屈突通會合後，唐軍向王世充發動反擊。王世充的軍隊被這麼一個少年元帥的勇氣震住了，招抵不上，很快敗下陣來，王世充在衛士的掩護下逃回了洛陽城裡。

尉遲敬德在洛陽城外勇救李世民的故事，在《說唐》裡被改編為「御果園秦王遇雄信」，其中著重強調了尉遲敬德的神勇。民間傳說總是將英雄演繹為神仙，但這裡卻忽略了李世民的冒險精神。

在打洛陽的時候，還有一個美麗的傳說，就是流傳甚廣的「十三棍僧救唐王」的故事。現在的少林寺裡，還保存著一塊當年秦王李世民賜給寺裡住持的碑石，叫做「秦王賜少林寺主教碑」。因為親王的命令文書稱為「教」，少林寺主就是少林寺的住持。

剛剛從戰陣中突圍出來，差點被人殺死，換作一般人肯定魂飛魄散，再也不敢探營了。李世民卻毫不畏懼，在這之後不久又孤身犯險，而且隊伍從五百人變成了五個人。

這次，李世民帶上尉遲敬德等四人去竇建德處探營。李世民對自己是很有信心的，五個人大搖大擺過去的時候，他還對尉遲敬德吹噓說，我持弓箭，你用馬槊，我們走在一起，即便來千軍萬馬也奈何不得，如果敵人見到我就撤退，那算他們聰明。五個人離竇軍還有三里時遇到了敵人偵查的斥候，李世民躍馬而出，大喝一聲：我乃秦王李世民也！一箭殺掉了對方帶頭的小將。竇軍大驚，出動了五六千騎兵殺將出來。

除了李世民本人和尉遲敬德以外，其他三個同去的人已經嚇破了膽。李世民命他們先撤，自己則和尉遲敬德殿後。這兩個人的組合果然威力驚人，追在最前的敵騎一定中箭斃命，所以敵人不敢逼近。從竇軍的角度考

第四章　戰場之王——秦王的軍事奇蹟

慮，雖然不敢太靠前，但又不甘心就此回去，所以就不知不覺地被引入了李世民事先安排的埋伏。唐軍伏兵殺出，竇軍倉皇而逃。

這一仗本身只能算小衝突，無關大局，但也是一場心理戰。李世民只帶了寥寥數人就敢到竇建德的大營門口耀武揚威，而且還勝利而歸，簡直有些所向披靡的味道。它給竇部的心理衝擊是十分巨大的，還害得竇建德生了幾天悶氣。

武德四年（621）五月，李世民指揮的唐軍與竇建德軍置陣汜水，決定命運的一戰終於到來了。當時，唐軍扼守虎牢關，占據有利地形。李世民乘敵軍列陣已久，士氣下降，疲憊不堪的機會，下令全面進攻，他也親率三千騎兵突擊敵營。竇建德猝不及防，中槍被擒，所領兵眾也一時奔潰，唐軍大獲全勝。

四、自古英雄出少年

李世民是歷史上少有的少年成名的英雄人物。唐朝建立時，他才二十來歲，就擔任了軍隊的前線總指揮。在《說唐》裡面，當李世民和敵將交鋒的時候，對方總是罵他「唐童」，意思是說你只是唐朝一個乳臭未乾的小毛孩子。比如竇建德，一生氣就說：「唐童這小畜生」[034]。也有演義小說裡面，對手罵他「世民小兒」[035]。那麼捉到了竇建德以後，李世民又是如何表現的呢？他還著實羞辱了竇建德一番，說別看你輩分高，一世英雄，名氣很大，但我帶兵到洛陽來打王世充，干你何事，你幹嘛自己來送

[034]　《說唐全傳》第五一回〈王世充發兵請救竇建德折將喪師〉，江西美術出版社 2018 年，第 249 頁。
[035]　袁於令：《隋史遺文》卷一二，春風文藝出版社 1997 年，第 466 頁。

死？很尖酸刻薄。竇建德說了，「我今不來，恐煩遠取」[036]。也就是說，我今天不到這裡來，你日後也是會打到我那裡去的。

莫非竇建德表示，我不是來打您的，專門到這裡來，為的就是被你打敗，省得麻煩你再跑那麼遠路？事實上，他並不是要開個幽默的玩笑，竇建德也不是那樣的人，而是一位了不起的英雄人物。竇建德明白，隋末動亂以後，肯定要統一，眼看現在李淵、李世民把其他的割據力量逐一消滅，最後只剩下三個最大的勢力：一個是王世充的鄭國，一個是竇建德的夏國，最後一個就是李淵的唐朝。既然今後肯定是要交手，那麼與其你來打我，還不如我來打你。

李世民在虎牢關打敗竇建德後，帶著他來到洛陽城下，讓其勸降王世充。王世充無力再戰，最終舉城投降。李世民還辦了一個受降儀式。在受降儀式上，面對經常辱罵自己為小兒的王世充，李世民輕蔑地質問他，小兒又如何？王世充無言以對，只能不停地磕頭。

李世民不光行動上雷厲風行，非常厲害，言語上也真不饒人，這就叫年輕氣盛。打下洛陽的時候，意氣風發的李世民，還把隋朝的老宰相蘇威數落得無地自容。

蘇威是隋朝的開國元老，是隋文帝時赫赫有名的宰相，比李世民父親李淵的級別還高，資格還老。隋煬帝的時候，蘇威仍然在做宰相。宇文化及在揚州弒逆，把隋煬帝殺掉以後，蘇威按道理應該為國殉節，可是他沒有，而是繼續跟著做宇文化及的宰相，又往北逃。後來宇文化及被竇建德打敗，老宰相蘇威就被王世充收攏過來，到了洛陽後，又做了高官。

等到李世民打下了洛陽，王世充投降了，蘇威認為李淵曾經是他的部下，李世民又是年輕人，所以想擺擺老資格，就派人給李世民傳了話去，

[036]《資治通鑑》卷一八九，第5915頁。

第四章　戰場之王──秦王的軍事奇蹟

說我年紀大了，腿腳不靈便，不能去拜望你，你能不能來看看我？

面對擺譜的老宰相蘇威，李世民譏諷他說，腿腳不靈便？你當初在揚州就能夠給宇文化及下跪，後來當了他的宰相。你現在到了洛陽，這幾年跟王世充也能下跪。怎麼見我你就腿腳不靈便了？

這話任誰聽了，都會羞得找地縫鑽下去。李世民後來把他帶回了長安，蘇威又活了幾年。不過，他後面的這些年，真的是活得很多餘。想當年在隋文帝的時候，蘇威是多麼有為的宰相，如今卻晚節不保，身敗名裂。

東都終於落在大唐手中。李世民一戰而平兩敵，真正實現了戰前的豪言壯語。

七月甲子，李世民回到了長安。他身披黃金甲，走在最前，李元吉、李世勣（即李勣）等二十五將緊跟其後。加上萬匹鐵騎，軍樂鼓吹，場面盛大，好不威風。在洛陽與王世充、竇建德一戰，李世民又經歷了一次考驗。圍城的艱苦，作戰的辛勞，還要頂住各種壓力，做好腹背受敵的心理準備。可以說，這是李世民經歷的最困難的一次戰爭。但是，他還是勝利了。現在，就軍事能力來看，沒有人是他的對手；就整體實力來看，沒有人是大唐的對手。李世民與大唐一起，成長了起來。在某種意義上，李世民可以說是見證大唐成長壯大的人，他最知道大唐應該走向哪個方向。

五、昭陵六駿

李世民在戰場上英勇頑強、關心士兵的故事，留下了豐富的物質文化遺產，其中最著名的就是昭陵六駿。

昭陵六駿是原置於唐太宗昭陵北麓祭壇兩側廡廊的六幅浮雕石刻。六

五、昭陵六駿

駿,指唐太宗在統一戰爭中騎乘作戰的六匹駿馬。營建昭陵時,唐太宗下令立昭陵六駿。其用意,除了炫耀一生戰功外,也是對這些曾經相依為命的戰馬的紀念,並告誡後世子孫創業之艱難。

六駿的名稱都非常特殊,有些甚至頗為古怪,因為他們都來自草原或沙漠的北方民族,是最優秀的雜交良種馬。每一幅浮雕都有唐太宗的題贊,每一幅畫面都告訴人們一段驚心動魄的歷史故事。

東面的第一駿名叫「特勒(勤)驃」,為李世民平定宋金剛時所乘。該駿為黃馬白喙微黑,毛色黃裡透白,故稱驃,可能是突厥所贈。武德二年(619),李世民乘此馬與宋金剛作戰,特勒驃在這一戰役中載著李世民勇猛衝入敵陣,一晝夜接戰數十回合,連打了八個硬仗,建立了豐功偉業。唐太宗為牠的題贊是:應策騰空,承聲半漢,入險摧敵,乘危濟難。

東面第二駿名叫「青騅」,為李世民平定竇建德時所乘。該駿為蒼白雜色,石刻中的青騅作奔馳狀,馬身中了五箭,均在衝鋒時被迎面射中,但多射在馬身後部,由此可見駿馬飛奔的速度之快。當時,唐軍扼守虎牢關,占據有利地形。李世民趁敵方列陣已久,飢餓疲倦之機,下令全面反攻,親率勁騎,突入敵陣,一舉擒獲竇建德。唐太宗給牠的贊語是:足輕電影,神發天機,策茲飛練,定我戎衣。

東面第三駿名叫「什伐赤」,是波斯語「紅馬」的意思,也是李世民在洛陽和虎牢關與王世充、竇建德作戰時的坐騎。石刻上的駿馬凌空飛奔,身上中了五箭,都在馬的臀部,其中一箭從後面射來,可以看出是在衝鋒陷陣中受傷的。唐太宗贊語是:瀍澗未靜,斧鉞伸威,朱汗騁足,青旌凱歸。

西面的第一駿名叫「颯露紫」,色紫燕,前胸中一箭,為李世民平定東都、擊敗王世充時所乘。牽著戰馬正在拔箭的人叫丘行恭,六駿中只這

第四章　戰場之王——秦王的軍事奇蹟

一件作品附刻人物。武德四年（621），唐軍在攻取洛陽邙山一戰中，李世民曾乘著颯露紫，親自試探對方的虛實，偕同數十騎衝出陣地與敵交鋒，隨從的諸騎均失散，只有丘行恭跟從。年少氣盛的李世民殺得性起，與後方失去聯繫，被敵人團團包圍。突然間，王世充追至，流矢射中了颯露紫前胸，危急關頭，幸好丘行恭趕來營救，他轉身張弓四射，箭不虛發，敵不敢前進。然後，丘行恭立刻跳下馬來，給颯露紫拔箭，並且把自己的坐騎讓給李世民，然後又執刀徒步衝殺，突陣而歸。畫面上的丘行恭卷鬚，相貌英俊威武，身穿戰袍，頭戴兜鍪，腰佩刀及箭囊，作出俯首為馬拔箭的姿勢，再現了當時戰鬥激烈的情景。太宗給颯露紫的贊語是：紫燕超躍，骨騰神駿，氣讋山川，威凌八陣。

西面第二駿名叫「拳毛騧」，這是一匹毛作旋轉狀的黑嘴黃馬，前中六箭，背中三箭，為李世民平定劉黑闥時所乘。武德五年（622），李世民率領唐軍與劉黑闥在洺水（今河北曲周一帶）作戰。劉軍主力渡河時，唐軍從上游決壩，乘機掩殺，奪得勝利。石刻上的拳毛騧身中九箭，說明這場戰鬥之激烈。唐太宗為之題贊：月精按轡，天駟橫行，弧矢載戢，氛埃廓清。

西面第三駿名叫「白蹄烏」，純黑色，四蹄俱白，為李世民平定薛仁果時所乘。石刻「白蹄烏」昂首怒目，四蹄騰空，鬃鬣迎風，儼然當年在黃土高原上逐風奔馳之狀。武德元年（618），李世民乘機追擊薛仁果，催動白蹄烏身先士卒，銜尾猛追，一晝夜奔馳二百餘里，迫使薛仁果投降。唐太宗給牠的贊語為：倚天長劍，追風駿足，聳轡平隴，回鞍定蜀。

昭陵六駿中的「颯露紫」、「拳毛騧」，1914 年被美國文物走私商打碎裝箱盜運到美國，現陳列在美國費城賓夕法尼亞大學博物館。另外四具石刻駿馬，現陳列在西安碑林博物館內。

五、昭陵六駿

如果說昭陵六駿是李世民英雄事蹟留下的物質文化遺產，那麼，前面提到的〈秦王破陣樂〉就是非物質文化遺產了。

唐朝開國戰爭中的李世民，用卓越的指揮能力為自己創造了「常勝將軍」的神話，也為其後來成長為一代聖君打下了良好的政治基礎和心理基礎。貞觀七年（633），他親自編制這首樂舞的時候，就表現出了一種非凡的自信和氣度。

當時，負責禮樂的太常卿蕭瑀向太宗建議：「現在我們的〈破陣樂舞〉，已經為天下所共傳了，人們都知道我們大唐有這麼一曲雄壯的樂舞。但是，在現在的表演中，還有些體現皇上盛德的內容沒有完全表現出來。陛下過去先後打敗了劉武周、薛舉、竇建德、王世充等，這些戰鬥非常艱苦，陛下的英明決策和敵人的負隅頑抗，都值得生動地表現出來。臣願意把這些頑敵的形狀用圖畫記錄下來，並在樂舞表演中體現出來，以便真實地再現當初艱苦卓絕的戰爭場景。」

唐太宗聽了，略加思考，就斷然加以回絕。他說：「朕當四方未定之時，因為要為天下救焚拯溺，要救民於水深火熱之中，不得已才四出征伐，所以民間遂有此舞，朝廷也因此編制了這樣一個樂曲。作為國家重大典禮的雅樂，在內容上只得陳其梗概，如果描寫得那麼具體細緻，那我們當初那些敵手就可以在其中對號入座了。當前在位的將相大臣，許多都曾經受過那些人的驅使，他們之間曾經是一日之君臣，如今讓他們重見其主人被擒獲的場景，心裡一定會難過，我要為他們這些人考慮，所以不能表現得那麼具體。」

蕭瑀羞愧地謝罪說：「此事非臣思慮所及。」[037] 只有自信者才能真正做到謙虛，也只有勝利者才能對自己的手下敗將多留一些情面。

---

[037] 吳兢撰，謝保成集校：《貞觀政要集校》卷七〈論禮樂〉，中華書局 2009 年，第 419－420 頁。

第四章　戰場之王──秦王的軍事奇蹟

第五章

皇權陰影 —— 開國皇帝的次子

　　隋恭帝義寧二年（618）五月二十日，按干支記日，是個甲子日。五十三歲的唐王李淵選擇了這一天，即皇帝位於太極殿（即隋朝大興殿），改元武德，在隋朝的故都舊宮裡，建立起一個新的王朝 —— 唐朝。

　　李淵稱帝後，沒有馬上立太子，而是先任命李世民為尚書令，給他安排了一個至高無上的官位。這並不是說李淵對於立太子存有猶豫，而恰恰表明他在充分肯定李世民功勞的同時，又明確了他的身分定位：只能擔任最高的官職，卻不能對皇位有任何非分之想。

　　到六月初七（庚辰日），李淵宣布立世子李建成為太子，李世民為秦王，李元吉為齊王。至此，李淵和正妻竇氏所生的三個嫡子的身分明確了下來。

　　在武德六年（623）以前，兄弟之間基本上還是相安無事的，都在為唐朝的統一各盡其力。但是，到武德六年統一戰爭基本完成後，兄弟之爭逐漸激烈起來。

　　李淵已經明確了幾個兒子的身分定位，李建成是太子，是儲君，是將來的皇帝，而李世民和李元吉是親王。李世民功勞再大，也只能是首席功臣。儲君和功臣之間，有一道不可逾越的君臣界限。那麼，後來發生的兄弟之爭，到底是誰主動挑起的呢？李淵為什麼沒有控制好兒子之間的爭端呢？

　　帝王家的老二，他能甘心做一輩子的親王，而對皇位沒有想法嗎？

第五章　皇權陰影──開國皇帝的次子

一、李淵對李世民有無承諾？

李世民的功勞越來越大，地位越來越高，他是否再安心做一個親王？隨著統一戰爭的結束，秦王李世民與太子李建成之間的矛盾開始表面化了，最後的結果是李世民透過軍事政變奪取了皇位繼承權。

李世民當上了皇帝以後，國家治理得很成功。從歷史效果看，他的奪權似乎未必是一件壞事。儘管歷史沒有如果，但人們還是要問，若是太子李建成繼承了皇位，就一定比李世民治理得差嗎？

李世民本人和唐宋時期的史學家都不是從這個角度考慮問題的。

李世民對自己武力奪權合理性進行論證的邏輯，見於《舊唐書・隱太子建成傳》中的記載：「時太宗功業日盛，高祖私許立為太子，建成密知之，乃與齊王元吉潛謀作亂」[038]。這就是說，是李淵覺得李世民的功勞大，聲望高，私下答應要改立李世民為太子，李建成探聽到了李淵的這個想法，就和李元吉一起謀劃叛亂。

我們看記載唐朝歷史的正史《舊唐書》和《新唐書》，以及司馬光主編的《資治通鑑》，能夠找到多處記載，說李淵多次想要改立李世民為太子。如《資治通鑑》卷一九〇：「上之起兵晉陽也，皆秦王世民之謀，上謂世民曰：『若事成，則天下皆汝所致，當以汝為太子。』世民拜且辭。及為唐王，將佐亦請以世民為世子，上將立之，世民固辭而止。」[039]

但是，歷史記載中的這種說法，明顯是站不住腳的，大都是李世民為了證明他武力奪權的合理性而編造的。李淵始終堅持李建成就是皇位繼承人。

---

[038]《舊唐書》卷六四〈隱太子建成傳〉，第 2415 頁。
[039]《資治通鑑》卷一九〇，第 5957 頁。

二、司馬光的難題

　　司馬光是宋朝偉大的史學家，他寫史是以尊重史實為前提的。既然李淵沒有答應改立李世民為太子，那他在《資治通鑑》裡為什麼還要那麼記載呢？

　　司馬光評價歷史人物和歷史事件，一方面要尊重事實，追求客觀真實，但同時還有以下兩條原則：一是「為尊者諱」，對於在歷史上作出了重大貢獻的人物，不要去曝揚他們的一些所謂虧失，要從正面記載和評價其歷史功績；二是要維護君臣父子之大常，兒子不能冒犯父親，不能搶奪父親的功勞據為己有。從這兩條原則出發，加上宋朝初年在皇位繼承問題上和唐朝初年有類似之處，司馬光著史時，在處理李世民奪權問題的時候，就遇到了棘手的大難題。

　　司馬光既不能指責李世民搶奪領導權，又不能埋怨李淵昏庸無能，那怎麼辦呢？他在評論玄武門之變時，說過一番很有意思的話：「立嫡以長，禮之正也。然高祖所以有天下，皆太宗之功；隱太子以庸劣居其右，地嫌勢逼，必不相容。向使高祖有文王之明，隱太子有泰伯之賢，太宗有子臧之節，則亂何自而生矣！」[040] 這裡的文王是指周文王，他立武王為繼承人，並讓武王的弟弟周公輔佐武王平天下，武王死後，周公盡力輔佐武王的幼子成王。泰伯是周太王古公亶父的長子，他認為弟弟季歷及其子姬昌都很賢明，便主動放棄王位的爭奪，出走南方。子臧是春秋時期曹宣公的公子，當時國人認為曹成公不義，想要立子臧為曹君，但被他拒絕，而且為了打消國人的念頭，還出奔了宋國。

　　司馬光抬出了「立嫡以長」這個禮法的規定，同時又提出了「功」的標

---

[040]《資治通鑑》卷一九一「臣光曰」，第 6012 頁。

第五章　皇權陰影──開國皇帝的次子

準。李淵立李建成為太子是出自傳統禮法，後來李世民獲得太子身分，則是因為實際功勞。他要遵循的兩個原則，好像都維護了，但卻陷入了一個雙重標準的自我矛盾之中。不過，司馬光對這三個假設並非等量齊觀，如果父子三人皆有錯，則李淵的錯誤居首，其次是李建成，最後才是李世民。

其實，在李淵和李世民之外再找其他人來承擔兄弟之爭和玄武門之變的責任，是宋朝人的一貫立場。如舊本題宋李如箎撰的《東園叢說》，乾脆就把責任歸到了杜如晦的身上，說：

「太宗雖有誅建成、元吉之過，其親定禍亂，而治底昇平，有德於斯民者，又非齊威之比。使其出於孔子之世，則誅殺兄弟之過亦可略云。……究其兄弟之爭，始由如晦與建成家人爭道有隙，稔成其禍。至於同氣被誅，高祖見逼，其事皆出於如晦。故史臣稱如晦善斷。」[041]

司馬光的三個假設本身，和他前面「立嫡以長，禮之正也」的話就是矛盾的。李淵真要「立賢不立長」，那不就是不符合「立嫡以長」的原則了嗎？李世民要拒絕他人的推舉，那也就違背了因功而立的規則。更何況李世民根本不是被推舉出來的。所以說，司馬光的立場簡直是自相矛盾。這是李世民給司馬光留下的難以克服的難題和尷尬，也是儒家道德理想主義面臨的困境。

三、李淵的困境

李淵身為唐朝的開國皇帝，他的遠見卓識，他的老成持重，都是不可否認的。但是，他當皇帝以後，還是表現出明顯的不足，尤其是在處理皇

---

[041]　李如箎撰：《東園叢說》卷下，中華書局 1985 年版，第 57 頁。

室內部關係方面,沒有找到讓兒子們安分守己的辦法。

儘管李淵一直在維護長子建成的太子地位,從來沒有動搖過,但為了平衡兄弟之間的關係,對李世民有所放縱和偏袒卻是事實。

面對李世民在統一戰爭中的功勞和威望,李淵覺得,既然不能給他最大的利益 —— 皇位繼承權,那就得在皇位之外盡量滿足他的要求。打下洛陽後,李世民的功名和威望都急遽上升。太子之位只有一個,現有的官職又不足以匹配李世民的特殊功勳,於是在武德四年(621)十月,李淵給李世民「加號天策上將、陝東道大行臺,位在王公上。增邑二萬戶,通前三萬戶。賜金輅一乘,袞冕之服,玉璧一雙,黃金六千斤,前後部鼓吹及九部之樂,班劍四十人」[042]。

李淵想維持平衡。一方面要穩定建成的太子地位,一方面又要給李世民相應的職位與權力。他正式任命李世民為天策上將,帶著古代三公之一司徒的頭銜,出任陝東道大行臺尚書令,也就是把東方地區的全部權力都交給了這位天策上將。

這個待遇非常特殊,除了沒有太子的名分之外,其他方面與太子沒有多少差別。尤其是所謂「天策上將府」的設立,為李世民招攬人才提供了很好的制度保障。

太子之位只有一個,未來的皇帝只能一個人來做。李淵多麼希望兩個兒子之間能夠和平相處啊。可李建成能安心嗎?李世民能甘心嗎?

不久,李世民藉口海內漸平,開設了自己的文學館,並任命了十八個學士,包括杜如晦、房玄齡、虞世南、褚亮、姚思廉、李玄道、蔡允恭、薛元敬、顏相時、蘇勖、于志寧、蘇世長、薛收、李守素、陸德明、孔穎

[042] 《舊唐書》卷二〈太宗本紀〉,第28頁。

第五章 皇權陰影──開國皇帝的次子

達、蓋文達、許敬宗。這些人原本都有官職,有的是李世民秦王府或天策上將府的僚佐,有的是其他部門的要員,都是朝廷命官。李世民安排這些人以本官兼自己的文學館學士,分為三班,輪流到文學館值班,享受優厚的待遇。他本人在公事之暇,也總是來到館中,表面上是和諸學士討論歷代文化典籍,私下裡卻也謀劃著未來的出路。他們往往談論到深夜,儼然一個半公開的謀劃小團體。

李世民以此為依託,迅速擴充自己的勢力。這樣混亂的權力格局和政治氣象,是李淵操作平衡的結果。李世民對自己打造出來的小團體很得意,他毫不隱瞞自己的得意之情,叫大畫家閻立本為這些人畫像,叫褚亮為每個學士的畫像寫贊語,號為「十八學士」。《唐會要》記載:「令庫直閻立本圖其次,具其爵里,命褚亮為文贊,號曰十八學士寫真圖,藏之書(按:一作內)府,用彰禮賢之重也。諸學士食五品珍膳,分為三番,更直宿閣下。每日引見,討論墳典。得入館者,時人謂之登瀛洲。」[043] 據考,〈寫真圖〉是對實寫真的,張彥遠〈歷代名畫記〉載圖畫學士寫真像的時間在武德九年,此說可從。[044]

「秦府十八學士」的高調宣傳應當是玄武門之變以後的事情,但文學館的建立和學士的選拔,當是得到李淵許可的。

問題是,因為李淵對他有偏袒,就能夠推斷當初真的有過立李世民為太子的承諾嗎?在後來兄弟矛盾暴露後,李淵是否動過改立太子的念頭?其實,李世民在發動政變的前夕,派長孫無忌把房玄齡和杜如晦召入王府,還得偷偷摸摸地讓他們喬裝成道士才能進入。這已經說明李淵並沒有想要把他立為太子之意了。

---

[043]《唐會要》卷六四〈文學館〉,第1319頁。
[044] 參見胡藝〈關於閻立本〈秦府十八學士圖〉〉,《美術研究》1980年第1期。

兄弟之爭的起因，並非因為李淵先想要立李世民為太子，或在立了李建成為太子後又想改立李世民，從而造成兄弟之間的緊張，而是有著更深層的原因。

兄弟之爭的根源，是「家天下」的政治體制。在這種體制下，皇位繼承權這樣的稀缺政治資源一定會分配不公，並由此引起紛爭。一邊是具有合法身分的太子，一邊是具有崇高政治威望的親王，兄弟之爭在所難免。

兄弟之爭的條件，是相爭的雙方都具有相當的實力。李建成和李世民，實力可謂不相上下，因此爭奪得也就非常激烈。李世民的優勢是戰場上的功勞，還有一幫榮辱與共的死忠部下；而李建成的優勢則在於合法的地位，以及背後李淵的支持和宰相大臣的維護。

兄弟之爭的起因，是李淵沒有為兒子們制定明確的規矩。幾個兒子和他們的王妃都爭相在皇帝和大臣之間拉關係，甚至做出一些非法的事情，而有關部門也不敢過問。尤其是沒有明確太子與其他兒子之間的準君臣關係，一方面立了李建成為太子，同時又賦予秦王李世民和齊王李元吉過大的權力。

唐朝制度，皇帝的命令稱為詔敕，太子的命令稱為令，親王的命令稱為教。武德年間的一個混亂現象是，「太子令，秦、齊王教與詔敕並行，有司莫知所從，唯據得之先後為定」[045]。也就是說，國家的行政部門，經常會遇到皇帝與太子、親王的不同命令，而不知所從。政出多門，政局混亂。

應該說，李淵之所以沒有控制住兒子之間的爭端，並非他沒有意識到這個問題的嚴重性，而是由於客觀形勢的制約，他根本無法控制。尤其是對於秦王李世民，他根本無法給其一個合情合理又被接受的安排。

---

[045]《資治通鑑》卷一九〇，第5958頁。

四、誰能贏得枕邊風

兄弟之間的爭端是無可避免的。可以把天策上將府的設立和秦府文學館的建立看成是兄弟之爭的開始。本質上，這是一場家庭內部的鬥爭，雙方的地位和情形各有優劣。無論李淵想如何調和，都只能是徒勞無功的。

李世民要如何奪取太子之位呢？顯然，只有兩個選擇，要麼透過和平的方式，要麼透過暴力的手段。透過和平的方式，只能等待李淵改變心意，廢掉李建成，改立自己，或者自己主動出擊，「收集」太子失德的證據之後上報。暴力手段自然不用說，利用天策上將府軍事俱樂部所掌握的資源進行武力奪權便可以。但，這是最後一招，不能輕易使用。

李世民一直在爭取和平方式奪權，李建成一直處於守勢。李建成要尋找機會和理由壓制李世民，李世民則要伺機扳倒李建成。由李世民授意編寫的官方歷史，自然都是李建成容不得功高的兄弟，總在尋機打擊報復。

在李淵設定的格局中，雙方好像都很難有實質性的進展。最後，處於守勢的李建成把希望寄託到後宮，指望透過李淵的枕邊風來穩定自己的太子位置。在李世民出兵鎮壓劉黑闥起兵的時候，李建成這邊透過後宮開始了自己的計畫。太子妃透過拉攏李淵身邊的萬貴妃、尹德妃和張婕妤，為李建成贏得了一次機會。

尹、張二妃都是李淵在太原時結識的晉陽宮人，外間都傳說是裴寂為了迫使李淵起兵而故意安排她們伺候李淵的。雖說她們曾經是隋煬帝的女人，但李淵對她們卻是寵愛有加，故二人在後宮的地位頗高。當時，建成和世民兄弟的母親竇氏早已去世，萬、尹、張諸妃實際上就是後宮之主了。當初李世民帶兵打下洛陽後，萬貴妃曾到洛陽去收取府庫的珍寶財

物，私下還想讓李世民幫她的親屬弄個一官半職，李世民沒答應，萬貴妃便心存怨念；尹德妃是因為其父的家童跟李世民手下的杜如晦起了衝突，從而生出了嫌隙；張婕妤則是田產上面的問題，因為李世民不知道李淵已經把一塊田產賜予了其父，而下令另與他人，所以也產生了不滿。

李建成就是要利用萬、尹、張諸妃與李世民的矛盾，要在李淵面前說李世民的壞話。李世民在平定劉黑闥的戰場上遭遇了挫折，在後宮的爭奪中又陷入了被動。

這些妃子們對李世民的陷害，可以說是無孔不入。比如說有一天，李世民在宮中吃飯，看到這些妃子們一個個花枝招展、妖豔無比，突然想起自己的母親早死，吃著飯就哭起來了。本來這也正常，看到父親現在娶的這些女人享受著帝王之家的榮華富貴，而自己母親死的時候，父親還沒當皇帝，還沒有他們家天下，他一定會想，要是我母親還活著多好。這本是人之常情，可是后妃們不開心了，她們就到李淵那裡說壞話：老二表面上哭他的母親，其實內心是對我們生恨了，今後如果他要掌權，還有我們的活路嗎？

枕邊風以柔克剛，威力無窮。建成和元吉透過走後宮的路線來對付李世民，雖然很低調，偷偷摸摸，但是很有效。

五、「太子謀反」

武德七年（624）年六月，太子李建成私自招募兩千多人為東宮衛士，號為長林兵，又密派手下將領可達志去幽州找燕王羅藝，要他調派三百個騎兵，來增強東宮的軍事力量。這件事情，被人向唐高祖李淵告發了，說

第五章　皇權陰影—開國皇帝的次子

太子招募壯士，圖謀不軌。儘管史書沒有明確記載是誰告發的，我們都會想到一定是秦王李世民一邊的人做的。看來，太子李建成和秦王李世民之間，已經要真刀實槍地打起來了。

這個時候，唐朝的統一戰爭基本上完成了。建成和世民都把更多的精力投入到了奪權鬥爭之中，而在這場鬥爭中，情況一度顯得對李世民很有利，因為太子李建成謀反了。李建成身為太子，為什麼要謀反？他的目標是什麼？這給了李世民什麼機會？

這年六月，李淵到仁智宮（今陝西宜君縣境內）避暑，命建成留守京師，世民和元吉跟隨。期間，發生了慶州都督楊文幹謀反的事件。楊文幹曾經宿衛東宮，與李建成關係親密，到了慶州以後，不斷私下招募壯士送往長安。郎將爾朱煥、校尉橋公山向李淵告發說，太子李建成命我等送甲冑給慶州都督楊文幹，讓楊文幹舉兵。這時李建成留守長安，李淵命令他到仁智宮來。李建成見到李淵後，解釋說自己不是要造反，只是要自衛。

所謂「太子謀反」，應是李世民的一次誣告。用唐代史學家劉知幾之子劉餗在《小說》中的話說，就是有人「妄告東宮」[046]。李建成沒有造反的理由，而要對付李世民倒是真的。史書上的記載留下了許多可疑之處。後來建成被召到仁智宮後，李淵派人去召楊文幹，情急之下，楊文幹真的舉兵造反了。李淵派去鎮壓的人是左武衛將軍錢九隴與靈州都督楊師道。錢九隴曾經隨太子征討劉黑闥，在太子手下立有大功，是太子的人。如果真是太子勾結楊文幹謀反，李淵能派他去嗎？

再說，李建成派爾朱煥、橋公山送甲冑給楊文幹，不管他想不想造反，這都是違法的事，他肯定是要派心腹去做的。但這兩個心腹卻密報給了李淵，這說明兩個所謂的心腹很可能是別人安在他這裡的奸細或者臥

---

[046]《資治通鑑》卷一九一「考異」，第 5986 頁。

底。李建成是名正言順的太子，李淵死後就會即位的，這兩人如果沒有很硬的後臺，怎麼敢得罪太子？

李淵是怎麼處理這個問題的？史書上記載，李淵把李建成關了起來，在派出了錢九隴和楊師道之後，又召見了李世民，派李世民去平定了楊文幹的叛亂，還許諾等他平定叛亂回來，就立他為太子。這是李世民在歷史記載上做的又一個手腳。我們看到記載總是說李淵想改立太子，而實際上，李淵根本沒有動過這個念頭。

事實上，李淵是以兄弟不和睦的結論來處理的，各打五十大板，流放了兩個兒子手下各三人，作為替罪羔羊。而官方的記載中解釋為：很多人都來勸說李淵，包括他的寵妃們、李元吉和親近大臣，大家都說李建成根本不想造反，只是李世民太咄咄逼人了，他想要自保而已。李淵就被大家給說動了，覺得兩個兒子都有錯。

無論如何，李建成確實是聯繫了楊文幹，楊文幹後來也確實是謀反了。在這種問題上李淵都能原諒他，可見很信任他。李世民也應該明白，這太子的位置，自己沒什麼指望了。

六、山雨欲來風滿樓

按照兩《唐書》等史書上的記載，李建成在「勾結楊文幹謀反」一案中僥倖過關之後，開始對李世民採取了反擊手段。不過，這幾次反擊都顯得很笨拙，手段也很低劣。

一次是所謂的「烈馬謀殺案」。有一天，李淵在長安城南校獵，並命三個兒子互相比試騎射之術。李建成有一匹北方民族首領送來的駿馬，肥

第五章　皇權陰影──開國皇帝的次子

壯而喜蹶,他把這馬交給李世民,說:「此馬甚駿,一跳能躍過數丈澗。弟善騎,試乘之。」李世民乘著去逐鹿,這馬還真的蹶起來,李世民被拋下,但憑著高超的騎術,躍下狂奔的馬背之後,穩穩地立於數步之外。反覆再三,李世民都沒有制服這匹烈馬,他似有所悟,回頭對宰相宇文士及說:「太子是想以此來謀害本王啊,但是,我相信死生有命,不是他隨便就可以得逞的!」

李建成竟是如此笨拙,想要暗害李世民,卻用了這麼個沒有什麼殺傷力的招數?

也許李建成的狠招還在後頭,他要利用這一點大做文章。李建成聽到後,透過後宮把話傳了上去,說:「秦王自己聲稱,我有天命,即將為天下之主,豈能糊里糊塗就被整死!」李淵聽了,勃然大怒,先召建成、元吉,然後召世民入宮,大加責備:「天子自有天命,不是靠耍點小聰明就可以營求得到的,你的心思也太著急了吧!」[047] 嚇得李世民免冠頓首,請求由司法機關調查。

正當李淵為此事憤怒難遏的時候,突厥入寇的消息傳來。為了抵禦外敵,李淵暫時放棄了追究。抗擊突厥,他不得不依賴這個老二啊。他只好改容安慰李世民,命他穿起冠帶,一起商討擊退突厥的大計。

突厥舉全國兵力來進犯,卻被李世民所退,而且退得相當漂亮,達到了兵家最嚮往的境界:不戰而屈人之兵。打了這麼多仗,他很了解突厥人的心理,他們只想抄掠一番,占點便宜,沒什麼好處的時候就不願意打仗。他一方面向突厥人顯現出自己的實力,另一方面利用內部矛盾分化突厥人,還利用天雨不利突厥弓箭來說服對手。這樣沒打什麼仗,突厥大軍就退了。

---

[047]《資治通鑑》卷一九一,第5990頁。

六、山雨欲來風滿樓

突厥退兵,對李世民來說反而帶來了一層潛在的危險。李淵很怕手下將領和突厥裡應外合,為此殺了太原起事時的功臣劉文靜。這個李世民也不是不知道,現在他有如此表現,說了幾句話就退了突厥大軍,看在別人眼裡,勢必會引起懷疑。突厥是懼怕李世民,還是他們私下真有著特殊的關係?李淵本來就挺忌諱他的,現在就更不能不擔心。

另一次是所謂的「毒酒謀殺案」。到了武德九年的時候,天下可打的仗越來越少,李世民不能給李淵太多驚喜了;相反,他那兩位兄弟卻不斷慫恿后妃、近臣向李淵說他壞話。李淵甚至要下決心廢黜李世民了,只是一時找不到藉口。李世民的情況越來越危險。

史書上記載,李建成是一計不成又生一計,乾脆想出了毒殺李世民的下策。他把李世民請到東宮,說是為了緩和兄弟之間的緊張關係,大家好好喝一頓酒。結果,李世民喝的竟然是毒酒,幸好被李神通及時救了出去。回到秦王府後,還是吐血數升,差點丟了性命。當然,真龍天子是福大命大,李世民還是活過來了。

李建成也真是夠笨的,存心下毒,居然沒毒死對方。按照史書上的記載,是李世民福大命大活過來了,要麼李世民就是像《天龍八部》裡面的段譽一樣,百毒不侵;要麼李建成就不是真想毒死他,只是要灌醉給他一個教訓。也許李建成是這樣想的:你小子總想來暗害我,老想這些壞主意,我就要教訓你一下。哥哥教訓弟弟,常常也就是這樣,還是比較心胸敞亮的。我讓你喝酒喝趴了,行吧,讓你服了。肯在酒桌上見個高下,這也挺爺們的。所以說,我覺得李世民吐血是由於喝多了,可能是被他哥哥給灌多了,也可能李世民心裡有鬼,心情一緊張,喝得就吐血了。

無論如何,李世民要利用這件事情小題大作,他手下的人,把狀告到李淵那裡去了,說秦王被灌毒酒吐血了。

第五章　皇權陰影──開國皇帝的次子

　　李淵知道這件事後，不得不接受事實，兄弟確實水火不容。既然一山難容二虎，不如讓李世民走遠點，去洛陽。這對李世民來說是個好機會，到了洛陽，兵馬歸他管制，又有土地，占據險要，當初他攻下洛陽可是花了很大力氣的。

　　當然李世民還是要客氣一下的。他聽李淵這麼說，還哭著表示不願意離開。李淵安慰他，天下一家，我們隔得不遠，你一想我就回來看我吧。李世民客氣歸客氣，他的心思兄弟們懂。建成和元吉派人告密說，一聽到要去洛陽，李世民的手下都高興萬分，看樣子這一去就回不來了。李淵就反悔了，他明白了，把李世民留在身邊才方便處置。

　　此事就此作罷。

　　正好此時突厥又來進犯，李淵命元吉擔任統帥。現在當然是不敢再讓李世民出征了，除非李元吉吃了大敗仗。元吉則乘機點名要尉遲敬德、秦叔寶、程知節等秦府勇將隨他同去，又要抽調秦王帳下精銳之士入齊王軍中，很明顯是要借刀殺人，釜底抽薪。李淵則裝糊塗，居然一一准奏。

　　李世民還接到密報，建成和元吉要在出征的儀式上對自己下手。情況萬分危機，眼看一干忠心的手下就要完蛋了。

　　這幾次事件的經過原委是否真的如此？真實的歷史細節也許永遠無法還原了。但是，雙方的交鋒到了無可調和的地步，卻是顯而易見的事實。

　　於是，鋌而走險，武力奪權，就成了李世民的最終選擇。

第六章
生死對決 ── 玄武門政變始末

武德九年六月初四（626 年 7 月 2 日）發生在唐朝都城長安太極宮北門玄武門裡的軍事政變，是李世民針對太子李建成、齊王李元吉和當朝皇上李淵的奪權行動。李世民為了武力奪權，進行了周密的部署，最終取得了成功。其中，有一些環節顯得撲朔迷離。

一、祕密的天象報告

武德九年（626）六月三日上午，高祖李淵突然召秦王李世民覲見。在太極宮中，心中忐忑的秦王從高祖手中接過一份簡短奏狀。奏狀乃是太史令傅奕所上，是對於近日「太白經天」這個天象的解釋，報告中說：「太白見秦分，秦王當有天下。」[048] 讓高祖留心秦王。所謂「太白經天」，也就是日照中天的時候，太白星（金星）還在經天而行。按照漢晉以來流行的天象觀念，這代表天下將有兵戈，百姓將要換君王[049]。這顆太白星白天出現了，應在秦國的天界上，負責觀星的太史令傅奕讓李淵留心秦王。傅奕上奏天變，究竟是天意的巧合還是人為的安排？如果是人為安排的話，李淵、李建成和李世民三方，到底是誰安排了這次上奏？

---

[048]《資治通鑑》卷一九一，第 6009 頁。
[049]《漢書》卷二六〈天文志〉載：「太白經天，天下革，民更王，是為亂紀，人民流亡。」中華書局 1962 年，第 1283 頁。

第六章　生死對決──玄武門政變始末

　　到武德九年的時候，李世民的處境已經非常艱難，他挑起了許多的糾葛，卻不見李淵對他有任何有利的動向，而且幾次要想廢掉他，只是還沒有找到機會。傅奕的報告，把李淵和李世民的關係一下子推到了最危險的邊緣。這個事情背後確實有人策劃，就是要利用這個天象，把李世民和李淵的緊張關係挑明了。那麼，是誰策劃了這個事件呢？

　　不外乎四種可能：第一種可能是太史令傅奕觀察到了這個天象，他只是按照當時的觀念和理論，背後沒有任何人的指使，如實做出了解釋。如果是這樣，那就不存在人為策劃的問題。

　　第二種可能是李淵想利用天象把李世民的爵位和兵權廢除了，以防止兄弟之間的殘殺，保證太子李建成順利接班。這種可能性也不大，因為李淵想要廢除李世民的話，用不著費那麼大的周折。當朝皇帝想要廢掉一個親王，下令把他關起來就是了。

　　第三種可能是李世民自己策劃的，是他面對越來越危險的處境，想出來的一招置之死地而後生的險棋。理由是李世民後來當上皇帝以後，很快就召見了傅奕，對他說：「汝前奏事幾累我，然而今後但須悉心盡言，無以前事為慮。」[050] 意思是說，你那次祕密報告，差點把我給捲進去了，不過還算幸運。以後你觀察到異常的天象，還是要如實報告，不要因為那件事情而擔驚受怕。這似乎表明李世民是事先知道傅奕要上奏的。

　　如果是李世民自己導演的這一招，那背後的邏輯應該是這樣的：李淵對李世民已經很戒備了，這使得李世民幾乎沒有機會接近李淵，也就沒有機會出損招來離間李淵和太子、齊王的關係。為了製造這樣的機會，他必須把自己放到和李淵對立的位置，才能引起李淵的關注。但是，這麼做風險也太大了，弄不好就真的被廢黜了。而且，李世民觀見李淵之後，想出

---

[050] 《舊唐書》卷三六〈天文志下〉，第 1321 頁。

來挑撥李淵和太子、齊王關係的理由，就是這哥倆淫亂後宮。這使他有了第二天在玄武門伏兵襲擊建成和元吉的機會。但要告發兄弟倆淫亂後宮，其實用不著冒險說自己應天象而當有天下。

那最後一種可能，就是建成和元吉謀劃的對李世民的一次攻擊，想透過這一事件來徹底堅定李淵對李世民的厭惡態度。從行事風格來說，也更像建成的手法：收買文臣是他的專長。雖然李世民事後並沒有怪罪傅奕，也不代表傅奕沒有受李建成指使。他連魏徵都容得下，還容不下一個傅奕嗎？

結果是，李淵看到傅奕的報告後，把李世民叫到宮裡教訓一番。李世民趁機告狀，向李淵哭訴建成、元吉要殺他，還順便揭發那二人穢亂後宮。這種事情，天知道是不是真的。不過李淵想一想，平時老說建成好話的，確實是那麼幾個妃子，心裡也不免懷疑。再說，更年期的李淵，對這種問題的疑心本來就很重。

李世民還憤憤地說：這兩人想殺我，好像想要替王世充、竇建德報仇。這話暗示李淵，你可別忘了我的功勞！

李淵決定第二天把兄弟三個召進宮對質。這也是個很好的時機，三兄弟同時入宮，這很難得。元吉和建成同時離開自己防備森嚴的王府，而且在宮中，兩人也不可能帶很多兵出現，防守薄弱。

六月初四的凌晨，玄武門內的殘殺終於發生了。

第六章　生死對決──玄武門政變始末

二、改變歷史的常何

李世民為什麼能夠到宮城的北門玄武門裡面埋下伏兵？而且李淵和李建成都沒有任何戒備，就讓他把人馬悄悄地帶進了玄武門。

這裡面有一個關鍵人物，就是六月三日夜晚在玄武門值班的守門將軍常何。常何是李世民收買好了安插在李淵眼皮底下的一個內應，是他把李世民的人馬放進玄武門的。

這曾經是個歷史之謎。李世民當然知道這其中的細節，但他沒有把這個細節寫到國史裡去。因為只要肯定了常何，李世民主動出擊、武力奪權的陰謀就暴露了。

一千多年後，從敦煌石室中發現了〈常何墓碑〉的寫本殘卷，李世民發動政變的歷史真相才顯露出一絲重要的線索。

〈常何墓碑〉的碑文稱「（武德）七年，奉太宗令追入京。賜金刀子一枚，黃金卅挺，令於北門領健兒長上，仍以數十金刀子委公錫驍勇之夫。趨奉藩朝，參聞霸略，承解衣之厚遇，申繞帳之深誠。九年六月四日，令總北門之寄。」[051] 也就是說，常何這個人，早在武德七年的時候就被李世民買通了。從常何的經歷來看，他和李建成走得更近一些。常何原來也是瓦崗軍的將領，早年跟了李密，有智有勇，在李密帳下也算得上風雲一時的人物。李密失敗後，常何跑到王世充那裡。不久，在秦叔寶、程知節陸續「叛鄭歸唐」的時候，常何也輾轉歸於唐朝。他先後跟秦王李世民打王世充、竇建德，跟李世勣打徐圓朗，跟太子李建成打劉黑闥。不過唐朝人才濟濟，常何再也沒像當年在瓦崗那樣受重用。後來李世民把他調入長安，而常何進京後，官任左右監保全將軍，其屬下領有四十人，當值宮城

---

[051]　周紹良主編：《全唐文新編》第一部第三冊，吉林文史出版社 2000 年，第 1764 頁。

二、改變歷史的常何

北門玄武門,負責稽查出入宮城的人和物。這是一個非常關鍵的職位。

常何跟著太子李建成打河北劉黑闥的時候,以太子的仁厚,待他自然不薄。不過,他是李世民調進京城來的,還收了李世民的金刀子,就得給他辦事了。不過,一旦李世民失敗了,李建成或者李淵都會追查,到底是誰把這支軍隊放進宮裡來的。這一查,他肯定是共謀,是要砍頭的。相反,如果常何向李建成告密的話,李建成絕對不止賞他那點金刀子,而且還沒有什麼風險。那麼,常何為什麼要把寶押在李世民這裡?

當年在瓦崗的山東豪傑,後來大都歸在秦王旗下,常何也是其中的一員。既然秦王看得起他,他也就甘心聽命了。而且,秦王是常勝將軍,在軍中威望很高。後宮佳麗可能並不把李世民當一回事,更看好太子李建成,可是在軍人的眼裡,李世民就是戰神,沒有他打不贏的仗。如果李世民和李建成打,絕大多數軍人都認為李世民會取勝。在這種兩強相爭的時候,站對邊是很要緊的,不然只有死,所以常何選擇了李世民。收下金刀子只是一種效忠的象徵。秦王送的金刀子,你敢不收嗎?這裡面有個時間差很玄妙。武德七年(624),李世民就把常何調來當值守玄武門的將軍。那時他和父親的關係還不錯,有官員的任命權。到了武德九年(626),李淵和他關係越來越緊張,可能他想調個人來也不行了。早在玄武門事件的兩年前,李世民就在重要的位置上安插了他的棋子,難道那時候他就想策劃宮廷政變?

事實上,從武德七年以後,李世民用在奪權方面的心思確實多了起來。他是那種深謀遠慮的人,做什麼事情都是要籌劃得很周全,然後一出手就要有結果。你看他為了拿下薛仁果,等了六十多天沒出戰;為了拿下宋金剛,等了半年,而且都是一反擊就必勝。玄武門之變也是一招定勝負,為了這次出擊,他等了可能還不止兩年。

第六章　生死對決──玄武門政變始末

三、伏兵玄武門

對於第二天的較量，李世民的秦王府上下進行著緊張而周密的布置。李世民與長孫無忌、房玄齡、杜如晦等很快制定了伏兵玄武門、先發制人的方略。當值的守門將軍常何可以發揮關鍵作用了。

這是一場把李淵蒙在鼓裡卻又發生在他眼皮底下的廝殺。李世民不僅要把太子建成和齊王元吉殺掉，還要一舉控制高祖李淵，否則以親王的身分入宮兵變，就是謀反死罪。他們得到了確切的消息，第二天一早李淵將泛舟宮內海池，正是天賜良機。於是，秦王府一群人很快作出了伏兵玄武門內臨湖殿的決定。

密謀的政變應有幾種方案：第一，兵諫。抓獲太子和齊王，同時控制皇上，讓皇上廢掉太子，改立秦王。第二，若不能抓獲，遇情況緊急，則殺之，並控制皇上，讓皇上承認既成事實。

六月初四一大早，太子、齊王進入玄武門，向臨湖殿走去。突然間，只聽得坐騎嘶鳴，太子、齊王察覺不妙，立即回馬而奔。秦王即時現身，飛騎追來。齊王元吉欲張弓，驚惶間竟是再三不能拉開。秦王卻將一支勁箭射向狂奔不暇的太子。可憐太子建成被一箭射落馬下，不甘卻又無奈地閉上了眼睛。而幾十步之外，臨湖殿伏兵剎那間湧出，七十餘騎排山壓來，為首使雙槍者正是尉遲敬德。太子、齊王的左右護衛還沒來得及反應，便被突如其來的秦王府兵馬圍得水洩不通，匆促招架，紛紛落馬，慘叫連連。

一時間齊王面如灰土，棄弓而奔。尉遲敬德左右搭弓射齊王，齊王墜馬後驚惶爬起，卻見秦王騎馬奔入旁邊樹林，被木枝所掛，牽絆不能前進。齊王不知哪裡湧起一股力量，奔至樹下，徒手搏鬥間奪過秦王弓，用

弓弦死死勒住秦王的脖頸。一邊垂死無懼，眼射凶光；一邊動彈不得，面色全無。不知秦王是否來得及感嘆命運，電光石火間一聲雷厲喝斥傳來，尉遲敬德猶如從天而降躍馬趕到。齊王元吉顧不上到手的獵物，頓時鬆手，慌不擇路，向著武德殿的方向便跑。尉遲敬德一箭疾飛，元吉搖晃幾下，便倒地斃命。

好險，一開始就讓建成、元吉發現了玄武門內的異常情況，伏擊變成了追擊。而且，如果沒有尉遲敬德救駕，李世民讓元吉勒死了的話，玄武門之變就成了一個千古笑話。

東宮將士得知太子有難，急忙趕來，對玄武門發動猛攻。

但當尉遲敬德拿出太子建成、齊王元吉的頭顱時，東宮將士們開始後撤。不過太子府和齊王府仍有強大的勢力，高祖那一關也還沒有過，局面仍未穩定，於是李世民派尉遲敬德去向李淵逼宮，要李淵降旨承認既成事實。

這時李淵還在宮裡的海池上泛舟，和宰相們商量如何處理即將開始的讓三個兒子對質的事情。忽然間，聽到外面吵吵嚷嚷，正派人出去檢視，劈面碰到了全副武裝的尉遲敬德帶兵闖入。李淵大驚失色，喝問尉遲敬德是何道理。尉遲敬德回答說，太子和齊王作亂，已經被秦王殺了，秦王怕有人謀害陛下，派臣前來護駕。

李淵問身邊的宰相大臣：「沒想到今天遇到這種事，該怎麼辦？」宰相陳叔達說：「太子、齊王沒有什麼功勞，還想害秦王，已經被秦王所殺，秦王功勞大，如果您把政權交給他，就沒什麼事了。」李淵立刻就對尉遲敬德說：「好啊，立秦王一直是我的心願。」於是李淵給尉遲敬德一道手詔，下令全部軍隊都受秦王李世民節制。歷史沒有告訴我們的是身為一個父親，當時的李淵心境多麼蒼涼。

第六章　生死對決──玄武門政變始末

　　緊接著要做的，是安定局面，清除一些不安定的因素。太子建成的五個兒子，齊王元吉的五個兒子，都是「承」字輩的親王，一概處死，清除出皇家的屬籍。有人建議要將建成和元吉左右百餘人及其親屬一併誅殺，遭到剛執行完任務的尉遲敬德堅決反對。濫殺的情勢很快就被遏止了。李淵當即下詔，「國家庶事，皆取秦王處分」[052]。

　　第二天，昨日在玄武門外奮力廝殺的原東宮系的將軍馮立和謝叔方自出投降，忠於李建成的薛萬徹將軍，也在李世民使臣的反覆勸說之下，從山中出來了。李世民很大度地把他們都釋放了。

　　六月初七，秦王李世民被立為太子。李世民從此接管了處理全部國家政務的大權。原來秦府的一幫謀臣勇將，都被安排到重要的職位上，一些原東宮和齊王府的官員也被李世民委以重任。

　　此月的下旬以後，地方上還有一些震盪的餘波。如益州（治今四川成都）行臺僕射竇軌利用這個機會公報私仇，收斬了與自己關係一直緊張的行臺尚書韋雲起，理由是韋雲起家裡有不少人是太子建成東宮的屬僚。又如幽州大都督、廬江王李瑗，原本與太子有過祕密協定，答應在外做他的奧援。面對玄武門之變的突然變故，他缺乏應對之策，成了自己一個下屬謀取功名的籌碼，被迫以謀反的姿態站出來，最終被殺。

　　到八月初九（甲子）李世民在東宮顯德殿正式即位為帝的時候，玄武門之變的餘波已經完全消除了。與政變相關的每一個人，都重新調整了自己的位置和心態，一起在等待著一個新時代的來臨。

　　政變中有關鍵作用的常何將軍，也許由於態度不是很明朗，只是因事先秦王的買通，才睜隻眼閉隻眼地把秦府兵馬放進了玄武門，而不像敬君弘等人那樣力戰而死，所以在政變後的很長一段時間裡，心情都異常複

---

[052]《資治通鑑》卷一九一，第6012頁。

雜。他似乎也沒有別的選擇，儘管自己不可能列入新君的功臣名單，未來的官運也不可能太亨通，但他仍然是大唐的臣子。只是，以前他是李淵的臣子，以後他是李世民的臣子罷了。天下已經屬於李世民了。

四、親觀國史與李世民的噩夢

許多年以後，每當唐太宗李世民想起玄武門內的血光劍影，心裡都有一種難以名狀的恐慌。並非如民間傳說的那樣，他擔心哥哥和弟弟的冤魂會變成厲鬼來要他的命，所以把秦叔寶和尉遲恭畫到了門上，以防止鬼魂的侵擾。秦叔寶和尉遲恭可以在民間成為「門神」，但李世民要使自己的心安定下來，就必須關注史官們是如何記錄下當初的那場拚殺的。

貞觀十六年（642），唐太宗李世民向負責記錄皇帝言行的知起居注官、諫議大夫褚遂良要當朝歷史的紀錄，被褚遂良當場拒絕。這怎麼可以，皇上怎麼能看史官所記的本朝史事呢？褚遂良心想，您這一看，我們還敢如實記錄嗎？李世民遭到拒絕後，並不死心。

第二年，由房玄齡領頭編撰的《高祖實錄》和《今上實錄》完成了，李世民又要看。當場就有別的大臣強烈反對。可是李世民還是堅持要看，這可讓房玄齡好生為難。

為什麼李世民遭到拒絕還非得要看？這可是破壞規矩的事。因為他擔心一件事，這件事情讓他寢食難安，當上皇帝這麼多年來，也一直沒安心過，這就是玄武門之變，那是他一輩子難以忘懷的痛。

對於玄武門之變會怎麼記載，李世民是非常在意的，所以在當皇帝的第三年就指定讓他最親密的助手、大管家房玄齡來監修國史。現在又過去

第六章　生死對決──玄武門政變始末

十四年了,他要來驗收:當初交代給你這任務,十幾年來你修得怎麼樣了?褚遂良可以拒絕,李世民想,乾脆我找你的上司去,要房玄齡給自己看。這個要求只要提出來,房玄齡就無法拒絕。房玄齡的身分,以及他跟李世民的關係,都決定了他必須給李世民看,因為房玄齡是李世民所有的好事壞事、陰謀陽謀全部參與的人。

房玄齡是李世民的大管家,是李世民的死黨。但凡李世民一生氣,房玄齡就嚇得頓首頓首,死罪死罪,叩頭流血。所以在這種情況下,他真沒辦法。那怎麼辦?看吧。李世民看了實錄之後,對史官們的記錄並不滿意。

我們不知道它寫成了什麼樣子,但是從李世民的指示來看,好像史官們是想把這個事情給掩蓋掉。李世民說,你們原先記載得太隱晦了,很含糊其辭。他下指示,不用掩蓋,這種事情你就大膽地記,就要原原本本地記載下來。

李世民深知,如果史官們在這件事情上什麼都不寫,或者諱莫如深,反而會使後世人們演繹、放大和想像的空間更大,內容也就更豐富了。歷史是割不斷的,這段歷史不可能是空白,如果史官不去記載,就一定會有別的記載、別的途徑來把這個空白給填補起來,而後人填補的內容是李世民掌握不了的。那麼,乾脆讓自己的史官把這個空白給填起來。

李世民指示,記載這件事情要有原則,就是按照西周初年周公誅管叔和流蔡叔的體例。當時周成王年幼,由周公輔佐成王攝政,而管叔和蔡叔要反叛,要顛覆國家,周公就下令誅殺管叔、流放蔡叔。李世民要他們按照這個原則、這個體例把這件事情記載下來。

我們今天看到的史書上,清楚地記錄了玄武門之變。事變過程的記載非常詳實,但李世民為什麼要殺死兄弟,史書上卻花費了很大篇幅來加以粉飾。

第七章
美人與江山 —— 唐太宗的後宮世界

　　李世民之所以能夠透過軍事政變奪權成功，有著多方面的原因。一是其顯赫的戰功及由此帶來的崇高威望；二是他有一幫謀臣勇將，並在策劃政變的過程中很好地拉攏了太子身邊的一些人物，還控制了玄武門的守門將士；三是李世民本人遇事果斷，出手果決。除此之外，還有一個關鍵的因素，就是他的王妃長孫氏為他打理了與後宮的複雜關係，建立了祕密而暢通的關於李淵動向的消息管道。

　　在史書上，長孫氏被描寫成一個完美的女性形象。她是傳統政治文化和社會習慣得標準的賢妻良母，不僅為李世民奪權出謀劃策，鞍前馬後地打點各種關係，而且還在政變奪權之後，幫助李世民克服心理障礙，用溫柔的力量化解了李世民的內心困擾，幫助他走出陰影，迅速成長為一代明君。

一、政變中的秦王妃

　　從歷史記載看，長孫氏是一位出身高門、知書達禮的女子，她的用處好像也就是成就了李世民，自己在歷史上並未留下什麼。她真的就那麼甘心做一個幕後英雄嗎？

　　長孫皇后的特點，是她為李世民做了很多事情，但總是在幕後，或者

第七章　美人與江山──唐太宗的後宮世界

說在李世民的背後。無論是在李世民奪權的過程中，還是在李世民當了皇帝治理國家的過程中，她的功績都是圍繞李世民的，目的都是為了成就李世民，而沒有搶鏡頭、搶角色。和後來成了唐太宗才人的武則天比起來，長孫氏要賢惠內斂得多。

對於長孫氏來說，李世民就是她的整個世界，成就了李世民也就成就了她自己。李世民在這方面是非常幸運的，或者說是他的魅力所在。不僅皇后甘願為自己做綠葉，就是一幫大臣也都把一切好的謀劃歸功於他，以至於像房玄齡、杜如晦這樣的千古賢相，在歷史記載中許多時候也都是無跡可尋。

長孫氏生於隋文帝仁壽元年（601），比李世民小三歲。長孫氏的祖上是北魏的王室，是北朝的名門望族。她的父親長孫晟是隋朝有名的大將軍，母親是隋朝名士高士廉的妹妹。高士廉就是他和李世民的媒人。家庭環境給了長孫氏很好的薰陶，但歷史上關於她的早年生活記載很少，只說她「少好讀書，造次必循禮則」[053]。

隋煬帝大業九年（613），十三歲的長孫氏嫁給了李世民。當時，李世民十六歲，正是楊玄感起兵給隋朝帶來嚴重衝擊，李淵已心生反隋之念的時候。李世民的母親早死，從小沒有得到多少母愛，所以他對青梅竹馬的長孫氏感情很深厚。長孫氏貞觀十年（636）去世，終年三十六歲，和李世民一起生活了二十三年，陪伴李世民走過了他的青壯年時期。在李世民奪取政權、治理國家的各個方面，她都發揮了無可替代的作用。

唐朝建立後，長孫氏被冊封為秦王妃，「時太宗功業既高，隱太子猜忌滋甚。後孝事高祖，恭順妃嬪，盡力彌縫，以存內助」[054]。就是說，

---

[053]《舊唐書》卷五一〈后妃・長孫皇后傳〉，第 2164 頁。
[054]《舊唐書》卷五一〈后妃・長孫皇后傳〉，第 2164 頁。

一、政變中的秦王妃

她是李世民宮廷路線的主要執行人。李世民從小是個紈褲子弟，長大一點就是戎馬生涯，他的性格中有著強烈的尚武精神和果斷剛強的秉性。無論是駕馭手下大將，還是在處理和高祖、後宮及太子等各方面關係的時候，李世民都很容易衝動蠻幹，忽略細節。李世民是那種個性張揚，陽剛有餘而韌性不足的人，需要耐著性子慢慢打理的事情，他是沒有耐心去做的，而處理和李淵的關係，光憑蠻勁肯定不行。正是長孫氏為他妥善處理了和李淵及後宮的關係，否則他可能早就被廢掉了。

她在李世民奪取政權的過程中具體都做了些什麼呢？歷史記載就這麼多，但我們從那幾句話可以分析出來，長孫氏肯定為李世民做了不少事情。當武德四年平定了王世充和竇建德以後，唐朝統一全國的戰爭基本結束，李世民的威望也迅速提升，他被封為天策上將，對太子李建成的威脅開始呈現出來。

李世民問他的王妃：「父皇封我為這天策上將，究竟是何意？」一向聰明的長孫氏已經想到，她的秦王已經有了入主東宮的想法。她說：「殿下是想問，是否有令你入主東宮之意？這很難說。」李世民覺得自己的功勞很大，若坐上太子之位，自覺也問心無愧。長孫妃知道，他那麼爭強好勝，不甘居於人下，如今既有此心，將來怕是很難再為人臣了。於是，她開始為李世民出主意，開始為他從後宮打探消息，安排內線，這就是「孝事高祖，恭順妃嬪，盡力彌縫，以存內助」。

太子那邊在後宮占有優勢，主要是李世民得罪了最受寵於李淵的尹德妃和張婕妤。所以在後宮的最初較量中是李世民輸了，也就出現了劉黑闥再叛後，李淵派太子出兵征討之事。要知道，李建成從唐朝建國被立為太子後就再沒有領兵出征了。李淵開始有意識地壓制李世民，抬高李建成。後來太子建成能夠從楊文幹謀反的事件中脫身，相當程度上也是由於得到

第七章　美人與江山──唐太宗的後宮世界

了尹、張二人的內助。

既然太子那邊在後宮占據優勢，那長孫氏還有什麼施展公關手腕的空間嗎？所謂「孝事高祖」，正是說她本人是受到李淵喜歡的。武德後期，李世民和李淵的父子關係越來越緊張，許多時候是靠長孫氏彌合的。包括後來李淵被迫做了太上皇，也是長孫氏在為李世民緩和緊張的父子關係。這應該是李淵一直沒有下定決心徹底遏制李世民的一個重要原因。

長孫氏在後宮的具體作為，還包括「恭順妃嬪」。尹、張二人是被太子拉攏了，但李淵的後宮妃嬪很多，長孫氏對級別稍微低下一些的妃嬪下工夫，效果更好。因為其他妃嬪在李淵耳邊吹風的時候，李淵不會太警惕，會覺得更客觀。太子拉攏尹、張二人是在明處，長孫氏拉攏其他妃嬪是在暗處。關鍵時候，更有利於隱蔽和傳遞消息。

例如，太子建成、齊王元吉與尹、張二妃淫亂的情報，就是長孫氏透過其他妃嬪獲得的。正是這個情報，為李世民在玄武門安排伏兵一舉消滅太子和齊王創造了條件。當時情況很緊急，玄武門之變的前後，長孫氏是最為忙碌的一個人。

第一，是她負責收集各方面的消息，尤其是來自宮中的消息。她透過後宮的幫助，得知六月四日一早高祖李淵要在海池泛舟，然後才會安排接見他們兄弟，這是在太子、齊王進宮之前，控制李淵的好時機。她還調查了從玄武門到海池的路上，只有臨湖殿周圍最適合埋伏，並摸清了高祖身邊有一百名左右的衛士。這些情報，無疑是非常關鍵的。

第二，是她幫助制定具體方案，包括協助李世民分析形勢，作出殺兄逼父的決定。李世民想奪權，又不想留下惡名。關鍵時刻，一旦猶豫就會壞了大事，也許此時女人比男人更加冷靜和理智。而當其他大臣對於李世民父子兄弟之間的你死我活難以置詞的時候，只有長孫氏的話能打破這個

僵局，她從安慰李世民的畏罪心理入手，來堅定他的決心。

第三，是她負責聯繫長孫無忌、房玄齡、杜如晦等謀臣。政變幾天前，她根據情報，得知太子那邊要先下手了，於是建議李世民趕緊找房、杜二人來商討對策。李淵對他們早有防備，所以房、杜要穿道士服喬裝進入秦王府。

第四，是她在政變發動後的第一時間來到現場。史書記載，「及難作，太宗在玄武門，方引將士入宮授甲，后（指長孫氏）親慰勉之，左右莫不感激」[055]。

二、賢德皇后的溫柔力量

越是性格剛強的男人，做了虧心事後，越容易陷入自我譴責、自怨自艾的困境。玄武門之變後，李世民的內心就被一種沉重的道德負罪感所籠罩。治理國家的重擔很快壓到了李世民的身上，他是如何走出政變帶來的陰影的呢？

政變當天，李世民趴在李淵胸前大哭一場，多少釋放了一些心理壓力。但是，從六月到八月，整整兩個月的時間，李世民仍在調整自己的心緒。政變的陰影困擾著他，皇兄皇弟的影子困擾著他，令他不安、緊張並且疲憊不堪。是長孫氏幫他化解了那重重困擾，使他很快走出陰影，走上了勵精圖治的治國之路。長孫氏可以說是化解李世民人格衝突的溫柔力量。

長孫氏是個美人，她有一雙美麗果敢的大眼睛，有一雙靈巧溫柔的纖

---

[055]《舊唐書》卷五一〈后妃‧長孫皇后傳〉，第 2164 頁。

第七章　美人與江山──唐太宗的後宮世界

纖細手，有外柔內剛的個性。她勸李世民面對現實，安慰他說：「太子之位，本不屬於任何人。誰得到了，就是誰的。你只是爭取了你應該得到的一切。殿下是治國賢才，但殿下不是嫡長子，眼下發生的一切，只是出於無奈，只是一條沒有辦法選擇的路徑。殿下走過來了，就該想著繼續往前走。回頭路是無論如何也沒有的。」長孫氏也明白，無論怎麼解釋，政變都只能是政變，殺害兄弟的事實，永遠都抹不去。但她必須讓自己的夫君堅信一個信念：這儲位，你要麼別去爭取，既然爭取來了，就不要暴殄天物。正是在長孫氏的幫助下，李世民終於撥雲見日，找回了自信。

　　李世民做了皇帝，長孫氏就做了皇后。身為一國的皇后，如果和後來進宮的武則天相比，長孫氏無疑是非常賢良的。她遵守禮制，遵循法度，一切為了太宗，一切為了國家，甘心做好配角，從無僭越之舉。為了配合太宗勤儉治國的方針，她率先提倡節儉，不講排場，摒棄華麗的服飾。她喜好讀書，注重提高自身修養，即使梳頭時也不忘把書卷放在面前讀上幾頁。她平易近人，關心手下的嬪妃宮女，孝順做了太上皇的高祖，嚴格要求子女，為太宗營造了一個良好的後宮和家庭環境。

　　有時候太宗情緒不好，遷怒於宮人，而這些宮人實際上並無罪過，或者只是一些小小的過失。皇后想要勸諫，但她知道如果為此直接跟太宗理論，只會讓太宗更加憤怒，更加懊惱。每當遇到這種情況，她就順著太宗，也裝出很生氣的樣子，數落宮人的不是，並主動請求要代皇上處置這些不懂事的宮人。然後她就命人把所謂有罪過的宮人囚禁起來，等太宗怒氣平息了，再找太宗慢慢分析事理。因此，只要有皇后在，內宮之中從來不會有濫施刑罰的事情發生。

　　在太宗眾多的兒女中，有一個封號為豫章公主，她很小的時候母親便去世了。皇后收養了這個小公主，而且對小公主的慈愛，甚至超過了自己

的親生兒女。後宮自妃嬪以下，只要有人生病，皇后都會親自看視慰問，甚至把自己的藥膳拿來給病人吃，因此宮中妃嬪，上上下下沒有不愛戴這位皇后的。

皇后平時教育兒子們，常常以謙恭節儉為首要之德。太子的乳母遂安夫人曾經對皇后說，東宮器用少，希望皇后奏明皇上，增添些器用。皇后不許，說：「身為太子，就怕德不立，名不揚，怎能怕沒有器用呢？」[056]

正是她的這些作為，使得貞觀前期的後宮和朝廷都多了一些祥和的氣氛。

儘管太宗對她非常信任，但為了避免開啟後宮干政的先例，對於太宗談及的朝廷賞罰和人事安排，她總是盡量聞而不答。她不是不關心，而是以自己獨特的方式來幫助太宗。她常常和太宗討論歷史上治亂興衰的經驗教訓，借古喻今。當太宗遇到大臣的進諫而回宮發怒的時候，她總能很巧妙地化解。魏徵惹太宗生氣，她便穿著朝服，祝賀「主明臣直」，這個故事就是一個典型的事例。她反對太宗對其兄長、開國功臣長孫無忌委以重任，提醒太宗要防止外戚干政。

三、「毒藥代表我的心」

貞觀十年（636）六月，長孫皇后病體沉重。她病於氣疾，已經有些年歲了。氣疾在唐朝是一類疾病的通稱，比較常見。太宗也有氣疾，而自從太宗身患此疾病，皇后便悉心侍奉，在太宗病情加重的時候晝夜不離左右。她甚至把毒藥繫在衣帶間，心想萬一皇上有什麼不測，自己也不會獨

---

[056]《舊唐書》卷五一〈后妃・長孫皇后傳〉，第 2166 頁。

第七章 美人與江山——唐太宗的後宮世界

自生全於世間。但是對於自己的病，她卻基本上是泰然處之。所以說，這位長孫皇后，不單單是一個非常賢德的女人，還是一個非常通達、極富智慧的人，懂得自然和天命，並不貪婪和強求。這說起來似乎很簡單，但常人卻很難做到。

眼看著在醫藥上費盡了心思，皇后的病情不見好轉，太子沉不住氣了，有一天對皇后說：「醫藥都用盡了，也不見母后的病情好轉。還是讓兒臣奏明父皇，請求赦免天下罪人，度人入道，或許能求得冥福。」這種大赦天下或度人出家為僧的方式，在當時及以前倒也常用，並不是什麼離譜的事。但皇后不許，她說：「死生有命，不是智力可以改變的。若為善有福，我向來也不為惡；若不然，強求又有何益？赦免罪人乃是國之大事，赦令是不可隨便下的。這都是皇上平素所不為之事，如今又怎能為我一個婦人而讓皇上做他不喜做之事呢？真要這樣做的話，我還不如儘早離開為好。」[057]

皇后的這番話，於情於理，都讓人無法反駁。到底有多少人在臨終前可以問心無愧地說「若為善有福，我向來也不為惡」？只是太子身為人子，坐視母親病重而無能為力，心中難過。但是皇后態度如此堅決，太子也不敢奏明父皇，於是只好私下裡找他們的大管家房玄齡，把事情都告訴了他。這位盡職盡責的大管家，想必聽了也挺感慨，就告訴了太宗。太宗也很難過，就算大赦是徒勞無益，他也不免動心想試一試，可是皇后堅決不許。太宗無奈，只好作罷。這個皇后實在是太通達、太賢惠了。

就這樣，皇后知道自己就要不久於人世了。可是她還有話要跟皇上說，她要趁自己還有口氣的時候把要說的話都說了，才能安心離開。當時房玄齡因為犯了點過失，被太宗罷免回家了。皇后知道這件事後，心裡一

---

[057]《舊唐書》卷五一〈后妃‧長孫皇后傳〉，第 2166 頁。

直記掛著，於是對太宗說：「房玄齡侍奉陛下多年，小心縝密，大大小小的奇謀祕計，從來也不曾洩漏過半點。如果沒有什麼大得不可饒恕的罪過，希望陛下不要疏遠他。」

皇后又說：「妾的宗室家人，因為妾的緣故而獲得崇高的祿位。他們並沒有什麼特殊的德行和功勞，卻處於如此崇高的位置，是非常危險的事情，一旦跌下來就可能有滅頂之災。為了保全他們的子孫，請陛下千萬不可把他們安排在權要的位置上，只是讓他們安分守己地以外戚的身分在朝廷裡行事就足夠了。」

說到自己，皇后說：「妾生無益於人，不可以死害人。妾非常希望陛下不要因我的後事勞費天下，只需因山建墳，陪葬器物用瓦木就可以了。」皇后還是想重述一些話，雖然這些話，這些道理，歷史上被人說過不知道多少次，而太宗也是耳熟能詳的了。可是熟悉的道理也時常會被忽視，她馬上就要離開這個世界，離開太宗，所以還是想重述一遍。至少，是她留下的忠告。她說：「衷心希望陛下能夠親君子，遠小人，廣納忠諫，盡量減少各種工程建設，停止巡遊田獵活動，減輕百姓負擔。如果能夠做到這些，那妾雖處九泉之下，也沒有什麼遺憾了！妾將不能再陪伴陛下了，但是兒女輩不必讓他們前來。我要說的都和陛下說了，他們來了也挽回不了什麼，見到他們悲哀，反而讓妾心裡不踏實。」

皇后說到這裡，覺得該說的、想說的都說得差不多了，她從袖子裡拿出藏了好幾年的毒藥，說：「妾在陛下病重之時，曾發誓以死相從，不讓自己成為第二個呂后。」[058]

這就是一生賢德的皇后，在臨終前所表現出的淡定、智慧以及對太宗和大唐事業的摯愛。幾天後，皇后在立政殿去世，她留下了三十卷書，題

---

[058]《資治通鑑》卷一九四，第 6121 頁。

第七章　美人與江山——唐太宗的後宮世界

為《女則》，乃是採自古婦人得失事撰寫而成。還有幾片散著的文字，論駁漢明德馬皇后以不能抑退外戚，使當朝貴盛，徒戒其車如流水馬如龍，是開其禍敗之源而防其末流。太宗託在手上，覽之悲慟，以示近臣曰：「皇后此書，足以垂範百世！朕非不知此乃天命，傷悲也於事無補，但自此以後，入內廷不能再聽到皇后的規諫之言，失去一位良佐，所以尤為痛心！」[059]

四、「后妃之德」

長孫皇后的賢惠與可愛，還體現在她有容人之量。在那個妒婦如雲的時代，她親自為李世民選納嬪妃，真的是太具有「后妃之德」了。

唐太宗有十四個兒子，還生了二十一個女兒。他後宮的女人自然也不少，但沒有超過制度規定的編制。除了少數嬪妃是在長孫皇后去世以後進宮的，大部分都應該是皇后為李世民選納的。

李世民也愛美色，但他喜歡的是才女加美女型的人，這與他的父親李淵相比有很大的不同。

李淵好色，來者不拒，甚至冒著生命危險，在太原占用了隋煬帝留在晉陽宮的宮女，還把她們帶到了長安，立為嬪妃。他看上了當時擔任太子舍人的辛處儉的妻子，就把辛處儉貶到外地做官，硬是把人家的妻子搶占為己有。

而李世民在美色面前還是講原則的。他曾辭退高麗和新羅進獻的美女。當得知鄭仁基的女兒已經許配人家後，不顧一切都已操辦妥當，放棄

---

[059] 《資治通鑑》卷一九四，第 6122 頁。

四、「后妃之德」

了宣召鄭仁基女兒入宮的決定。

來到唐太宗身邊的女子，都是十三四歲的年齡，這也是當時普遍的婚齡。隋唐時期貴族官僚家庭裡的女性受到的教育還是很好的，十三四歲的女孩子，大都能夠閱讀經史、寫詩作文了。

唐太宗更喜歡與自己性格具有互補性的女子，就是知書達禮、性格溫柔的女子，而不喜歡與自己性格相像的剛烈女子。所以長孫皇后、賢妃徐惠、弟媳楊氏都是他的紅顏知己。唐太宗還有一位妃子是隋煬帝的女兒，為他生下了吳王李恪。從後來他對李恪的寵愛來看，唐太宗對這位隋朝的公主是非常鍾情的。而性格剛硬的武則天，在貞觀時期只能是默默無聞。

第七章　美人與江山——唐太宗的後宮世界

第八章
君臨天下 —— 擺脫玄武門的陰影

　　大唐武德九年（626）十月初一日，剛做了一個多月皇帝的唐太宗李世民，下令追封在玄武門之變中被殺的故太子李建成為息王，諡曰隱；追封齊王李元吉為海陵郡王，諡曰剌，以禮改葬。下葬的當天，唐太宗到宮城的宜秋門城樓上大哭了一場，哭得非常傷心。原太子的下屬魏徵、王珪向唐太宗提出申請，要為二人送葬到墓地。唐太宗不僅批准了魏、王二人的申請，還下令命原東宮、齊王府的舊僚都去送葬。看來，李世民是想盡快從政變和家庭的矛盾中走出來，把精力轉移到治理國家的方面上來。但是，那畢竟是一場兄弟父子之間的自相殘殺，李世民能否順利地走出其中的矛盾糾葛呢？

一、李淵移宮事件

　　李世民的皇位是軍事政變得來的。玄武門之變中，他的兄弟被殺，父皇被控制。政變前，李淵從來沒有做出決定讓李世民做太子，政變後也一定是在李世民的武力脅迫下才同意交出權力，做起了太上皇的。面對突如其來的權力轉移，李淵一定有許多不適應。而新做皇帝的李世民也一定無法忽略太上皇的存在。父子之間的摩擦，在所難免。毫無疑問，父子之間結下了很深的芥蒂。但是，根據現有史料，已經很難了解到李淵在政變之

第八章　君臨天下——擺脫玄武門的陰影

中和政變結束後最初一段時間裡的反應。

表面上看，政變結束之後，李淵很快就在思想上轉過彎來，對在身邊勸解自己的宰相蕭瑀、陳叔達等表示：這樣也好，讓世民來接班也正是我的夙願。李淵的這個表態和史書上的這種記載，自然有著很多的畫外音。事實上，父子之間的緊張要持續很長一段時間。

但事到如今，主動權在李世民一方。如果父子之間的這個疙瘩解不開，將極大地牽扯李世民的精力，影響到貞觀時期的國家治理。李世民一定費了很大心思來處理這個問題。

在後宮，長孫皇后對於協調父子關係發揮了很大的作用。除此之外，李世民還採取了一些措施，既要推行新的政策，又要照顧太上皇的情緒，有所為有所不為，把朝政的處理和國家的治理不斷推向新的水準。

他首先是在牽涉父子個人感情的問題上，對太上皇採取尊重的態度。李淵不是歷史上的第一個太上皇，秦始皇曾經追尊其已故的父親莊襄王為太上皇；劉邦在奪取天下之後，為了避免與其父相見時禮節上的麻煩，下詔「尊太公曰太上皇」[060]。但是，李淵卻是第一個被自己兒子趕下位的太上皇。他到貞觀九年（635）去世，做了九年的太上皇。九年裡，有將近三年的時間，李淵還住在供皇帝聽政和起居的太極宮，沒有遷出去，而李世民則在太子的東宮登基和處理朝政。

不過，這種狀況肯定不能長期下去。所以到貞觀三年（629）四月，李淵就遷出了太極宮，遷到此前為李世民做秦王時蓋的弘義宮，並改名為大安宮。關於這次移宮，根據史書的記載，是李淵主動提出的。《唐會要》記載：「至（武德）九年七月，高祖以弘義宮有山林勝景，雅好之。至貞

---

[060]《史記》卷八〈高祖本紀〉，中華書局 1982 年，第 382 頁。

觀三年四月，乃徙居之，改為大安宮。六年二月三日，太宗正位於太極殿。」[061]

這段記載，從字面上看，好像李世民一直挽留李淵繼續住在太極宮，因為在玄武門之變後不久，李淵就看上了有山林勝景的弘義宮，而一直到貞觀三年才同意他遷過去。

弘義宮是武德五年為了安置功高的秦王而蓋的，建得應該也是不錯的，但與太極宮比起來，在規格上肯定還是差了許多。貞觀六年（632）監察御史馬周在上疏中說，「大安宮在城之西，其牆宇門闕之制，方之紫極，尚為卑小」[062]。馬周說的是一個事實，就是大安宮比太極宮要矮小許多，無論風景如何，氣勢是要差許多的。

太上皇李淵想從太極宮遷出去，也許是出於某種情緒。但是，李世民把他留下了。

還有，李世民為什麼又過了三年才於貞觀六年在太極殿正位呢？這裡面還有一些事實不太清楚。在李淵是否移宮的問題上，父子之間的心理衝突和情感糾葛一定很複雜。反映在史書的記載上也有一些矛盾。《舊唐書‧太宗本紀》中記載，貞觀三年四月，「辛巳，太上皇徙居大安宮。甲午，太宗始於太極殿聽政」[063]。也許所謂聽政，只是把太極殿當作臨時辦公場所，而正式的所謂正位，則要等到貞觀六年。

一定不是由於裝修的原因耽誤了正式的遷居，也許是李世民擔心李淵前腳搬出去，自己馬上就搬進來，顯得有點逼宮的味道吧。

在對待李淵生活的問題上，李世民的態度還是比較寬和的。但是，在

---

[061]《唐會要》卷三〇〈弘義宮〉，第639頁。
[062]《唐會要》卷三〇〈弘義宮〉，第639頁。
[063]《舊唐書》卷二〈太宗本紀〉，第36頁。

第八章　君臨天下──擺脫玄武門的陰影

一些有關制度和用人、有關國計民生的基本政策等方面，李世民卻表現出很強硬的態度，甚至不惜與武德時期制定的政策決裂。

二、樹立新君權威

李世民在一些政策上要反李淵之道而行之，也許因為他是老二當家，而且是透過政變爭來的、搶來的，所以有一種強烈的動力要證明自己。例如，貞觀四年（630）唐軍消滅東突厥，把頡利可汗俘虜到長安後，唐太宗以太上皇李淵的名義召開了一個慶功會。《資治通鑑》記載：「上皇召上與貴臣十餘人及諸王、妃、主置酒凌煙閣，酒酣，上皇自彈琵琶，上起舞，公卿迭起為壽，逮夜而罷。」[064] 這不是要借公開場合向李淵表明自己的能力和成就嗎？你當年曾經向突厥稱臣，使突厥成為國家的一個心病，也是一種恥辱，而我卻最終把它打敗了。史書上記載是太上皇李淵主動召集了這個慶功宴會，事實上很可能是李世民的安排。

李世民剛即位不久，就採取了幾個動作很大的措施，表明自己要在治理國家方面有所作為，要證明自己奪取皇位不是為了一己之私利，而是為了天下百姓。如武德九年（626）十月，在完成了以禮改葬李建成、李元吉，立李承乾為太子，確定功臣的食實封等級等重要工作之後，他決定裁撤一大批李淵分封的親王。這件事情引起了很大的震動。

當初李淵封了許多親王，這也是古代帝王很正常的舉措，目的是「強宗室以鎮天下」[065]。李世民要裁撤他們，就不怕失去宗室的支持嗎？

---

[064]《資治通鑑》卷一九三，第 6075 頁。
[065]《資治通鑑》卷一九二，第 6025 頁。

二、樹立新君權威

也許這些人原本就不是支持李世民的。李淵當初將自己的堂兄弟及其子姪們都封為郡王,「雖童孺皆為王,王者數十人」。現在李世民提出:「遍封宗子,於天下利乎?」他對這種做法提出了質疑,而善於逢迎的宰相封德彝回答:「前世唯皇子及兄弟乃為王,自餘非有大功,無為王者。上皇敦睦九族,大封宗室,自兩漢以來,未有如今之多者。爵命既崇,多給力役,恐非示天下以至公也。」李世民充分肯定他的說法:「然。朕為天子,所以養百姓也,豈可勞百姓以養己之宗族乎!」[066] 於是,除了有功的少數幾人不降低郡王的封爵外,其餘宗室郡王皆降為縣公。

說大封宗室是「勞百姓以養己之宗族」,這不是明顯針對李淵提出的批評嗎?李淵身為太上皇,還是掌握著一定權力的,而且宰相之中還有幾位是武德舊臣,包括裴寂、蕭瑀、陳叔達以及見風使舵的封德彝。因此,在當時朝廷議決這些事情的時候,一定存在著分歧和鬥爭。但是,李世民沒有退縮,不言放棄,這是他樹立自己明君形象的重要手段。李世民的理論是:「以天下之廣,四海之眾,千端萬緒,須合變通」[067]。政策隨著時代的變化而調整,並不是離經叛道的事情。太上皇需要尊重和照顧,但必要的政策調整卻不能顧忌太多。

如果說裁減宗室親王是為了減輕百姓的負擔,對李淵的生活也沒多大影響的話,那李世民把李淵宮裡的宮女都遣散了,是否就有賭氣報復的因素呢?

據記載,事情的起因是這樣的。貞觀二年(628),關中地區連續乾旱,蝗災又起,使太宗內心深感不安。到九月間,由於乾旱還在持續,中書舍人李百藥就向太宗建議:「往年雖出宮人,竊聞太上皇宮及掖庭宮人,

---

[066] 《資治通鑑》卷一九二,第 6025 頁。
[067] 吳兢撰,謝保成集校:《貞觀政要集校》卷二〈政體〉,第 31 頁。

第八章　君臨天下──擺脫玄武門的陰影

無用者尚多，豈唯虛費衣食，且陰氣鬱積，亦足致旱」[068]。古人相信陰陽不調是導致乾旱少雨的原因，李百藥藉機要太宗外放那些無用的宮女。

這明擺著是要減少太上皇身邊服務人員的數量，降低其生活待遇。李世民在許多時候並不相信陰陽理論，不會認為外放宮女就可以解除旱情。他的指示如下：「婦人長期幽閉於深宮，確實情有可憐。隋朝末年，求採無已，至於各地的離宮別館，皇帝根本就不去，還聚集了那麼多的宮人。這些做法，都是耗費百姓的財力，朕所不取。現在，後宮裡還有那麼多婦人，除了灑掃之外，又有什麼用呢，應該都放出去，讓她們去找到合適的人結婚成家。這麼做，不單是節省了國家的開支，減輕了百姓的負擔，同時也順遂了人的情性。」於是，派遣尚書左丞戴冑、給事中杜正倫主持其事，他們在掖庭的西門進行登記，將那些沒有特別身分的婦人放出宮，前後所出三千餘人。

唐太宗李世民的理由很光明正大，一是節省了國家的開支，二是順遂了人性，讓這些幽閉深宮的婦人能夠過上正常人的生活。

要說外放宮人能夠調和陰陽，有利於解決旱災的問題，完全是一個藉口。唐太宗同意這樣做，一個重要的前提是他能夠將心比心，順遂人性。唐太宗在大部分情況下比較尊重人性，除了外放宮女，修訂律令也是在尊重人性的前提下進行的。

貞觀元年（627）正月，李世民下令由吏部尚書長孫無忌領頭，與學士、法官等議定律令。這次修訂，最主要的內容就是並省和減輕一些刑罰，尤其是廢除殘存的肉刑。一開始，長孫無忌等決定把原來《武德律》中的絞刑五十條改為斷右趾，李世民看過後，還是覺得有點慘無人道。他找來這些參與修訂的人員，說：「肉刑廢除已久，斷右趾這一條，還是要

---

[068]《資治通鑑》卷一九三，第 6057 頁。

想辦法改為別的處罰。」於是，參與其事的法官裴弘獻請改為「加役流，流三千里，居作三年」[069]。李世民接受了這個建議，並寫進了新的《貞觀律》中。

李世民要從法令制度上對李淵以前的政治舉措進行修正，自然引起了裴寂等武德舊臣的反對，也一定會給李淵帶來不快。

我們已經無從知道李世民是否做了耐心的解釋，但結果無疑是這些新政都得到了落實，而且也沒有引起與太上皇明顯的衝突。政變給李世民心理上留下了很重的陰影，但當他走出陰影，制定各種政策的時候，心裡基本是坦蕩的。他的志向是要把國家治理好，而沒有過多地去擔心和顧忌太上皇與武德舊臣們的感受，事實上也就沒有把個人恩怨放在國家大事之上來考慮。

李世民雖然無法擺脫各種個人恩怨，也不能說他對李淵就沒有一些埋怨甚至怨恨，但他在改變武德時期某些措施的基礎上推行的一系列政策，確實是有利於國家穩定和發展的。而且，他的這些措施，不僅在治國實踐中加以推行，還往往上升到理論層面加以闡釋和發揮。無論是削減宗室成員的封爵、外放宮女，還是修訂律令，其基本思想都是基於為君之道與安民之道，也就是他在發表這些措施前後反覆表達的：「為君之道，必須先存百姓。若損百姓以奉其身，猶割股以啖腹，腹飽而身斃。若安天下，必須先正其身，未有身正而影曲，上治而下亂者。」[070]

李世民推行新政還是很磊落的。翻看一部《貞觀政要》，李世民的言行確實很坦蕩。在他宣講的大道理和具體的政策措施之間，可以看到有機的結合，大體是言行一致的。

---

[069]　《資治通鑑》卷一九二，第 6031 頁。
[070]　吳兢撰，謝保成集校：《貞觀政要集校》卷一〈君道〉，第 11 頁。

第八章　君臨天下──擺脫玄武門的陰影

三、擺脫武德舊臣

　　如果說對於太上皇李淵，李世民還是能夠注意照顧其感受的話，那麼對於一些頑固的、妨礙其推行新政的武德舊臣，他採取的措施就非常果斷了。但是，果斷不等於陰暗，恰恰也是一種磊落，儘管有些殘酷。李世民即位後，在朝政中具有影響力的武德舊臣主要有裴寂、封德彝、蕭瑀、陳叔達、宇文士及等人。他們當中，彎子轉得最快的是封德彝。他是有名的「兩頭蛇」，首鼠兩端，史書上說他「險詖」，就是見風使舵的陰險之人。

　　事實上，李世民最初並沒有識破封德彝的陰險用心。即位後，封德彝由中書令升遷為尚書右僕射，擔任了最高行政長官。當時擔任左僕射的是蕭瑀。封德彝在武德時期擔任中書令，是由蕭瑀推薦的。現在二人同為尚書僕射，掌管國家最高行政事務。封德彝為了掩藏自己當初反對李淵改立李世民為太子的事實，設法排擠知道真相的蕭瑀，利用李世民對武德舊臣的戒備心理，主動製造蕭瑀與房、杜之間的分歧和矛盾。每次李世民要更張武德舊制的時候，封德彝與蕭瑀原本意見一致，兩人也商量好了作為尚書省的集體意見向太宗反映，但等到面見的時候，封德彝卻通通否認，而站到了秦府舊屬房、杜等人這一邊。房玄齡、杜如晦對武德朝的人事關係和一些隱祕的決策也不是很清楚，他們都認為封德彝比較識時務，所以「皆疏瑀而親德彝」[071]。蕭瑀實在受不了，就給李世民打小報告，牽扯出很多亂七八糟的事情，李世民也很不耐煩。

　　封德彝也確實夠陰險的，這是一箭數雕啊。蕭瑀很快就被罷去了宰相之職，賦閒在家。因為被封德彝算計得很被動，蕭瑀很氣悶，加上封德彝的挑撥，他和另一位武德舊臣陳叔達也發生了爭執，並且把火氣燒到了皇

---

[071]《資治通鑑》卷一九二，第 6025 頁。

三、擺脫武德舊臣

帝面前，於是，蕭、陳二人「皆坐不敬，免官」[072]。封德彝想把武德舊臣都擠下去，這樣自己當初那點見不得人的事就沒有人揭發出來了。但是，做了虧心事總歸是心虛的。有部電視劇裡有這樣的劇情：封德彝與裴寂議論當初阻止李淵改立太子之事，被李世民撞見，隨後被當場嚇死了。這個情節不見得完全符合歷史實際，因為李淵未必有過改立太子的想法，但是卻抓住了封德彝的性格缺點。裴寂在武德時期一直是反對李世民掌權的，這李世民自己也知道，封德彝和他聊這個事比較可靠，因為裴寂不會去向李世民揭發。但要是被李世民撞見了，那封德彝就一定會被嚇破膽。史書記載，「貞觀元年，（封德彝）遘疾於尚書省，太宗親自臨視，即命尚輦送還第，尋薨，年六十」[073]。也就是說，封德彝是在尚書省上班的時候得病，然後一病不起的，很快就一命嗚呼了。

按照電視劇裡的情節邏輯，看來是封德彝以為太宗聽見了，其實太宗什麼也沒聽見，所以還對他的病情很關心，派人用自己的御輦送他回家，並親自去看望他。李世民知道他堅定地站在李建成一邊，支持李淵維護建成太子地位的真相，要到很久以後了。

封德彝是嚇死也好，病死也好，總之貞觀元年就去世了。蕭瑀和陳叔達也被太宗收拾得老實了。宇文士及與李世民的關係本來就很親近，沒有構成什麼特別的阻力。可是裴寂卻不一樣，他是李淵的死黨，他要維護還是太上皇的李淵的臉面、尊嚴和權威，因此對李世民針對武德政策的一些新政，一定會常常唱反調。

李世民剛即位不久，就在武德九年底，專門找裴寂談過一次話，提醒他要腦筋轉彎，要為新君服務，不要總添亂。史書上記載的原話是這樣

---

[072]《資治通鑑》卷一九二，第 6025 頁。
[073]《舊唐書》卷六三〈封倫傳〉，第 2397 頁。

第八章　君臨天下──擺脫玄武門的陰影

的：「比多上書言事者，朕皆黏之屋壁，得出入省覽，每思治道，或深夜方寢。公輩亦當恪勤職業，副朕此意。」[074] 因為裴寂是太上皇身邊最受信任的人，所以太宗要敲打敲打。

但是，裴寂就是轉不過彎來，那李世民就只好找機會收拾他了。有一個法號叫做法雅的沙門（僧侶），當初「以恩幸出入兩宮」[075]，專門講一些怪力亂神的事。貞觀三年（629）唐太宗下令禁止他從事這些迷信活動，但隨後他又口出妖言。李世民派兵部尚書杜如晦來審查這個案子，結果牽連出了裴寂。於是，李世民將裴寂免官，削減食邑之半，遣返回家。

《新唐書‧裴寂傳》裡有一段話，說當初在武德末年裴寂就向李淵說起，「願賜骸骨歸田里」[076]，就是要辭職回家。李淵哭著對他說：「別這樣啊，我要與你一起變老。你是國家的支柱，我為太上皇，我倆年紀大了，一起度過逍遙的晚年，不亦善乎！」史臣把這段談話的時間安排在武德時期，似乎有些問題。可以理解為，是唐太宗李世民要罷免裴寂，而裴寂向太上皇李淵求情，那這個場景才比較合理。

裴寂本人也請求留住京師，遭到了李世民的一通數落：「計公勛庸，不至於此，徒以恩澤，特居第一。武德之時，政刑紕繆，官方弛紊，職公之由。但以舊情，不能極法，歸掃墳墓，何得復辭？」[077] 大意是說，你別以為自己是和我並列的首席開國功臣，就擺什麼老資格。你那個首席，並不是因為你真的有什麼功勞，只不過是因為和太上皇的私交。武德年間，國家政治生活中出了那麼多的問題，弄得烏煙瘴氣，相當程度是由於你掌權的緣故。你現在犯了錯，我念著舊情，不把你依法治罪，只是讓你回家

---

[074]《資治通鑑》卷一九二，第 6026 頁。
[075]《舊唐書》卷五七〈裴寂傳〉，第 2288 頁。
[076]《新唐書》卷八八〈裴寂傳〉，第 3738 頁。
[077]《舊唐書》卷五七〈裴寂傳〉，第 2288－2289 頁。

去待著，你還有什麼好挑三揀四的。

　　這話說得很尖刻，李世民嘴上不饒人的本領，又一次得到了發揮。而且，連帶將太上皇也數落了一把，很有點指桑罵槐的味道。

　　也許裴寂找太上皇說情，反而把他們父子之間的矛盾激化了。所以，也就在兩三個月後，李淵就從太極宮遷了出去。裴寂於是也灰溜溜地回到了河東蒲州老家。

　　李世民的這一通數落，連帶裴寂的被罷免，是其擺脫武德舊臣的關鍵一步，針對性很強。其實，就在一年以前的貞觀二年（628），太宗到南郊祭天，曾安排裴寂與長孫無忌同升金輅，就是和太宗一起乘坐觀禮車，分別站在左右。這是身為大臣的最高榮寵。裴寂當時就辭讓，太宗還說：「因為你有佐命之勳，無忌也對朕竭盡忠誠，要安排兩人和朕一起乘車觀禮，還有什麼人比你合適呢？」那時，李世民看重他是佐命元勳，是最大的開國功臣。可這會他卻責備裴寂，說你功居第一也沒有什麼了不起的，只不過和太上皇私交很密切而已。這也是話裡有話。

　　後來還發生了一些事情，裴寂被流放到靜州，即今廣西梧州。李世民很氣憤地對身邊的大臣們說，裴寂有四條死罪，儘管他有免死金牌，我要殺他也不是沒有理由，只是許多人都說把他流放到嶺南就可以了，朕也就聽從了大家的意見。

第八章　君臨天下──擺脫玄武門的陰影

第九章
治國之道 —— 以誠換心的統治術

　　大唐貞觀六年，即公元 632 年年底的一天，在準備辭舊迎新的時候，唐太宗李世民來到長安的監獄，親自過問囚犯的情況。當他看到那些行將被處決的死囚時，頓生憐憫之心，覺得他們不能回去與家人團聚，非常可憐。於是太宗下令把全國所有死囚犯都放回家過年，並且規定來年秋天到來之前，都必須按期回到監獄，接受行刑。規定的日期到了，幾百個死囚全部回來報到。唐太宗被這種信任所感動，當即將他們全部赦免了。

　　可以想見，當唐太宗宣布赦免這幾百人的死刑時，是怎樣一種感人的場景。可回過頭來說，難道唐太宗就不怕這些人都逃走了嗎？他為什麼具有如此自信呢？

　　這件事情，新、舊《唐書》和《資治通鑑》等史書上都有記載，還被白居易寫進了〈七德舞〉詩中。這事聽起來有點玄，令人難以置信。儘管史書記載的這件事情有著明顯的官方宣傳的味道，但確實發生過這樣一件事情，總還是應該相信的。兩《唐書》的〈太宗本紀〉裡，是把它作為當年很少的幾件大事來記載的。唐太宗之所以能成為中國古代政治傳統中「明君」的典範，很重要的一個原因是他講人道，尊重人生命的價值。這方面，他與「暴君」典型的隋煬帝形成了鮮明的對比。

第九章　治國之道──以誠換心的統治術

一、死囚四百來歸獄

　　從隋煬帝被殺到唐太宗即位，前後不過十年時間。十年是歷史長河中的一瞬，可是卻出了兩個在歷史上評價截然相反的皇帝。隋煬帝是典型的暴君，唐太宗卻是少有的明君。歷史的反差有時就體現在一些細微之處。放還死囚之事，可以說正是體現暴君和明君之別的一個特寫鏡頭。

　　隋煬帝的野心很大，他太想做成大事了，即位之初的幾年裡，戶口大增，國庫充盈，朝廷可以徵調的勞動力和財物都極其豐富，想做什麼都能做成。於是，接二連三的徵調丁夫，動輒上百萬人，直到遼東之役，把全國百姓都拖累得流離失所，群起為盜了。這就給他一種錯覺，以為百姓的生命不值錢。在平定楊玄感叛亂後的一次談話中，隋煬帝對侍臣們說：「玄感一呼而從者如市，更加說明天下人不必太多，多則為賊。要把有牽連的人趕盡殺絕，否則，將來就難以制止了。」[078]這是一種什麼心態啊，不把百姓當人看，他很快就嘗到了苦果。

　　而唐太宗卻懂得普通百姓也是人，百姓的生命也值得珍惜。白居易在〈七德舞〉詩中有詩句形容那件事，叫做「死囚四百來歸獄」。這事在歷史上應該是絕無僅有的。

　　這個決定其實冒著很大的風險。如果這些死囚放出去後不回來了，那該如何收場呢？唐太宗哪來那麼大的自信，相信他們都會回來？

　　應該說，貞觀六年（632）前後，正是唐太宗在治國方面最有成就、最為自信的時候。他相信，自己已經做得很出色，在治理國家方面超越了所有的帝王，無論是什麼人，都會為有這樣的君王而自豪，都願意相信，這

---

[078]《隋書》卷二四〈食貨志〉，中華書局 1974 年，第 688 頁。

樣的君王所作出的安排不會是陷阱。兩年前，唐朝打敗了東突厥，李世民決定把所有的突厥部眾都遷移到內地安置。當時就有許多反對的意見，覺得這樣不安全，萬一突厥到內地還聯合起來造反，那將難以收拾。可是，唐太宗還是堅持這樣做，他的自信心允許他作出這樣的決定。現在要放還死囚，道理也一樣。他覺得突厥的人心與自己可以相通，囚犯的人心同樣也是可以相通的。

可話要說回來，天下的事情不怕一萬，就怕萬一。在內地安置突厥的決策，其實唐太宗還是留有後手的。即使突厥到內地後還要搗亂，唐太宗也不怕，還有辦法應對。那對於放還囚犯之事，唐太宗是否在相信「以心感人」的強大感召力的同時，對於可能出現的後果，也有很大的成算？

三四百個死囚，被放還到各地，地方組織同樣可以監控他們。唐朝的鄉里組織是非常嚴密的，里是最基層的國家控制的組織，按照制度規定，每一百戶就設一個里，由里正承擔各種管理職能，五里設一個鄉，而且「四家為鄰，五家為保」，鄰里之間承擔各種連帶責任。在這樣的組織系統中，州縣鄉里層層監控，囚犯放還不可能有逃散的風險。

也可以說，這不過是一場政治秀而已。風險不大，成本也不高，效果卻非常好。但這樣的表演也不是一般的統治者可以做得出來的。這樣做的前提，首先是要自信，更關鍵的是要社會穩定。當時的社會，無疑是非常穩定的。

還有一種可能，就是這些囚犯都非罪大惡極的亡命之徒，甚至可能還存在許多冤假錯案。唐太宗檢查工作後，發現了這一點，於是就採取一種特殊的方式來彌補此前的錯判。

《資治通鑑》上記載，唐太宗放還的死囚是三百九十人，白居易用的四百是約數。將近四百人，難道他們就真的一個也無法逃亡嗎？他們就真

第九章　治國之道——以誠換心的統治術

的不怕死,都回來等待處決?囚犯們的心態其實也不難理解。他們已經作好了要死的準備,現在卻可以回家團聚,得到皇帝如此的信任,很容易就被感化了,回到家一定很好地改造了自己,而且認為再回來說不定還可以有活著的機會呢。這真的是「以心感人人心歸」。當皇帝的把死囚犯的人心都喚回來了,那其他的人,自然都不難感化了。

以上是從歷史敘事文字的字面上獲得的一些推測,或者說從歷史書寫者引導下得出的分析。其實,從白居易到司馬光都相信的縱囚事件,相當程度上是一種歷史敘事的傳統模式,或者說一種描述良吏止訟息獄、化民向善政績的制式書寫模式。如研究者指出,「縱囚歸獄」是漢唐間常見的表彰地方長吏的歷史故事,隋唐時期君主一度取代良吏成為縱囚故事的主角。寫進歷史書中的故事往往會影響現實政治的運作,唐太宗根據此類故事主導了貞觀縱囚事件,但客觀效果並不理想[079]。後來,北宋史學家和大文豪歐陽脩寫了一篇史論名為〈縱囚論〉,對這個事件及藉此宣揚的皇帝仁德提出了質疑:「吾見上下交相賊以成此名也,烏有所謂施恩德與夫知信義者哉?不然,太宗施德於天下,於茲六年矣,不能使小人不為極惡大罪,而一日之恩,能使視死如歸,而存信義。此又不通之論也。」[080] 唐太宗即位以後,關心民生,尊重人性,還有許多的事例。

據《資治通鑑》記載,貞觀二年(628)關中地區發生了嚴重的旱災,接著是蝗災。夏日的一天,唐太宗來到皇城的御苑中,發現了蝗蟲,順手就抓起了一隻,拿在手上,用咒語般的話譴責起蝗蟲來:「民以穀為命,你這些傢伙卻把莊稼吃了,有本事你們就來吃掉我的肺腸吧。」說完,舉手就要把蝗蟲往嘴裡送。左右的大臣趕緊勸阻,說:「這些個髒東西,吃

---

[079]　陳爽:〈縱囚歸獄與初唐的德政製造〉,《歷史研究》2018年第2期。
[080]　歐陽修著,李逸安點校:《歐陽修全集》,中華書局2001年,第287－288頁。

一、死囚四百來歸獄

了會得病的。」唐太宗說:「朕為民受災,還有什麼疾病好逃避的!」於是把這隻蝗蟲吞吃了。

《資治通鑑》記載這件事情的結果是,「是歲,蝗不為災」[081]。也許是唐太宗的真誠感動了上蒼,但更可能的是感動了天下百姓,提高了災民抗災的動力和戰勝災害的自信心。

貞觀二年的時候,由於旱災引起饑荒,有的人家只好賣兒鬻女。太宗得知這個情況後,對身邊的侍臣說:「水旱不調,皆為人君失德。朕德之不修,天當責朕,百姓何罪,而多遭困窮!聞有鬻男女者,朕甚愍焉」[082]。他勇於把造成自然災害的責任攬到自己身上,勇於承擔責任,而不是怨天尤人。於是,他派遣御史大夫杜淹到關中各地去巡視檢查,發現被賣的孩子,就由國庫出錢把他們贖回,還其父母。

由於連續的自然災害,唐太宗在貞觀二年三月下了一道大赦詔,詔書裡說:「若使年穀豐稔,天下乂安,移災朕身,以存萬國,是所願也,甘心無吝。」[083]四月又下詔,針對「隋末亂離,因之饑饉,暴骸滿野,傷人心目」[084]的狀況,下令各級官府出資,把散落在荒野的屍骸進行收葬。

這幾件事情,都發生在唐太宗即位不久的貞觀二年,可以想見當時的經濟和社會狀況是多麼的惡劣。但是,唐太宗以自己的誠心和勇氣,號召百姓進行抗災,最終克服了自然災害給唐朝政權帶來的衝擊,社會很快穩定了下來。

唐朝中期的詩人白居易在〈七德舞〉一詩中,將此概括為「亡卒遺骸

---

[081]《資治通鑑》卷一九二,第 6054 頁。
[082] 吳兢撰,謝保成集校:《貞觀政要集校》卷六〈論仁惻〉,第 328 頁。
[083]《資治通鑑》卷一九二,第 6049 頁。
[084]《資治通鑑》卷一九二,第 6049 頁。

第九章　治國之道——以誠換心的統治術

散帛收，饑人賣子分金贖」[085]，把它作為唐太宗體恤民生的德政來加以歌頌。

唐太宗之所以能夠做到如此關心民生疾苦，是因為貞觀君臣都有強烈的求治理想，他們在治國理論上進行了深刻的探討。貞觀二年（628）正是貞觀君臣討論「安民之道」最為集中的一段時期，他們知道，要使皇位穩固，要把國家治理好，關鍵是要把老百姓的生活安頓好。

二、張蘊古之死與五覆奏

唐朝的法令規定：凡決大辟（即死刑）罪，在京者，行決之司五覆奏；在外者，刑部三覆奏。若犯惡逆已上及部曲奴婢殺主者，唯一覆奏。凡京城決囚之日，尚食蔬食，內教坊及太常皆撤樂。每歲立春後至秋分，不得決死刑。[086]

其中五覆奏、三覆奏的規定，是從唐太宗時期開始執行的。原本唐朝的死刑判決，是由皇帝召集中書、門下兩省五品以上及尚書等官員進行議定的。這看起來已經很慎重了。但是，貞觀五年（631）發生的一件案子，使太宗對死刑判決更加慎重。

有河內（治今河南沁陽）人李好德，犯有精神疾病，說出了妄妖之語，也就是喊了悖逆言論之類的。按照法令，這是十惡不赦的死罪。負責斷罪的大理丞張蘊古，認為李好德犯精神病的證據確鑿，不應該治罪。太宗答應了從寬處置。可是張蘊古又把這個意思私下告訴了李好德，而且還

---

[085]《白居易詩集》卷三〈七德舞〉，第 275 頁。
[086] 李林甫等撰，陳仲夫點校：《唐六典》卷六〈尚書刑部〉，中華書局 1992 年，第 189 頁。

和李好德一起博戲。於是，治書侍御史權萬紀向太宗彙報說，張蘊古奏事不實，涉嫌徇私枉法。因為李好德之兄李厚德在張蘊古的老家相州（治今河南安陽）做刺史，為了討好這個老家父母官，張蘊古故意包庇李好德。太宗想起不久前張蘊古曾在獄中和囚犯弈棋，現在又要包庇放縱李好德，這是知法犯法，其罪當誅。於是，一氣之下，下令把張蘊古斬於東市。但是，太宗很快就後悔了，覺得自己下令處決張蘊古太過草率了，而且張蘊古還是頗識治國理政道理的名臣。唐太宗即位之初，時任幽州總管府記室直中書省的張蘊古曾上奏一篇〈大寶箴〉，對皇帝加以規誡，引起過太宗的重視。[087]《貞觀政要》專門載錄了這篇文章，認為張蘊古被任命為大理寺丞就是因為上奏〈大寶箴〉得到唐太宗的賞賜和提拔。[088]

在此前後，還發生了兩件事。一是交州（治今越南河內）都督盧祖尚，因為違抗了皇帝的旨意，而被斬於朝堂；二是有幾個朝廷小吏貪汙，雖取財不多，太宗還是一怒之下把他們殺了。這都讓太宗很快就追悔莫及。

經過這樣幾件事，太宗覺得人死不能復生，砍腦袋的事一定要慎重。於是，他下詔規定，凡決死刑，雖我下令當即斬殺，仍需三覆奏。過了幾天，他又覺得三覆奏也不保險，就說：「比來決囚，雖三覆奏，須臾之間，三奏便訖，都未得思，三奏何益？自今已後，宜二日中五覆奏，下諸州三覆奏。」關於五覆奏，有一種解釋是，「其五覆奏者，以決前一二日，至決日又三覆奏」[089]。只有犯惡逆者，也就是那些罪大惡極的人，一覆奏以後就處決。

這個規定發表後，唐太宗為自己下令處決犯人贏得了慎重考慮的時間。此後，許多被斷為死罪的人，在太宗的慎刑政策下活了下來，避免了

---

[087]《舊唐書》卷一九〇〈文苑傳上·張蘊古傳〉，第 4992－4994 頁。
[088] 吳兢撰，謝保成集校：《貞觀政要集校》，第 431－434 頁。
[089]《舊唐書》卷五〇〈刑法志〉，第 2140 頁。

第九章　治國之道──以誠換心的統治術

許多的冤假錯案。

　　一個張蘊古的死，換來了眾多臣民的生。這也許是那次怒殺的一個收穫吧。

　　前面講到過唐太宗慎刑的例子，就是他建議把斷右腳趾的刑罰廢除了。其實，關於他的慎刑，還有一個很重要的事例，就是把杖刑從「脊杖」改為「臀杖」。

　　據《資治通鑑》記載，貞觀四年（630）十一月，唐太宗讀《明堂針灸書》，看到這本醫書上說：「人五臟之繫，咸附於背。」人體很多重要器官的穴位都在胸背部，這些部位被擊打會有生命危險；他再看圖中臀部的重要穴位就少多了。於是下詔，規定「自今毋得笞囚背」[090]。凡鞭打犯人，屁股是受刑部位，不許打胸背部。至此，「臀杖」成為後來大多數王朝的定例。

三、社會秩序的穩定

　　《資治通鑑》記載：「貞觀元年，關中饑，米斗直絹一匹；二年，天下蝗；三年，大水。上勤而撫之，民雖東西就食，未嘗嗟怨。是歲（貞觀四年），天下大稔，流散者咸歸鄉里，米斗不過三四錢，終歲斷死刑才二十九人。東至於海，南及五嶺，皆外戶不閉，行旅不齎糧，取給於道路焉。」[091]

　　前兩年出去逃荒的流散之人，都陸續回歸鄉里，因為糧食豐收，每斗

---

[090]《資治通鑑》卷一九三，第 6083 頁。
[091]《資治通鑑》卷一九三，第 6084－6085 頁。

米不過三四錢，終歲斷死刑才二十九人。這是說，老百姓對新政權充滿信心，沒有把自然災害帶來的苦難轉嫁為對政府的抱怨。由於年成的好轉，社會秩序也很快安定下來，犯罪率很低。全國全年斷死刑才二十九人，這是一個非常令人振奮的數字。兩年以後的貞觀六年，關押的死囚就有三百九十人，或許就是一個正常的數字了。

吳兢在《貞觀政要・政體》裡描寫，經過幾年的恢復和發展，到貞觀中期，全國的經濟形勢已經有了根本的好轉。他用了「商旅野次，無復盜賊，囹圄常空，馬牛布野，外戶不閉」[092]這樣一段話，來描寫當時的社會穩定和經濟復甦狀況。

以上記載都是出自史學家的手筆。其實，唐太宗本人對貞觀時期的社會狀況也有一段充滿憧憬又具有一定現實性的描述。

《貞觀政要》記載貞觀十六年（642），他對身邊的大臣說：「國以民為本，民以食為命。如果收成不好，那是國家最大的憂慮。當前糧食大豐收了，朕身為億萬百姓的父母，只想更加勤儉節約，而不能奢侈浪費。朕常常想，要給天下百姓都賞賜一些財物，讓百姓都富貴。可我怎麼也賞賜不過來啊，於是我堅持減免徭役、不妨礙農時的方針，讓百姓都可以放手去耕種，結果大家都富起來了。又倡導文明禮讓的社會風氣，使得全國上下都出現了『少敬長，妻敬夫』的可喜局面，大家都過上了體面的生活，這也就是讓大家貴起來了。只要我們實現了這樣的目標，朕即使不聽音樂、不遊山玩水，也是樂在其中啊！」[093]

唐太宗正是看到了自己制定的政策給百姓帶來的實惠，內心非常得意。

貞觀初年實行務本勸農、輕徭薄賦的政策，從根本上說，就是要嚴格

---

[092] 吳兢撰，謝保成集校：《貞觀政要集校》卷一〈政體〉，第 52 頁。
[093] 吳兢撰，謝保成集校：《貞觀政要集校》卷八〈務農〉，第 427 頁。

第九章　治國之道——以誠換心的統治術

執行國家制定的賦役制度。當時的〈賦役令〉規定：民戶以丁男（成年男子）為單位向官府交納一定數量的糧食和絲織品，稱為租、調；此外，每丁每年還要服役二十日，若不服役，則每日折絹三尺，稱為「庸」。如果政府額外加役，十五天免調，三十天租調皆免，正役和加役，總數最多不能超過五十天。如果遇有水旱蟲霜等災害，要計算損失進行賦稅減免，十分損四以上免租，十分損六以上免調，十分損七以上課役俱免。[094] 也就是說，如果受災比重達到百分之七十，就要免除百姓對國家的所有負擔。

為了保證農民不誤農時，唐政府推行「以庸代役」的制度，盡量減少徭役的徵發。丁男每年二十日的正役，正常情況下都是繳納一定數量的絲織品代替，而不去服役。唐太宗認為只有君主抑情損欲，盡量減少戰爭和土木興建，才能做到不奪農時。事實上，唐太宗多次放棄了一些大規模的工程建設，或者盡量在冬閒時徵發必須的徭役和民丁。例如，貞觀五年（631）二月，皇太子要行冠禮，需要徵發府兵作儀仗。唐太宗因為「農時最急，不可失也」[095]，不顧大臣們搬出陰陽五行一套理論竭力反對，堅持把冠禮推遲到十月舉行。即使是貞觀三年打突厥這樣重要的戰爭，也是在冬閒時進行的（儘管有可能是突厥遭遇雪災而給唐朝以戰機）。這樣，就不僅從制度上，而且從具體行動上，保證農民不因徭役兵役而耽誤農時或中斷生產。

貞觀時期農業生產的恢復，就是建立在各種完善的制度和惠農政策之上的。農業生產恢復和發展的一個顯著效果，就是糧價的迅速下降並平穩下來。貞觀四年（630）以後，糧價開始下降，經過四五年的時間，到貞觀八、九年的時候，糧食價格由貞觀初年的每斗米一匹絹（二百文錢左右）

---

[094] 參見天一閣博物館、中國社會科學院歷史研究所〈天聖令〉整理課題組校證《天一閣藏明抄本天聖令校證》，中華書局 2006 年，第 270 — 274 頁。

[095]《資治通鑑》卷一九三，第 6086 頁。

下降到每斗米四五文錢。這是一個極大的落差。而糧價如此大的下降，到底是什麼原因造成的呢？

　　貞觀四年以後糧價下降並保持著相對平穩的水準，除了自然災害的減少、糧食增產這些自然因素外，主要有以下幾個方面的原因。

　　首先，此前糧價的高漲是由於戰亂和政治動盪造成的。從隋末到貞觀以前，糧價都處於一種高漲的態勢。貞觀四年下降以後的糧價，是一個比較正常的水準，而此前的高糧價是一個非正常的狀況。

　　其次，是政治穩定的結果。在唐初的政治史上，貞觀四年是一個具有轉折意義的年分。前一年，裴寂被罷去宰相之職，太上皇李淵遷出太極宮，唐太宗開始在太極宮聽政，政治上的「貞觀氣象」開始真正顯現出來，人們對政局動盪的擔憂徹底消除了。在朝廷財政和百姓生活都還很艱苦的條件下，貞觀四年初，唐軍打敗了長期威脅唐朝北境的東突厥，也給全社會帶來了一種新的景象和新的信心。

　　再次，從社會層面來看，是朝廷政策帶來的一個顯著後果。在幾年的自然災害中，百姓感覺到了朝廷和地方政府對民眾生活的關心，形成了一種少有的凝聚力和向心力。「貞觀之治」歷史內涵的一個重要方面，就是老百姓對政府有信心。這種信心，使得貞觀時期能夠克服自然災害帶來的衝擊，能夠打敗東突厥的侵擾，也能夠把糧價降到一個通常的低水準上。

四、「天可汗」的威望

　　李世民即位以來，不僅不斷調整自己的心態，處理好朝廷之中的各種矛盾，營造出良好的君臣關係和政治氛圍，而且在對周邊民族和國家的關

第九章　治國之道——以誠換心的統治術

係上,也逐漸贏得了主動,徹底改變了長期以來中原王朝受制於北方民族的局面。

唐太宗逝世後,唐高宗下令在其昭陵的陵園裡,雕琢了「昭陵六駿」與「十四國君長像」,以「闡揚先帝徽烈」[096],宣揚太宗的功績。被雕刻在石像上的十四國酋長,分為兩排安置。西側廊房的石人分別是:薛延陀真珠毗伽可汗、于闐王伏闍信、吐蕃贊普棄宗弄贊(松贊干布)、焉耆王龍突騎支、高昌王左武衛將軍麴智盛、龜茲王訶黎布失畢、吐谷渾河源郡王烏地也拔勒豆可汗慕容諾曷缽。置於東側廊房的石人分別是:頡利可汗阿史那咄苾、突利可汗阿史那什缽苾、阿史那思摩、阿史那社爾等四位突厥的首領,以及帝那伏帝國王阿羅那順、林邑王范頭黎、新羅樂浪郡王金貞德。

十四國君長像則「寫諸蕃君長貞觀中擒伏、歸化者形狀」[097],代表著唐朝前期邊境的幾個主要民族,是貞觀時期唐代與周邊民族和國家關係的象徵,從一個側面展示了唐太宗的「天可汗」形象。

唐太宗的「天可汗」威信,可不是死後才得到的。他在周邊民族中之所以享有崇高的威望,相當程度是由於他實行了比較開明的民族政策,即所謂「羈縻政策」。具體做法是,不改變被征服民族的生產方式和生活風俗,讓他們的部落首領繼續統領部眾,在唐朝設立的羈縻府州繼續原來的生活。這樣的政策,堅定了其他民族歸順唐朝的決心。隨著唐朝對東突厥戰爭的勝利,邊境各族紛紛遣使至長安朝貢,當時的中書侍郎顏師古圖寫了〈王會圖〉以示後人。他們詣闕請唐太宗為「天可汗」。從此,唐太宗給西北地區的少數民族釋出文告,都以「天可汗」自稱。

---

[096]《唐會要》卷二〇〈陵議〉,第 458 頁。
[097]《唐會要》卷二〇〈陵議〉,第 458 頁。

四、「天可汗」的威望

突厥各部落的酋長歸附唐朝後,「皆拜將軍、中郎將,布列朝廷,五品已上百餘人,殆與朝士相半,因而入居長安者近萬家」[098]。其中,最著名的突厥將領有阿史那思摩、執失思力和阿史那社爾,他們原來都是突厥的部落首領,歸降唐朝後都被任命為高級軍官,為唐朝的開疆拓土作出了積極的貢獻。

阿史那思摩在東突厥被打敗後,被唐朝任命為都督,繼續統領突厥部落。貞觀末年入朝,被任命為右武衛將軍,跟從唐太宗遠征遼東,被流矢射中,唐太宗親自為他吸吮傷口,去世後陪葬昭陵。

執失思力曾經兩次代表突厥出使唐朝,東突厥失敗後,他護送隋朝的蕭皇后入朝,授左領軍將軍。後來在滅薛延陀汗國的戰爭中立有大功。執失思力娶了唐高祖的女兒九江公主,封為安國公。

阿史那社爾是突厥處羅可汗的次子,貞觀十年(636)歸附唐朝後,被授予左驍衛大將軍,還迎娶了衡陽長公主,成為駙馬都尉。貞觀十四年(640),他以交河道行軍總管的身分參與平高昌,後封畢國公。阿史那社爾在太宗逝世時,請求為太宗殉葬,高宗以太宗先前有旨而拒絕了。他到高宗時期才去世,得以陪葬昭陵。

以這三位突厥將領為代表,可以看到唐太宗對待出自周邊民族的將領的信任,以及這些部族將領對唐太宗的忠誠。在貞觀時期,唐太宗能夠得其死力的周邊部族將領還有許多,如鐵勒部首領契苾何力和鐵勒出身的將領史大奈等。

---

[098]《資治通鑑》卷一九三,第6078頁。

第九章　治國之道──以誠換心的統治術

第十章
選才用能 —— 帝王與賢臣的博弈

　　武德九年（626）九月的一天，即位不久的唐太宗李世民，從各種繁雜的儀式和紛紜的心緒中緩過神來，召開了一個範圍很廣的大會，他要當面確定各位功臣的封爵等級。說白了，就是要在取得勝利之後，按照功勞的大小給功臣們重新排定名次。對於這次會議上可能發生的紛爭，唐太宗心裡有所準備，但當老宰相陳叔達宣讀完排名結果之後，引起了一場軒然大波，卻是他沒有想到的。到底李世民如何應對這次紛爭？他又如何在今後的皇帝生涯中解決好選官用人這一千古難題？

　　唐太宗在中國古代的傳統政治中被奉為「聖君」，很重要的一個原因是其公正而高超的用人之道。身為最高統治者，如何把各方面優秀人才都籠絡到自己的手下，使其盡心盡力地為自己效力，使每個人的才能得到最大限度的發揮，是一個千古難題。李世民在這方面做得很出色。後世人們津津樂道於曹操的「唯才是舉」，殊不知唐太宗李世民在用人藝術上，有著更多的精采之處，留下了許多發人深省的故事。

一、不私於親

　　武德九年九月的這次會議，不是李世民主持的第一次人事會議，會議內容也不是人事調整，而是確定功臣的待遇級別，所謂「面定勛臣長孫無

第十章　選才用能──帝王與賢臣的博弈

忌等爵邑」。就是在取得勝利之後，按照功勞的大小給功臣們重新排定座次級別。排在最前面的是長孫無忌、房玄齡、尉遲敬德、杜如晦、侯君集等人。

當宰相陳叔達把功臣等第當眾唱名公示之後，唐太宗對各位大臣說：「朕給各位愛卿排定的勛賞，也許還有不合適之處，大家都發表一下意見吧。」他是要讓眾人把心中的想法說出來，免得日後鬧出些糾紛和麻煩。這種場合一般人是不便說話的。

《資治通鑑》裡記載說，「於是諸將爭功，紛紜不已」[099]，恐怕是誇大之詞，但會場上有一陣竊竊私語，卻是難免的。

可是，有一個人終於克制不住，站出來說話了。他就是李世民的叔父淮安王李神通。

李神通當眾嚷嚷起來：「臣舉兵關西，首應義旗，今房玄齡、杜如晦等專弄刀筆，功居臣上，臣竊不服。」[100]

李神通為什麼就勇於挑戰唐太宗呢？而且針對的還是太宗最信重的兩位謀士。

李神通是高祖李淵叔父的兒子，對李世民來說是叔叔輩。在李淵起兵南下關中的過程中，這個人發揮了很大的作用。太原起兵後，李神通與李淵的女兒平陽公主在關中舉兵響應，神通自稱關中道行軍總管。打下長安後，李淵任命他為宗正卿，掌管皇室事務。後來在唐朝統一戰爭的過程中，李神通先後與宇文化及、竇建德、劉黑闥等交戰，可以說是沒有功勞也有苦勞。

他就是要擺老資格，而且是一種因親疏而定功勛大小的觀念。他想，

---

[099]《資治通鑑》卷一九二，第 6022 頁。
[100]《資治通鑑》卷一九二，第 6022 頁。

老子是皇帝的叔叔，最早響應起兵的元老，這天下是我們李家的天下，為什麼不能功居第一？這種想法自然顯得有點狹隘。

李神通確實是思維狹隘，他不敢和李世民的妻兄長孫無忌相比，無論功勞還是親疏，都覺得差了點。但房玄齡和杜如晦居然也排在他前面，那他自然就不服了。他認為自己不僅在與皇帝的關係上比房、杜二人親近，就是論對李世民繼承皇位的功勞，也比房、杜要大。當初太子建成對李世民下毒手，用毒酒鴆殺李世民，還是他李神通把李世民救了出來。據《資治通鑑》記載：「建成夜召世民，飲酒而鴆之，世民暴心痛，吐血數升，淮安王神通扶之還西宮。」[101]

李神通肯定是想不通。可是，唐太宗意識到，這是一個很不好的趨向。如果大臣們都以太原起兵和武德時期的功勞為籌碼，向自己要官要地位，那他李世民就無法成為真正的一國之君。他需要樹立自己在用人方面的權威。於是，他毫不留情地數落起自己的這位叔父，說：「當初義旗初起，叔父雖然首倡舉兵，在關中響應，那大概也是出於無奈的自救之舉吧。後來被派往河北山東與竇建德作戰，叔父是全軍覆沒；又後來跟朕去鎮壓劉黑闥，叔父還是望風而逃。平心而論，您到底有多大的功勞呢？」[102] 李世民挖苦起人來，總是如此的刻薄。

唐太宗的意思很明白，你李神通只不過是仗著皇親的身分邀功而已。

這一通數落也夠狠的，給自己的叔父一點情面也不留，而且當眾點明，不要老拿起義之初的功勞來當藉口。這背後，應該還另有所指。李世民當上皇帝，一些高祖時期的老臣還是會有想法的，比如裴寂、蕭瑀、封德彝等人，包括剛剛宣布封賞名次的陳叔達。有些話要挑明是需要找到話頭

---

[101] 《資治通鑑》卷一九一，第 6004 頁。
[102] 《唐會要》卷四五〈功臣〉，第 936 頁。

第十章　選才用能──帝王與賢臣的博弈

的。李神通先發難，又是一個合適的可以挑開來說的人，於是就成功地為李世民表明用人立場打開了一個突破口。

唐太宗是要藉機釋出一個政治宣言。他接著說：「房玄齡等人，運籌帷幄，為朕出謀劃策，最終安定了社稷，有如漢之蕭何，論功行賞，自然要在叔父之前了。儘管你叔父大人是朕的至親，但不可以因為私恩，而濫與勳臣同賞！」[103]

李神通的自撞槍口，很可能是唐太宗的政治策略。唐太宗藉此打出了「不私於親」的用人旗幟。皇帝既然連自己的叔父都可以無所偏私，那一定會秉持至公之心來安排各人的位置。這叔姪二人很可能唱了一齣雙簧。從事後唐太宗對待李神通的態度看，二人並無芥蒂。事實上，這也僅是一個幌子而已。房玄齡和杜如晦才是他真正的親信之人。但是，人們還是願意相信唐太宗是出於公心的，至少司馬光就非常推崇。所謂「房謀杜斷」，二人為李世民奪權出謀劃策，貢獻最大，而且他們確實很有治國之才，為後來「貞觀之治」局面的出現作出了積極的貢獻。

唐太宗在位的二十多年時間裡，基本上還是堅持了「任人唯賢，不私於親」的用人原則的。尤其在貞觀前期，面對太原起兵功臣、玄武門事變功臣、武德舊臣、原太子、齊王府僚屬等多種政治力量的重新洗牌，最簡單也最有效的用人辦法，就是「任人唯賢，不私於親」了。

也就是說，當時人事關係的格局太複雜，要想在用人方面照顧關係的話，根本照顧不過來。而且，照顧了一個人，就等於得罪了一大批人。這樣很不划算，也不符合帝王風範。

---

[103]《唐會要》卷四五〈功臣〉，第 936 — 937 頁。

二、為民設官

李世民在即位之初，採取的用人方針是「不私於親」，不照顧關係。其中有一個原因是關係太複雜。

不過，話又說回來，關係再複雜，也總還是有一些基本團隊成員需要照顧的。那些跟李世民出生入死的所謂「秦府舊將」，他是否也能擺脫出來，根本不予照顧呢？

就在李世民剛即位不久，原來秦王府的一幫舊屬，就找到了他們的代言人房玄齡，抱怨說：「我們這班人跟隨在皇上的左右，已經多少年了！現在任命官職，反而放在前東宮、齊王府那班人之後考慮。」

當房玄齡把這些話轉達給李世民之後，這位新皇帝又藉機作了一個宣言式的表態，他說：「王者至公無私，故能服天下之心。朕與卿輩日所衣食，皆取諸民者也。故設官分職，以為民也。當擇賢才而用之，豈以新舊為先後哉！必也新而賢，舊而不肖，安可舍新而取舊乎！今不論其賢不肖，而直言嗟怨，豈為政之體乎！」[104]

這個表態和前一次「不私於親」的表態相比，又提高了一個境界。前一次強調的是功勞，以功勞大小來否定關係的親疏。這次強調的是「設官分職，以為民也」，用人標準從功勞變為治國理民的才能，針對的則是關係的新舊而不是親疏了。

這個變化的背後，是李世民的思想從奪權轉移到治國方面了。這樣一來，就把「任人唯賢」與「不私於親」兩個原則統一起來了。這樣的用人思想和原則，基本上貫穿了整個貞觀時期。

---

[104]《資治通鑑》卷一九二，第 6023 頁。

第十章　選才用能──帝王與賢臣的博弈

貞觀七年（633）十一月，唐太宗要任命長孫無忌為司空，長孫無忌堅決推辭，說：「臣忝預外戚，恐天下謂陛下為私。」於是，唐太宗說了一段很有原則的話：「吾為官擇人，唯才是與。苟或不才，雖親不用，襄邑王神符是也；如其有才，雖讎不棄，魏徵等是也。今日之舉，非私親也。」[105]

這就是「內舉不避親，外舉不避賢」了。李世民為了用長孫無忌，為什麼非要拿李神符來當藉口呢？

襄邑王李神符，是淮安王李神通之弟。唐太宗即位後，任命李神符為宗正卿。但不久以後，他就因病辭職。儘管唐太宗在生活上還是對他很關照，多次到他府上去慰問看望，並給予豐厚的賞賜，但他的官是被免掉了。所以，唐太宗可以拿他做例子，來說服自己的妻兄擔任司空，其實也是為了說服朝中文武大臣接受他對長孫無忌的特別任用。

三、重用東宮官屬

儘管李世民強調任人唯賢、不私於親，李神通、李神符兄弟的遭遇體現了「不私於親」，但長孫無忌、房玄齡和杜如晦等人，畢竟都是李世民的親信之人。任用他們雖可以說是任人唯賢，但還不能很好地體現「不私於親」的原則。而李世民如何對待過去的政敵，則是從另一個方面來體現其「不私於親」的原則。

李世民是透過政變奪取皇位的。玄武門之變後，如何安排原太子李建成的東宮官屬，就成為一個敏感的政治問題。那批人本來都是為李建成出謀劃策的，都曾經要置李世民於死地。如果出於個人情緒，把他們都殺掉

---

[105]《資治通鑑》卷一九四，第 6103 頁。

三、重用東宮官屬

或者流放出去最為解恨。

但是，那樣做的後果，就是示天下以私，缺乏帝王的氣度。有可以重用的政敵，也許是一個領導者的幸運。歷史上有許多重用政敵的成功事例，比如春秋時期齊桓公就透過重用管仲而成就霸業。李世民儘管挖苦人的時候很尖刻，不留情面，但他很懂得在關鍵時刻克制自己的情緒，避免意氣用事。在政變結束後，他很快就把李建成的部下都陸續委以重任。

魏徵是李建成最器重的謀臣之一，因為多次勸李建成除掉李世民，故而早就上了秦王府的黑名單。玄武門之變後，命運多舛的魏徵，又一次面臨著人生的轉折。他將以怎樣的態度去面對未來的新君呢？李世民又將如何從魏徵的身上打破僵局，在舊政敵面前樹立起自己新的形象呢？

詳細內容我們後面還會講到。李世民先安排魏徵擔任自己新太子府的詹事主簿。當時李世民還沒有即位為帝，還是以太子身分處理朝政。詹事府是太子東宮的最高行政機構，相當於朝廷的尚書省，此時實際上就是朝廷的最高行政機關。而級別只有從七品上階的詹事主簿，是負責對所有往來政務文書進行收發審查並用印的職務。這比魏徵原來的級別要低，可作用卻是極其關鍵的。

應該說，這樣的安排不是考驗，也不是奚落，而是雙方在心理和期望上正好可以接受的一個結果。

除了魏徵之外，還有一些前太子的親信，比如王珪和韋挺，也被召回並很快委以重任。而且，唐太宗在大部分時間裡，都很好地做到了「用人不疑，疑人不用」。

貞觀元年（627），尚書右丞魏徵上表推薦杜正倫，以為此人的才能古今難匹，於是唐太宗任命他為兵部員外郎。上任前，太宗接見了他，對他進行了一番鼓勵和勸勉性質的談話，說：「朕現在下令要在朝的官員舉薦

第十章　選才用能──帝王與賢臣的博弈

有德行才能之人，不是朕挑剔，而是因為任命有德行才能的人，能有益於百姓。朕對於宗親及勳舊之人，如果是沒有德行才能者，總是不加任用。因為愛卿忠直，朕今天提拔你，卿要繼續努力，對得起我的提拔啊。」[106]

看來，唐太宗對於自己不任用宗親和勳舊，一直感到很得意。所以有機會就要提出來炫一下。

四、用人如器

不別親疏，不分新舊，這只是大的原則問題。如何發現更多的人才，把不同特點的人才放到合適的職位上，真正做到「君子用人如器，各取所長」[107]，則是需要具體操作的複雜技術問題。

用人的首要前提，是要有人可用，就是要善於發現人才。當初李世民手下有一批戰將，也有房玄齡、杜如晦這樣的謀士，但對於當了皇帝的李世民來說，這些人畢竟還是有限的，還需要不斷發現和提拔新的人才。

那李世民要找的人才在哪裡呢？每個時代是否都有適應時代需要的人才？

看似簡單的問題，不是人人都能想得通的。這涉及人才觀念的問題。貞觀初年，唐太宗就一直為難於發現人才而苦惱。給事中杜正倫有一次對他說：「每一個時代都一定有人才，隨時都可以用，豈能等到夢見傅說，遇到呂尚，然後才求治理國家嗎？」[108] 傅說是傳說中商王武丁時的賢人，呂尚就是姜太公，是周文王時期的賢人。

---

[106]《舊唐書》卷七〇〈杜正倫傳〉，第 2542 頁。
[107]《資治通鑑》卷一九二，第 6032 頁。
[108] 吳兢撰，謝保成集校：《貞觀政要集校》卷五〈論仁義〉，第 249 – 250 頁。

那如何才能把國家需要的各種人才選拔出來呢？僅憑皇帝一個人接觸的範圍，肯定是有限的。

所以李世民下令中央各部門的長官舉薦賢能，表示將量才任用。可是，過了好多天，不見占據最高職位的尚書右僕射封德彝有所舉薦。當太宗詰問他的時候，封德彝辯解道：「臣豈敢不盡力，只是現在還沒有遇到奇才異能的人。」

這好像也是李世民當初的困惑啊！但此時李世民已經想通了。他搬出杜正倫的理論，對封德彝駁斥道：「前代明主，用人如器，都是用的當時的人，沒見有向其他時代借人的。只要以己所需，用其所長，便是善於用人了。哪個時代沒有賢才？只是你沒發現而已。朕就是讓你去發現人才的。」

封德彝無言以對。經過多次舉薦，貞觀初年的人才班底基本搭起來了，各方面的人才都陸續提拔到合適的職位上。那大臣們推薦的人才，李世民都能夠接受嗎？他又是如何做到用人如器、各取所長的呢？畢竟每個人都有自己的好惡，依據自己的好惡來判斷人才的優劣，就容易求全責備，百般挑剔，很難真正做到用人如器、各取所長。李世民能夠克服這個問題嗎？

五、兩次經典的人物點評

李世民之所以能夠成為歷史上的「明君」，之所以能夠成就「貞觀之治」，用人的氣度和見識是一個很重要的原因。他在這方面做得很成功，有兩個經典的事例可以說明問題。

第十章　選才用能──帝王與賢臣的博弈

一次是貞觀二年（《資治通鑑》作四年），王珪被任命為門下省的長官侍中，是集體宰相之一。當時，同在宰相之位的還有房玄齡、魏徵、李靖、溫彥博、戴冑等人。有一次，太宗設宴招待宰相們，席間，太宗對王珪說：「卿識鑑精通，尤善談論，自玄齡等，咸宜品藻。又可自量孰與諸子賢。」[109]

意思是說，你王珪是以善於品評人物出名的，口才又好，今天你就針對在座的各位大臣，都來品評一番吧，還要對自己有個定位，與各位大臣相比，衡量一下自己的短長。其實就是要王珪當著眾人的面來評判大家的優缺點。這在官場上是一個忌諱的問題。有時候讚揚與自我讚揚也不好做。

但是，王珪也不推辭，當著皇上和宰相同僚的面，就發起了高論：「孜孜奉國，知無不為，臣不如玄齡。每以諫諍為心，恥君不及堯、舜，臣不如魏徵。才兼文武，出將入相，臣不如李靖。敷奏詳明，出納唯允，臣不如溫彥博。處繁理劇，眾務必舉，臣不如戴冑。至於激濁揚清，嫉惡好善，臣於數子，亦有一日之長。」[110] 王珪認為，房玄齡的特長是鞠躬盡瘁、任勞任怨，魏徵則以直言敢諫著稱，李靖的特點是文武兼備，溫彥博以公正嚴謹見長，戴冑的能力則體現在辦事有條理。說到他自己，也很得意，那就是好惡分明，敢講話。

王珪是拿自己做參照，把宰相們一一做了評價，而且皇帝和他們本人都覺得非常準確。

宰相是國家最高層的人才，唐太宗能夠把他們安排在不同的部門擔任主要長官，集體組成宰相聯席會議，這說明唐太宗是了解眾人的長處的。

---

[109]　吳兢撰，謝保成集校：《貞觀政要集校》卷二〈任賢〉，第 67 頁。
[110]　吳兢撰，謝保成集校：《貞觀政要集校》卷二〈任賢〉，第 67 頁。

五、兩次經典的人物點評

而且，太宗把每個人的長處都發揮得恰到好處，形成了君臣之間的共識。

這個氛圍本身，就表明當時有一個健康的政治環境，大家都可以開誠布公地談論各自的短長，自我讚揚也不會引起同僚的特殊反應。

另外一次是唐太宗本人公開點評當朝大臣。貞觀十八年（644），唐太宗對長孫無忌等大臣說：「人都苦於不能明了自身的過錯，各位愛卿請明確指出朕有什麼問題吧。」

長孫無忌回答說：「臣等將順之不暇，又何過之可言！」陛下的武功文德，我們想理解消化起來都很困難，哪裡還有什麼過錯可言呢！唐太宗是要在高層開一次檢討會，可大臣們總是不敢給皇帝當面指出過失，如何把檢討會開得有實效呢？

還是唐太宗自己打破了僵局。他說：「朕問公以己過，公等乃曲相諛悅，朕欲面舉公等得失，以相戒而改之，何如？」太宗說話了，好啊，你們不好意思評斷我，那我就先來說說你們大家的得失長短，有則改之，無則加勉。

面對一片拜謝聲，太宗說開了：「長孫無忌善避嫌疑，應物敏速，決斷事理，古人不過；而總兵攻戰，非其所長。高士廉涉獵古今，心術明達，臨難不改節，當官無朋黨；所乏者骨鯁規諫耳。唐儉言辭辯捷，善和解人；事朕三十年，遂無言及於獻替。楊師道性行純和，自無愆違；而情實怯懦，緩急不可得力。岑文字性質敦厚，文章華贍；而持論恆據經遠，自當不負於物。劉洎性最堅貞，有利益；然其意尚然諾，私於朋友。馬周見事敏速，性甚貞正，論量人物，直道而言，朕比任使，多能稱意。褚遂良學問稍長，性亦堅正，每寫忠誠，親附於朕，譬如飛鳥依人，人自憐之。」[111]

---

[111]《資治通鑑》卷一九七，第 6210 頁。

第十章　選才用能──帝王與賢臣的博弈

　　看來，李世民對當朝大臣非常了解。唐太宗深知人無完人，他多次強調「人之行能，不能兼備」[112]，只有真正做到各取所長，才能發現人才，培養人才。太宗把朝中的一些主要大臣都做了總結，了解得非常深入，確屬難能可貴。

　　唐太宗在晚年總結自己的成功時，特別強調在這方面的經驗。他說：「朕所以能把國家治理到這個局面，主要有五個方面的經驗：一、自古帝王多疾勝己者，朕見人之善，若己有之；二、人之行能，不能兼備，朕常棄其所短，取其所長；三、人主往往進賢則欲置諸懷，退不肖則欲推諸壑，朕見賢者則敬之，不肖者則憐之，賢不肖各得其所；四、人主多惡正直，陰誅顯戮，無代無之，朕踐阼以來，正直之士，比肩於朝，未嘗黜責一人；五、自古皆貴中華，賤夷、狄，朕獨愛之如一，故其種落皆依朕如父母。此五者，朕所以成今日之功也。」[113]

---

[112]《資治通鑑》卷一九八，第 6247 頁。
[113]《資治通鑑》卷一九八，第 6247 頁。

第十一章
忠臣智囊 —— 唐太宗的最強輔佐

　　唐朝剛剛建立不久，秦王李世民的手下就聚集了眾多的優秀人才，讓當朝皇帝李淵都自嘆不如。於是，李淵將其中的一些人外調任職，杜如晦也被外放。房玄齡得知後，非常著急，趁機對李世民說：「其他人調走了，都沒有什麼好可惜的，但杜如晦卻不一樣，他有輔佐帝王的才幹。您要是做一個守成的藩王，用不用他無所謂，可是您要想經營天下，非此人不可！」[114] 房玄齡那個時候就知道，李世民不會甘心永遠做秦王的。可是，這杜如晦到底有什麼特別的才幹呢？房玄齡對杜如晦又為什麼那麼了解和信任呢？

一、最早的「自家人」

　　在唐朝剛剛建立之初，李淵就急於要把秦王李世民手下的一些人調到外地任職。這就是說，李淵很早就有了限制李世民的想法。李淵是個明白人，對於自己幾個兒子的能力、性格和野心都很清楚。比老大小了九歲的老二李世民，在政治上的野心時常會不經意地表露出來，藏都藏不住。而且，李世民身邊的那批謀臣，對自己這個開國皇帝也是一種威脅。尤其是房玄齡和杜如晦，與李世民的私交太好，感情太深，而且又是足智多謀之

---

[114]《舊唐書》卷六六〈杜如晦傳〉，第 2468 頁。

第十一章　忠臣智囊──唐太宗的最強輔佐

人。一邊是野心勃勃的秦王，一邊是在秦王身上下了最大政治賭注的謀士，讓他們長期待在一起，說不定會鬧出什麼亂子來。

難道房、杜二人一開始就是隻忠於秦王李世民而不忠於皇帝李淵？的確如此。隋末動盪之秋，房、杜二人進入李家政權，都是直接投奔李世民來的，是真正的貼心謀士。

他們都是隋朝官僚的子弟，但在隋朝都屈居下僚。李淵起事的時候，房玄齡是隰城縣尉，杜如晦是滏陽縣尉，都是最低級別的地方官。但是，他們又都有政治抱負，還在初次參加銓選，也就是參加類似於今天的公務員考試的時候，就讓主持考試的吏部侍郎高孝基另眼相看，說他們今後都可以成就一番事業。

可是，在縣尉的位置上，如果在正常情況下，是很難有大發展的。投奔李世民是改變其政治命運的轉捩點。正值隋末社會紛亂之際，他們都棄官不做，在等待和尋找機會。當李世民帶兵圍攻長安的時候，他們感到機會來了。房玄齡是「杖策謁於軍門」，就是自己帶著早已想好的計謀，來到李世民的軍中自薦。同時，還得到李世民屬下溫彥博的推薦。李世民正在尋求發展自己的勢力，對於計謀之士，自然是一見如故，當即任命他為自己的機要祕書「渭北道行軍記室參軍」[115]。杜如晦是在李淵軍隊進入長安後，來到李世民身邊的，應該是房玄齡把他招羅來的。就這樣，房玄齡、杜如晦形成了歷史上的一對黃金組合。

可以說，房玄齡、杜如晦的到來，是李世民經營自己勢力的開始。李世民在謀劃和參與籌組太原起兵的過程中，自己就是李淵的謀士。那個時候，李世民還沒有形成屬於自己的力量，即使是劉文靜，也是和李世民一起為李淵出謀劃策之人。但是，當李淵父子帶兵南下進入長安，離奪取全

[115]《舊唐書》卷六六〈房玄齡傳〉，第 2460 頁。

國政權的政治目標越來越近的過程中,新的權力格局開始形成。這時,李世民無論是身為前方的元帥,還是身為政治格局中的重要一極,都在考慮經營自己的勢力了。而房、杜就可以說是李世民最早網羅的屬於自己的謀士。

從此以後,房、杜二人就一直在李世民的身邊為他出謀劃策。他們在李世民的政治發展過程中發揮了很大的影響。

據《舊唐書》等史籍記載,房玄齡來到李世民帳下以後,深感李世民對自己有知遇之恩,「既遇知己,罄竭心力,知無不為。賊寇每平,眾人競求珍玩,玄齡獨先收人物,致之幕府。及有謀臣猛將,皆與之潛相申結,各盡其死力」[116]。房玄齡最重要的工作,就是為李世民收羅人才,開始了他身為李世民大管家的政治生涯,還有就是替李世民打點與李淵的關係。史載,每當李世民派房玄齡到李淵那裡奏事,李淵都會感嘆:「玄齡為吾兒陳事,雖隔千里,皆如面談。」[117] 李淵特別欣賞,說你說的就像我兒子在身邊向我報告的一樣,你怎麼這麼了解他呀?

房、杜之所以能夠和李世民一拍即合,雙方合作的基礎很重要。唐軍的最高領導者是李淵,為什麼他們都投奔李世民而不直接投奔李淵呢?

因為,房、杜的級別,好像還不夠資格直接找李淵。李淵是隋朝的大官僚,是高級貴族,他所看重的人,大都是隋朝的高官和貴族。在爭取人才方面,李淵走的是高層路線。而李世民的貴族情結原本就沒有李淵重,早在太原起兵的過程中,李世民就幫助網羅了許多出身低微的人。李世民這個高級貴族家庭出身的二公子,在一些中下級官僚子弟中很有人緣,而且在輩分上,房、杜與李世民也更為接近。

---

[116]《舊唐書》卷六六〈房玄齡傳〉,第 2460 頁。
[117]《資治通鑑》卷一八九,第 5932 頁。

第十一章　忠臣智囊──唐太宗的最強輔佐

　　還有一點，就是李世民和他手下的人都想改變現狀。畢竟，對於房、杜來說，來到李世民的帳下，並非想撈個普通的官來做。如果李世民只是一個普通的親王，他們的政治抱負還是有可能落空。

　　這天下是李淵帶領打下的，房、杜原本難以列入核心的開國功臣名單之中。在武德年間確定的功臣名單中，根本沒有房、杜的影子。李世民需要在唐朝統治集團內部來一次權力再分配。這對於李世民及其文臣武將來說，無異於「二次革命」。只有這樣，房、杜的抱負才能真正實現。

二、「房謀杜斷」與武力奪權

　　我們不妨比較一下武德和貞觀的兩份功臣名單，從中就能夠發現房玄齡、杜如晦身為李世民死忠謀臣的歷史作用。

　　李淵要封的功臣，是從太原起兵到唐朝建立過程中發揮了關鍵作用的人。其中李世民是首席功臣，但那是在皇帝和太子之下的功臣，是臣而不是君，是開國元帥而不是國家的領袖。武德元年（618）八月六日的詔書中，確立了一份最核心的功臣名單，他們都被稱為「太原元謀勳效」，具體包括李世民、裴寂、劉文靜等十七人。

　　這份名單讓人覺得很陌生，除了秦王李世民，沒有一個是後人透過演義小說而熟知的隋唐英雄。要說還有一點知名度的，也就是裴寂和劉文靜而已。這十七個人都是唐朝真正的開國英雄，為什麼在歷史上留下的名聲反而那麼小呢？

　　因為他們大都不是李世民的人。在歷史上影響最大的隋唐英雄，都是李世民的部下。這就是為什麼李世民會給人「開國之君」印象的一個重要原因。

二、「房謀杜斷」與武力奪權

再看一下李世民接掌政權後的另外一份功臣名單，裡面人物的知名度就大不一樣了。

武德九年（626）九月，剛剛即位的李世民就召開會議確定功臣的待遇級別，所謂「面定勛臣長孫無忌等爵邑」[118]，按照功勞的大小給功臣們重新排定座次級別。排在最前面的是長孫無忌、房玄齡、尉遲敬德、杜如晦、侯君集等人，他們五人是首席功臣，待遇是食邑各三千戶，並封為國公。長孫無忌封齊國公，房玄齡封邢國公，尉遲敬德封鄂國公，杜如晦封萊國公，侯君集封潞國公。

這個名單很明顯是對玄武門之變中有功者的封賞。其中長孫無忌是長孫皇后之兄，是李世民的妻黨，也是李世民奪權最積極的推動者和參與者。尉遲敬德和侯君集是武將，不僅長期跟隨李世民作戰，忠心耿耿，而且在玄武門之變當天發揮了關鍵作用。房玄齡和杜如晦，原本只是秦王府的僚屬，在這個名單中卻躋身到國家首席功臣的行列。

房、杜的作用，就是一直以來幫助李世民策劃奪權。用李世民在武德九年九月二十四日詔書中的話說，就是「夙預謨謀，綢繆帷幄，竭心傾懇，備申忠益」[119]。

歷史上有所謂「房謀杜斷」之說，就是房玄齡善於謀劃，杜如晦善於決斷。他們的密切配合和優勢互補，成就了李世民的帝王事業。

「房謀杜斷」是宋朝人對房、杜歷史作用的經典概括。在歐陽修、宋祁的《新唐書》和司馬光的《資治通鑑》裡，都有這樣一段描寫，說每當唐太宗召房、杜二人議事，房玄齡如果先到，討論到關鍵時候就會說，此事非杜如晦不能籌劃妥當。等到杜如晦一到，聽了分析，很快就拍板定了下

---

[118]《資治通鑑》卷一九二，第 6022 頁。
[119]《唐會要》卷四五〈功臣〉，第 936 頁。

第十一章　忠臣智囊──唐太宗的最強輔佐

來，但用的卻是房玄齡的計策。杜如晦長於斷，房玄齡善於謀，二人之間有很好的默契，他們又能夠體察唐太宗的心思，這種二人合作的模式，確實是一個很理想的行政團隊。

後人用歷史上著名宰相執政的典故，「蕭規曹隨」用得很多，而「房謀杜斷」用得卻很少。其實，要真正做到「蕭規曹隨」也很不容易。新官上任三把火，都想有所建樹，做出成績，「蕭規曹隨」就等於把自己埋沒了。即便如此，人們還是願意說自己要「蕭規曹隨」，表示對前任的尊重，也表示自己的謙虛。可是，很少有人敢用「房謀杜斷」的典故。

這裡面有幾個原因。一則「蕭規曹隨」說的是前任和繼任者之間的關係，而「房謀杜斷」說的是同事之間的關係。說尊重前任總是容易做到的，反正是否真的尊重，前任也沒有多少發言的機會了。而尊重同僚不同，同事之間互相欣賞是很難的。二則「房謀杜斷」的前提，是皇帝對宰相團隊的信任。房也好，杜也好，他們都是忠心地為皇帝謀和斷，都得到了皇帝的充分信任。其實他們都是謀，真正的斷還是皇帝本人。三則所謂「房謀杜斷」，並不像宋朝人說的那樣是李世民當了皇帝，房、杜擔任宰相時候的事情，實際上是在李世民武力奪權的過程中，房、杜發揮了謀和斷的作用。也就是說，「房謀杜斷」的歷史背景是武力奪權。由於這幾個原因，後人就幾乎很難用「房謀杜斷」來表達自己的行政理念了。

可是自宋朝以來，人們都把「房謀杜斷」理解為治國而不是奪權。即使在治國的層面上，「房謀杜斷」也是無法模仿的。畢竟要形成「房謀杜斷」的局面，需要多方面的條件。更何況它指的是奪權的背景，那一般是無人以此自況了。

三、打破僵局的勇氣

說「房謀杜斷」的實際內容是關於武力奪權，這可以從房、杜的政治經歷中得到說明。隨著統一戰爭的進展，李世民的功勞越來越大，而李淵為了平衡兒子之間的關係，為李世民建了天策上將府，並同意他在秦王府建立一個文士團隊，號為「秦府十八學士」。房、杜是天策府和學士團隊的核心，杜如晦為十八學士之首。李世民的一切機密決策都是由他們參與謀劃作出的。

所以，我們前面講過，長孫皇后臨終時跟唐太宗說，房玄齡參與了所有的機密，而且從未洩漏過一丁半點。所有的機密中，最大的祕密莫過於武力奪權之事了。房、杜對李世民奪取政權，有推波助瀾、出謀劃策的關鍵作用。也許這不是什麼先見之明，而是特殊的機緣巧合，使他們一開始就進入李世民的陣營。但一旦來到李世民身邊，就決定了他們難以迴避當時已經產生的兄弟之爭，利益共同體因此而結成。他們只有幫助李世民奪取政權，才能保全和成就自己。

李世民和平奪權的計畫徹底失敗後，最先提出武力奪權的，就是房玄齡。《舊唐書・房玄齡傳》記載，當李世民感到「計無所出」的時候，是房玄齡首先找到長孫無忌商量，他提出要「遵周公之事」，就是要像周公誅殺其兄弟管叔、流放蔡叔那樣，發動軍事政變。他知道李世民也有顧忌，畢竟是殺兄逼父，有悖人倫。所以，他特別對長孫無忌強調，「古人有云，『為國者不顧小節』，此之謂歟！孰若家國淪亡，身名俱滅乎？」[120]

長孫無忌是李世民最信任的人，所以房玄齡先找他商量，透過長孫無

---

[120]《舊唐書》卷六六〈房玄齡傳〉，第 2460 頁。

第十一章　忠臣智囊——唐太宗的最強輔佐

忌這個中間環節，來勸說李世民下決心。這也說明房玄齡辦事周全穩妥的性格。

房玄齡的特點是善於分析形勢，他對長孫無忌說：「現在兄弟之間的嫌隙已經產生了，這種事情是沒有退路的，最終總是要透過一場較量，決出個結果來。面對這樣的形勢，天下人心惶惶，人們什麼想法都有可能出現。真的發生了什麼意想不到的事情，就一定會引起大亂。這樣的話，不僅禍及我們秦王府和朝廷，更可怕的是有可能傾危社稷。面對這種情況，我們怎能不深思啊！」

房玄齡的想法是，既然嫌隙已經產生，又根本沒有可能重歸於好，那麼就這樣拖下去，拖的時間越長，結果越糟糕，後果就越嚴重。這種情況下，從人的惰性和自私出發，有關的各方面都想維持現狀，患得患失之間，誰都不願意最先出來打破這個僵局，要拖死就大家一起死。其實，這也是一種不負責任的表現。有大志向的人，應該不去顧忌那些所謂「忘恩負義」「目無尊長」「小人得志」之類的指責，不應去考慮一些人倫小節問題。用非常手段來結束這種僵局，可能要遭受一些指責和攻擊，但要成就大事，就得承擔責任，自然也包括一些道義上的責任。

房玄齡了解李世民，知道李世民不是那種甘於拖到最後大家一起死的人。所以，他要和長孫無忌挑明：我們要武力奪權，來打破這個僵局。長孫無忌聽明白了，表示：「久懷此謀，未敢披露，公今所說，深會宿心。」[121]

這種時候，就怕大家都逃避，都事不關己。只要有人出來挑明，總是還有希望的。當然，要有一個具備了實力，能夠結束僵局的能人。

不過，要點破這一點，確實需要很大的勇氣，連長孫無忌都不敢說出

---

[121]《舊唐書》卷六六〈房玄齡傳〉，第 2460 頁。

三、打破僵局的勇氣

來。要進行政變的謀劃,需要一個特殊身分的人才能挑明,而且最先提出來的人,要承擔很大的風險。萬一政變失敗,不僅要滿門抄斬,而且還要留下罵名,成了挑撥兄弟關係的千古罪人。

但房玄齡已經豁出去了。因為他和李世民的特殊關係,如果不先下手為強,也是死路一條。而房玄齡一旦挑明,長孫無忌就有了臺階,也有了勇氣,他當即告訴了李世民。李世民召見房玄齡,問他:「你說的那種危險性,已經呈現出來了,我們要如何應對呢?」房玄齡回答說:「國家患難,今古何殊。自非睿聖欽明,不能安輯。大王功蓋天地,事鍾壓紐,神贊所在,匪藉人謀。」[122]這段話就不是從道德上來論證了,而是給李世民鼓勵,說這是天命,是神的旨意,一定有辦法取勝。

武力奪權的謀劃就這樣定下來了。可是具體的部署,還有許多事要做。在玄武門之變的現場,我們看到的是那些武將在拚命廝殺。那麼,房玄齡、杜如晦當時在哪裡呢?

具體部署都是房玄齡、杜如晦在安排,史書上說二人勠力同心,制定了嚴密周全的方案。儘管他們是文臣,但還是現場參與了事變。據《舊唐書‧太宗本紀》記載,武德九年六月四日,「太宗率長孫無忌、尉遲敬德、房玄齡、杜如晦、宇文士及、高士廉、侯君集、程知節、秦叔寶、段志玄、屈突通、張士貴等於玄武門誅之」[123]。

到這種生死攸關之時,整個秦王府的文臣武將全面出動了。看來,房玄齡、杜如晦到現場是要坐鎮指揮。他們的具體任務沒有明確記載,但肯定是政委加總參謀長一類的角色。

---

[122]《舊唐書》卷六六〈房玄齡傳〉,第 2460 頁。
[123]《舊唐書》卷二〈太宗本紀〉,第 29 頁。

第十一章 忠臣智囊──唐太宗的最強輔佐

四、功臣的寵遇與壓抑

房、杜在貞觀朝一直具有崇高的地位，唐太宗對二人的態度也絕非一般大臣可比。例如，貞觀四年（630）杜如晦去世後，唐太宗哭得很傷心，並親自指派大文豪、著作郎虞世南代為寫碑文。唐太宗說：「朕與如晦，君臣義重。不幸奄從物化，追念勳舊，痛悼於懷。卿體吾此意，為制碑文也」[124]，並囑咐虞世南要在碑文中充分表達自己的那份痛惜和哀悼。

此後一段時間裡，唐太宗難以揮去杜如晦的影子。吃到一個好吃的瓜，突然想起杜如晦不能一起分享，心裡難過，於是吃到一半就停下來，派專人把另一半送到杜如晦的靈位前，祭奠這位勳舊。

有一次，唐太宗賜給房玄齡一條黃銀帶，又想起了杜如晦，對玄齡說：「昔如晦與公同心輔朕，今日所賜，唯獨見公。」說著說著，就淚流滿面，又接著說：「朕聞黃銀多為鬼神所畏。」[125] 於是，命取黃金帶，派遣房玄齡親送到杜如晦的靈位前。

歷來皇帝都疑忌功臣，但李世民在這方面有絕對的自信，所以對功臣倒是沒有過多的防範心理，即使對李靖、李勣和侯君集那些武將，也只是在適當時候提醒提醒就可以了，用不著如臨大敵般防範。至於房、杜這些文臣，更是用不著防範什麼了。反過來，倒是房、杜他們日子過得戰戰兢兢，生怕自己知道的祕密太多，一不小心得罪了自己的主人。房、杜在貞觀時期的作用，主要是幫助太宗處理國家的政務，例如人事調整和縮減編制，制定各種辦事規程和典章制度、財政預算和財務管理等，是貞觀初年

---

[124]《舊唐書》卷六六〈杜如晦傳〉，第 2469 頁。
[125]《舊唐書》卷六六〈杜如晦傳〉，第 2469 頁。

四、功臣的寵遇與壓抑

朝政的大管家。史書上說,「至於臺閣規模,皆二人所定」[126]。

杜如晦死得早,所謂「房謀杜斷」,房、杜之間的配合主要在李世民奪權的過程中,以及貞觀初年各種複雜人事關係的調整方面。杜如晦去世後,房玄齡失去了幫他作決斷的好搭檔。

房玄齡是典型的小心謹慎的一類人,雖然看事情都很明白,但一輩子都小心翼翼,如履薄冰。有謀而不敢斷,本身就說明他缺乏氣魄。當李世民還是一個親王的時候,房玄齡的這個特點還不是很明顯,但當李世民成為皇帝以後,他的缺點就暴露出來了。最明顯的就是行事只能保持低調,缺少大臣風範,不能說他委瑣,但經常代行下屬之職事,缺乏高度。所以,貞觀三年的時候,唐太宗找來擔任左右僕射的房玄齡和杜如晦,委婉地批評他們說:「公為僕射,當廣求賢人,隨才授任,此宰相之職也。比聞聽受辭訟,日不暇給,安能助朕求賢乎!」[127] 並因此下令,尚書省的日常事務,就由相當於辦公廳主任的左右丞負責,身為尚書省長官和當然宰相的左、右僕射,只負責需要向皇帝報告的大事。

房玄齡是李世民的大管家。所謂管家,那就不同於客人,實際上是下人。主人可以對忠誠的管家很客氣很友好,但不能改變下人的身分。貞觀時期的房玄齡,就具有那種管家的心態。他約束太多,顧忌太多。既不如長孫無忌親近,又不如魏徵放肆。長孫無忌可以商量任何敏感的問題,魏徵可以向太宗提出尖銳的意見,而房玄齡能做的就只是盡心竭力辦好太宗交辦的所有事情。至於違逆太宗的一些意見,他是無法提出來的。他的角色就是太宗的影子,一切都是替皇帝操辦。如果站在皇帝的角度看,他是很合格的管家,辛辛苦苦做了事情,還不留名聲。

---

[126] 《舊唐書》卷六六〈杜如晦傳〉,第 2468 頁。
[127] 《資治通鑑》卷一九三,第 6063 頁。

第十一章　忠臣智囊──唐太宗的最強輔佐

還有一點，就是房、杜知道的祕密太多了，或者說知道的陰謀太多了。幫助皇帝做了那麼多見不得人的壞事，在皇帝需要樹立陽光形象的情況下，自然不能再那麼自如地表現自我了。從皇帝情緒的角度考慮，為了保命，他也必須得低調。

房玄齡的這種低調保持得確實恰到好處。史書上記載，「玄齡雖蒙寵待，或以事被譴，輒累日詣朝堂，稽顙請罪，恐懼若無所容」[128]。大凡太宗對他有點臉色，他就是誠惶誠恐，死罪死罪，大氣都不敢出。

他這樣的心態也有一個好處，就是特別能體會皇帝的心思，特別能替皇帝著想。當然，這種心態如果遇到一個昏君，那就只好跟著為非作歹，或者說是助紂為虐了。但是，遇到一個好皇帝，他就能夠協助做成許多大事，成為忠實的執行者。

房玄齡很幸運地遇到了李世民這樣的好皇帝，「貞觀之治」局面的出現，有他很大的功勞。史載「玄齡明達政事，輔以文學，夙夜盡心，唯恐一物失所；用法寬平，聞人有善，若己有之，不以求備取人，不以己長格物」[129]。他的謹慎和低調，為唐太宗籠絡各方面優秀人才，樹立明君形象，為貞觀時期許多重大政策的發表和實施，都有無可替代的功勞。

杜如晦就是死得太早，所謂房、杜並稱，杜如晦的地位，實際上要在房玄齡之上。當年的秦王府十八學士，杜如晦是首席，位在房玄齡之前。後來貞觀十七年（643）凌煙閣功臣的排名，杜如晦也在房玄齡之前。

在貞觀十七年凌煙閣功臣群像中，排名第一的是長孫無忌，接著是三位去世的大臣趙郡元王李孝恭、萊成公杜如晦、鄭文貞公魏徵，接著才是房玄齡。在活著的人中，房玄齡還是排在第二的。但他就是不能像長孫無

---

[128]《資治通鑑》卷一九三，第 6063 頁。
[129]《資治通鑑》卷一九三，第 6063 頁。

忌那樣，無論是死是活，都可以堂而皇之地排在最前面。

　　這就是房玄齡的尷尬，也可以說是房玄齡一生壓抑的宿命。即使在個人生活中，他也是壓抑的。歷史上著名的吃醋的故事，就發生在他的身上。他不僅怕皇帝，還怕老婆，在官場、在家裡都是個受氣包。

第十一章　忠臣智囊—唐太宗的最強輔佐

第十二章
忠言逆耳 —— 魏徵與太宗的恩怨

　　貞觀十七年（643）正月的一個晚上，唐太宗斷斷續續做了一個夢，揮之不去。他白天剛去看過病重的魏徵，晚上就總夢見魏徵像平時一樣，在朝堂之上梗著脖子直言進諫。太宗輾轉反側，半睡半醒。到天亮時分，有人來報，魏徵去世了。太宗聽聞，不由想起夜間的夢，若有所悟地點了點頭，長嘆一聲，緩緩流下淚來……唐太宗的心裡一下子空了許多，朝堂上少了魏徵的身影，他的帝王生活就缺少了一個重要的定心丸。

　　遊戲需要對手。少了魏徵，唐太宗的政治生涯將會向何處去呢？

一、魏徵的早年經歷

　　魏徵少年孤貧，卻落拓有大志，十分喜歡讀書，曾求學於隋末大儒王通的門下。他眼見天下將要大亂，尤其留意縱橫家之說，以備將來之用。及至隋末，各地反叛，天下動盪，魏徵因為生計，暫時當了道士，不久被武陽郡丞元寶藏所識，成為他的門客。大業十三年（617），元寶藏歸降李密，一應書檄都由魏徵負責起草。李密得到元寶藏的致書，十分讚賞，於是就問執筆者為誰，元寶藏便答是門人魏徵。李密覺得魏徵是個人才，馬上將他召到自己身邊任職。當時的魏徵以為遇到明主，積極地向李密獻上十策，李密卻沒有採用。魏徵的一身抱負還是沒有找到用武之地。

第十二章　忠言逆耳──魏徵與太宗的恩怨

　　雖然瓦崗寨沒有給魏徵提供施展才能的空間，但是卻給了他接觸和了解社會現實的機會，給了他書本之外的知識和豐富的閱歷，這些無形的財富對魏徵本人和大唐帝國都發揮至關重要的作用。

　　魏徵跟隨李密歸降唐朝之後，並沒有得到唐朝方面的重視，但以他的身分和地位來說，這也是意料之中的事。因此魏徵決定毛遂自薦，向李淵請命前去安撫山東。李密失敗之後，山東地區群龍無首，有些郡縣歸附了王世充，有些則據城自保。安定山東、爭取山東確實是唐朝當時的緊迫任務之一，而魏徵扮演這樣的角色也的確很合適。所以，武德元年（618）末，李淵接受了魏徵的請求，任命他為從五品上階的祕書丞，派他出關東巡。

　　雖然官階不高，但是魏徵卻躊躇滿志。他知道山東地區對於定都關中的政權來說，具有舉足輕重的意義，唐朝也不例外。如果可以順利安撫山東，無疑可以為大唐的鞏固作出重大貢獻，同時實現自己的價值。魏徵認為他有這樣的能力，面對這樣一個讓他大展抱負的機會，他確信自己可以抓得住。

　　魏徵首先來到黎陽（今河南浚縣），瓦崗軍大將徐世勣此時仍然鎮守在這裡，沒有決定何去何從。魏徵致書徐世勣，詳細分析了當時的各種形勢，果斷地指出歸唐是徐世勣現在最好的選擇。如果遲疑不決，一旦為人所敗，就自身難保，悔之晚矣。徐世勣得書之後，終於下定了歸唐的決心，遣使入關請降。

　　徐世勣歸唐之後，李淵待之甚厚，更賜姓李氏，並命其經營虎牢以東的地區，可見正是看重他在山東豪傑中的地位，想借他來吸引更多的這一方的力量。因此唐朝得到的並不只是一員大將，還是一面招納山東豪傑的旗幟，而魏徵在其中可謂功不可沒。

武德二年（619）初，魏徵又成功地勸降了故主元寶藏。他這次的行程看似十分順利，出關前的雄心似乎也即將實現。可是天有不測風雲，占據河北一帶的竇建德南下，攻陷了黎陽，魏徵也被俘虜。竇建德任命魏徵為起居舍人，待他也不錯。亂世難有定主，魏徵在竇建德政權中一待就是兩年。

　　武德四年（621），竇建德被李世民打敗，歸降唐朝，魏徵得以重返長安。當時的太子李建成聽說魏徵很有才幹，所以將他引進東宮，擔任太子洗馬，掌管經、史、子、集四庫圖書刊輯之事。魏徵在新的職位上開始工作，太子對他也十分器重，但他很快意識到自己被捲入了政治權力鬥爭的漩渦中。

　　太子李建成與秦王李世民之間為了儲位展開了明爭暗鬥，並且愈演愈烈。魏徵身為東宮一員，當然積極幫助太子擊敗政治對手。在平定劉黑闥的戰役中，魏徵建議太子改變原來李世民所採取的政策，結果取得了明顯成效。戰爭獲得了勝利，令太子贏得了漂亮的一仗。但是，一場玄武門政變，李世民贏得了最後的勝利，而魏徵面臨又一次人生轉折。

二、冤家對手之間的默契

　　玄武門之變，李世民殺死了太子建成和齊王元吉，又斬草除根，一天之內殺死了大哥和四弟的十個兒子，可謂血流成河。李世民聽說，魏徵替太子出了不少的主意，於是派人把他請過來。見了魏徵，李世民嚴厲質問：你為什麼要離間我們兄弟之間的感情，要不是你小子盡出餿主意，我和大哥怎麼會落到今天這步田地呢？但是魏徵毫不膽怯，他說：如果皇太

第十二章　忠言逆耳──魏徵與太宗的恩怨

子早聽了我的勸告，必定沒有今天之禍。李世民殺人幾時手軟過？你魏徵已經是人家砧板上的魚肉了，還這麼囂張！

魏徵說的是真心話，並不是故意博得什麼，也不像有人說的是在「賣直」。所謂「賣直」，就是我知道李世民不會殺我，但還是要在政治上作一個表演，表明我這個人是有骨氣的，也就是一場「政治秀」。我不這樣理解。實際上對魏徵來說，他有政治上謀略的成分在裡面，但同時也是一種生存之道。

他雖然歷仕多人，但都是盡心盡力，沒有辜負所擔任的職務。他可以跟在不同的人身邊，為之效力，因為在其位，食其祿，就應該謀其政。可是如果這些人沒有真正地賞識他、重用他，聽從他的建議，他也無須為他們的失敗負責，就會繼續尋找知己之主，繼續追求實現自己抱負的機會。

那麼魏徵可能替李建成出了什麼主意呢？其實李建成和李世民兄弟倆大部分時間的較量，都是和平奪權，李世民是在暗處。武力奪權對於李世民來說，也是風險很大的。既然是和平奪權，魏徵給李建成的建議，基本上是要勸李建成早做防範，不要讓李世民一步一步地搶了風頭。從這個意義上來講，李建成實際上是聽了魏徵很多建議的。李世民並沒有占到優勢，所以到最後他才會發動軍事政變。

魏徵也不是故意想激怒李世民，好讓自己圖個痛快，早點了結，也落下一個忠臣的名聲。那麼，魏徵為什麼要在那種場合說那麼一番激怒李世民的話呢？

其實，這是聰明人之間一次很高明的過招。魏徵自然了解李世民這個對手的習性。他知道，李世民是那種愛才的人，而且有著招降納叛的習慣。凡是敵人手下有什麼能人，李世民總是會想辦法籠絡到自己的手下來。你看他手下那麼多名將，很多都是從敵手那裡挖過來的。魏徵知道自

己的分量,有輝煌的履歷,又險些把李世民逼到絕路上。李世民不可能不用他。

魏徵之所以敢那麼放肆地挑戰李世民,說那樣不留後路的話,看起來凶險,其實是最好的開場白。魏徵有這樣的智慧和判斷力。如果要猥瑣求生,乞求李世民放自己一條生路,反而會留下笑柄,也會讓李世民瞧不起自己。

李世民也是故意試探魏徵,他本來就是愛惜人才之人,也是有容人之量的君王。最終他將魏徵任命為詹事主簿,參與自己新建立的東宮政府裡行政文書的處理。魏徵從此開始了與李世民的君臣之誼,從瓦崗寨一路走來,他的前途漸漸清晰。

聰明人之間的過招,最重要的就是那一重默契。東躲西藏,迴避主題,反而會把問題變得複雜。既然雙方都是明白人,關鍵處點到為止就夠了。說出來的好像是另外一回事,但其實雙方所要表達的意思,都已經明了,只是局外人不容易看穿。就如同後來趙匡胤導演的「杯酒釋兵權」一樣,雙方目的都達到了,大家還都沒有輸掉臉面。

魏徵保全了自己的尊嚴,也不能說他對原太子建成就不講義氣。政治本來就不是講義氣的問題,關鍵是要有大智慧。就在這次談話之後不久,李世民派魏徵去河北、山東宣講新的政策,並考察社會上的動向。

那時候政變剛剛過去,一些原來忠於建成的地方官還心存疑慮,還有一些人互相告發,以圖免禍或藉機報復。要打消李建成老部下的顧慮,魏徵的身分很有說服力。魏徵還在路上,就遇到了押送建成部下進京問罪的囚車。魏徵沒有避嫌,他直截了當地對押解的人說:「這些是我的同僚,把他們都放了,有什麼問題我來負責。」

這也是魏徵和李世民之間的一次默契配合。當時,東宮舊臣對李世民

第十二章　忠言逆耳──魏徵與太宗的恩怨

已經沒有了太大的威脅，而魏徵的舉措反而給這些人一個訊號：大家放心吧，新太子不會對你們尋機報復的。這對安定政局是有好處的，是符合李世民交給自己的使命的。

魏徵可謂一舉兩得，對老同事和新主人都好，事情做得大氣。這裡面不一定是義氣，但足見他的智慧。

三、挑戰自我與克服驕惰

魏徵是貞觀一朝諫諍之臣的代言人。扮演這種角色，不僅與魏徵本人的性格有關，更是由他以前的複雜經歷決定的。從魏徵的經歷來看，他從隋末到現在，已經歷仕幾主，並不是太宗的「原班人馬」，根本不能算一個忠臣。若他想以「忠」事太宗而獲得好的名聲，是不可能實現的。所以魏徵選擇了一個特殊的立身處世方式，即以太宗客卿的身分，來輔佐他成就一番功業。用魏徵自己的話說，就是盡量做一個良臣而不是忠臣。

貞觀元年（627）的時候，有人告發魏徵，說他結黨營私。太宗就命御史大夫溫彥博去查證此事，證明是告者所言不實。

但溫彥博卻說，魏徵雖然沒有結黨，但既然有人告發他，也肯定是他的行為有所不妥，也有應該責怪的地方。於是太宗令溫彥博轉告魏徵說：「愛卿向朕進諫數百條，怎麼因為這點小事，便損害了自己的美名呢。自今以後，言行舉止要注意一些啊。」

過了幾天，太宗問魏徵：「這幾天有沒有聽到什麼不合適的事啊？」魏徵答：「前幾日您令溫彥博告訴微臣，要多注意言行舉止，此話就大大不是。臣聽說君臣本為一體，可沒聽過不管是否公道，而只在乎言行舉止的。如果

君臣上下，都以此為原則，那國家是興是喪，就不一定清楚了啊！」[130]

實際上，在一個過於看重人際關係的政治環境裡，人們往往容易為了表面上的一團和氣而收斂自己的形跡，隱藏自己的個性，甚至不顧原則而說一些違心的話，做一些違心的事。和稀泥的老好人，總說一些永遠正確的廢話的人，以及總有耐心聽這些廢話而不管事情實際效果的人，凡此等等，都會在這樣的政治環境裡如魚得水，穩步升遷。而一些有個性、有能力的人，勇於表現自己真性情的人，得到的評價往往是非常具有爭議的，甚至完全是負面的。

魏徵最擔心的就是朝野內外為了取悅皇上以及互相取悅而唯唯諾諾，蠅營狗苟。這樣的話，國家就只會走向衰亡，根本不可能擁有活力與朝氣。他的性格以及對國家的責任感，都決定了他不可能去扮演老好人的角色。

太宗正色道：「說過那些話之後，朕也覺得後悔，確實是大大的不是。愛卿不要介意，以後還是有什麼說什麼啊。」[131] 魏徵於是起身拜了兩拜，既而說：「臣此身已經交付給國家，必將直言不諱，不敢有所欺隱。但願陛下使臣為良臣，勿使臣為忠臣。」

太宗問：「忠、良有差異嗎？」魏徵說：「良臣不僅能夠使自己獲得一個好的名聲，還能夠使自己的君主也獲得一個好的名聲，就是能夠同時成就臣和君。而忠臣是什麼呢？歷史上的忠臣，實際上都是陷君於惡的。商紂王殺比干，比干是忠臣。但是，比干是成就了自己，在歷史上留下了一個好的名聲，可是把他殺了的君主，卻成了一個暴君。你不能為了成就自己忠臣的名號，就把君主陷於暴君這個境地吧？家國並喪，只是為自己落得一個好名聲而已。這樣的忠臣，我魏徵不能做。」

---

[130] 《舊唐書》卷七一〈魏徵傳〉，第 2547 頁。
[131] 《舊唐書》卷七一〈魏徵傳〉，第 2547 頁。

第十二章　忠言逆耳──魏徵與太宗的恩怨

太宗領會了魏徵的意思，點點頭說道：「愛卿不要違背今日的話，朕一定不忘為國家社稷大計著想。」[132] 之後賜給魏徵二百匹絹。

李世民聽完這個話以後什麼態度？很感動，也覺得理解的很透徹。過去沒有人這麼分析，儒家的傳統裡面一直講忠臣不事二主。看來，魏徵也有自知之明。他知道自己換了幾個主子，從客觀上來說，魏徵想做忠臣大概也做不了。既然自己不可能是一個忠臣了，所以乾脆就提出「良臣」這樣一個概念。

魏徵給自己這樣的定位，不僅與他自身的性格、經歷有關，還由於他對太宗有充分的了解。首先，魏徵明白太宗有自信，可以容下他這樣的政敵的舊臣。因為他是原太子舊臣，太宗為了表示寬大為懷，對他的進諫反而會有所優容，不會輕易龍顏大怒。其次，魏徵對自己的治國理念、政治修養很有信心，他明白太宗以藩王即位，對於如何治理國家不熟悉，需要像他這樣的人才，所以他的意見是會被採納的。凡此種種，使魏徵最終選擇了當太宗「人鏡」這一諫諍之路，而歷史也證明他的選擇是正確的。

儘管唐太宗有時候對魏徵恨得牙根兒癢癢，但是又離不開魏徵，似乎魏徵是他故意為自己樹立起來的一個對立面。實際上，唐太宗是在挑戰自我。因為帝王的權力是無限的，無限的權力再加上自我膨脹，對治理天下是非常危險的。唐太宗經常和魏徵探討歷史上的成敗得失，對於「偏聽則暗，兼聽則明」的道理有很深刻的體會。

魏徵性格耿直，敢提意見，也會提意見，能夠提出許多好的建議。朝堂上有了這麼一個人，有很大的示範作用。唐太宗也總是在一些關鍵的時候，最終聽從魏徵的建議，避免了朝政走向混亂。

---

[132]《舊唐書》卷七一〈魏徵傳〉，第 2547 – 2548 頁。

四、魏徵的諫諍生涯

儘管魏徵給唐太宗提的意見，許多都是關於國家方針政策的，但是他也沒有放棄對太宗個人生活的監督。魏徵特別重視太宗身為一個帝王的個人修養，他認為君主的個人修養是國家長治久安的前提。

貞觀初，太宗有一次談到自己不敢放縱，因為知道如果君主沉迷於聲色犬馬、私慾太多，就會妨礙政事的處理，擾亂百姓的正常生活。魏徵接著加以發揮，說：「古代聖哲之主，也都是先從身邊小事著手，才能體會萬事萬物的道理。昔日楚國聘請詹何，問他治國之要，詹何卻講如何修身。楚王又問治國的辦法到底是什麼，詹何說沒有聽過自身修養做好了而國家卻衰亂的。現在陛下所體會到的，其實與古代的治國真義是相同的。陛下要時時保持這樣的想法啊。」[133] 太宗點頭稱是。

後來，太宗得到了一隻很好看的小鳥，常常讓牠站在自己的手臂上玩耍。有一天，太宗正把玩著那隻鳥，遠遠看到魏徵來了，想起他的勸告，就馬上把小鳥藏在懷中。魏徵其實已經看到了，所以就故意拖延奏事的時間，等到他說完離開之後，太宗再一看，他的愛鳥已經悶死了。雖然太宗十分心痛，不過也沒有辦法，誰讓魏徵說的大道理都是正確的呢。

還有一回，太宗出去打獵。剛好那天興致特別好，所以一直玩到第二天早上才回來。魏徵就不樂意了，馬上進諫。太宗只好聽了魏徵長篇大論的一番話，然後表示自己以後一定會多加注意。

而且，魏徵不僅只關注太宗個人，還關注整個皇室家族的禮儀規範。因為在魏徵看來，動靜都合乎禮，那是儒家的道德標準，個人和家族都應

---

[133] 吳兢撰，謝保成集校：《貞觀政要集校》卷一〈君道〉，第 11 — 12 頁。

第十二章　忠言逆耳──魏徵與太宗的恩怨

該遵守這個標準，而皇帝更要為全國臣民帶個好頭。

貞觀六年（632）三月，長樂公主要出嫁了，這是朝廷上下的大喜事。長樂公主是太宗和長孫皇后所生的女兒，特別受到皇上的疼愛，真可以算是掌上明珠。正因為這樣，太宗賞賜給公主好多東西作為嫁妝，比當年永嘉長公主出嫁時候的要多一倍。

魏徵認為這樣做不合規矩，於是向太宗進言：「當年漢明帝要封他的兒子，對臣下說，我的兒子怎麼能和先帝的兒子相比呢？給他們的封地都只是先帝兒子楚王、淮陽王的一半而已。在歷史上這件事可是傳為美談。現在陛下給長樂公主的嫁妝多過於永嘉長公主，這不合規矩。天子的姐妹封為長公主，女兒封為公主，這是禮法，而長公主前面既然加了『長』字，就表示比公主要尊貴。陛下疼愛長樂公主，那是人之常情，但感情有差別，道義上卻不能有差別啊。這給長樂公主的嫁妝比永嘉長公主多，恐怕是於理不合，請陛下三思。」[134]

太宗雖然有些不情願，不過覺得魏徵的話的確是對的，所以就取消了原來的命令。

貞觀十二年（638），唐太宗提出了創業難還是守成難的問題。尚書左僕射房玄齡回答說：「隋末天下大亂，群雄競起。陛下身經百戰，歷經重重危險，才打下今日江山，這麼說來自然是創業更難。」

魏徵則回答說：「帝王剛開始創業的時候，都是天下大亂。亂世方顯英雄本色，也才能獲得百姓的擁戴。而得天下之後，漸漸有了驕逸之心，為滿足自己的欲望不斷濫用民力，最終導致國家衰亡。以此而言，守業更難啊。」

---

[134]《舊唐書》卷七一〈魏徵傳〉，第 2549 頁。

四、魏徵的諫諍生涯

太宗總結說：「玄齡當初跟我打天下，出生入死，備嘗艱苦，所以覺得創業難。魏徵與我一起治理天下，擔心我生出驕逸之心，把國家引向危亡之地，所以覺得守成更難。現在創業時期的困難已經成為往事了，守業的艱辛，我跟大家一起謹慎面對吧。」

群臣都齊聲賀道：「陛下能這樣想，真是國家之幸，百姓之福啊！」[135]

到貞觀十五年（641），太宗再次提出守天下難易的問題，魏徵說：「守業很難啊。」太宗反問：「只要任用賢能之人，虛心接受進諫，不就可以了。為何說很難呢？」魏徵進一步作了發揮，說：「看看自古而來的帝王，在憂患危險的時候，往往能夠任賢受諫。但到了天下安樂，必定會懈怠，這樣日積月累，問題漸漸出現，最終導致國家危亡。這也就是為什麼聖人要求居安思危的道理所在。天下安寧還能心懷憂懼，豈不是很難嗎？」[136]

魏徵認為，打天下還存在著「天授人與」的機遇，只要符合大多數人的要求，就一定能夠取得勝利；而治天下就必須始終保持清醒謹慎的頭腦，不能對個人的欲望有絲毫的放縱，這才是最難的。

其實魏徵也是經歷過隋末動亂的，只不過在李世民掌權以前，沒有跟隨他奪取皇位而已。說他不懂得創業的艱難，這是不可能的。但魏徵的政治修養令他比房玄齡更明白這個時候應該關注的是守成，是治國。當然也是因為魏徵沒有創業的功勞可居，沒有那方面的發言權罷了。

在貞觀十三年（639），魏徵還特地上疏，明確指出這些年以來，太宗在十個方面顯示出「漸不克終」的傾向。所謂「漸不克終」，就是有可能導致不能善終的一些苗頭。其中一個就是濫用民力，還說百姓沒有事情做就生驕逸之心，只有讓他們多服勞役才容易管束。這與貞觀前期的安民之道

---

[135] 《資治通鑑》卷一九五，第 6140 頁。
[136] 吳兢撰，謝保成集校：《貞觀政要集校》卷一〈君道〉，第 25 頁。

第十二章　忠言逆耳──魏徵與太宗的恩怨

無疑是天差地別。太宗看了，深表讚賞，跟魏徵說：「卿所上疏，朕已經令人寫到了屏風上，可以方便常常觀看，提醒自己。」[137]

魏徵經常勸諫，確實使太宗提高了許多警惕。貞觀十七年（643）正月，魏徵去世了。太宗聽聞，下令為魏徵罷朝五天，以示哀悼。讓文武百官都去弔喪，以一品禮儀陪葬於昭陵。魏徵死後，太宗總是懷念這位臣子，曾對身邊的人說：「以銅為鏡，可以正衣冠；以古為鏡，可以知興替；以人為鏡，可以明得失；魏徵沒，朕亡一鏡矣！」[138]

[137]《資治通鑑》卷一九五，第 6147 頁。
[138]《舊唐書》卷七一〈魏徵傳〉，第 2561 頁。

第十三章
群雄並起 —— 李世民的能人收攬術

　　人們熟悉的隋唐英雄，主要是《說唐》、《隋唐演義》和《興唐傳》等演義小說和評書中描寫的英雄人物，如李元霸、宇文成都、裴元慶、雄闊海、羅成、楊林、魏文通、王伯當、史大奈、秦瓊、程咬金、尉遲恭、單雄信等。其實，他們當中的許多人和事，都是小說家編出來的，在歷史記載中並無其人或其事。在歷史記載中確有其人，又有顯著事蹟的隋唐之際英雄人物，主要有王伯當、史大奈、秦瓊（叔寶）、程咬金（知節）、尉遲恭（敬德）、單雄信、李勣（徐世勣）等人。

　　如排在「隋唐十八好漢」第一的李元霸，他在歷史上是確有其人，是李淵的第三子，李世民的弟弟，李元吉的哥哥。但是，他僅活到十六歲，史書上記載是「早夭」，沒有留下任何事跡。又如羅成，在小說中是白衣素袍，冷面寒槍，高貴俊俏的侯門公子，是北平王羅藝之子，秦叔寶的表弟。其實，歷史上只有羅藝而無羅成。

　　這些人除了尉遲恭以外，都曾經是李密的部下。而到了後來，除了單雄信忠於洛陽的王世充，與李世民為敵以外，其他人又都成了李世民的部下，並進而成為跟隨李世民東征西討，為大唐的統一建功立業的開國功臣。

　　李密是瓦崗軍的領袖，是曾經號令天下的盟主，那麼李世民如何把他手下的英雄豪傑都籠絡到自己的旗下了呢？是李密失敗的結局，成就了李

第十三章　群雄並起──李世民的能人收攬術

世民匯聚天下英雄的理想。或者說，是李世民取代李密，最終成為這幫山東豪傑的首領。

一、不安分的青年李密

　　李密的祖、父輩，都是西魏、北周和隋朝的重臣，關隴集團的成員。他年少時即襲爵蒲山郡公，並像許多貴族子弟一樣，以父蔭而任皇帝的侍衛。史載李密某次當值，為隋煬帝所見，並當即被開除了。這是李密在歷史舞臺上第一次出場亮相，也就是二十出頭的年紀。這一出場，竟然引起了當時最重要的三個人的關注：隋煬帝、宇文述和楊素。也許是冥冥之中有什麼力量在故意安排，日後與反隋事業相關的幾個重要人物就這樣見面並結識了。楊素的兒子楊玄感是最先起來反隋的貴族子弟，而宇文述的兒子宇文化及是在江都發動政變的主角。

　　在眾多的衛士中，為什麼李密一眼就被隋煬帝注意到了？絕對不僅是因為李密的長相。當時隋煬帝問身邊的大將軍宇文述說：「隊伍左邊的那個黑色小兒是何許人？」宇文述回答說，是已故蒲山公李寬之子李密。煬帝說：「這小子眉宇間透出一種不同尋常的氣色，不能讓他擔任宿衛之職。」[139]

　　李密天生就是一個不平庸的人，舉手投足之間總是掩飾不住那份衝動和激情。老於世故者，在那些只看儀式或形式的場合，能夠做到呆若木雞、面無表情，把自身也儀式化了。那樣的場合是不需要表達自己的，只要像植物一樣立在那裡就足夠了。不僅不需要說話，甚至也不需要隨著那

---

[139]《舊唐書》卷五三〈李密傳〉，第 2207 頁。

一、不安分的青年李密

位高高在上的主持者的情緒變化,而顯露出附和或者其他的表情。可李密做不到,用隋煬帝的話來說,他視瞻異常,也就是表情太豐富了。

皇帝知道,這樣的人很難安分守己,更不可能循規蹈矩。可李密哪裡知道,自己的心得體會無法合得上皇帝的情緒節拍。自己不小心流露出來的尋找機遇的迷茫與失落,見到皇帝而與其一起情緒起伏的表情變化,都把皇帝惹得不高興,也不踏實。

在宇文述的勸說下,李密開始專心讀書。宇文述勸他的話是,「弟聰令如此,當以才學取官,三衛叢脞,非養賢之所」[140]。意思是說,你老弟這麼聰明的人,不適合在宮廷宿衛隊裡混。這種地方混不出什麼大名堂,一般人混個飯碗也就罷了,而你應該去讀書,日後透過自己的才學獲得官職。李密聽後大喜,以身體不好為藉口,辭職不做了,開始潛心讀書,很長時間裡都沒有在社會上露面。

可李密到底喜的是什麼呢?宇文述的指點,對於迷茫中的李密來說,有兩個方面的意義。一是宇文述為當朝掌權的大臣,是具有權威的名人,得到這樣的人關心和鼓勵,是一種安慰;二是宇文述的話為他指出了一條雖然有風險但更有希望的路,這使李密在迷茫中決定了下一步的方向。

後來,李密在尋訪當時大儒包愷的路上,遇到了當朝宰相、擔任尚書令的越國公楊素。李密被楊素遇見的情景是:

在尋師的路上,李密騎在一頭黃牛的背上,牛背上墊著一塊草甸子,而牛角上掛著一個袋子,裡面裝著一部《漢書》。李密一手牽著牛繩,一手翻著一卷書在投入地讀著。路過的楊素看到此情此景,把馬勒住,從後面輕輕地跟了上來。到了跟前,楊素大聲地問道:「何處書生,讀書專心到如此地步?」

---

[140] 《舊唐書》卷五三〈李密傳〉,第 2207 頁。

第十三章　群雄並起──李世民的能人收攬術

李密畢竟在朝廷裡當過差，認得楊素。於是趕緊下牛，連忙拜了兩拜，並作了自我介紹。

楊素接著問他讀的是什麼書，李密說是《漢書》的〈項羽傳〉。這更加引起了楊素的好奇心。因為《漢書》是當時有政治理想和抱負的人喜讀之書，而〈項羽傳〉更是其中最能給人傳遞野心、智慧和教訓的一篇。

楊素於是和這個書生慢慢交談起來，接著是大加讚賞。事後，楊素對他的兒子楊玄感說：「我看李密的見識和氣度，遠在你們兄弟之上啊」[141]。就這樣，楊玄感認識了李密，並把他當作自己的死黨看待，也因此才有了後來李密參與楊玄感起兵的故事。

《三字經》裡有「如負薪，如掛角，身雖勞，猶苦卓」的說法，其「掛角」指的就是李密騎牛掛角讀書之事，作為一個勵學故事被傳誦。

偶遇楊素，難說是李密的幸運還是不幸。問題是，怎麼那麼湊巧，尋師路上勤學苦讀，偏偏遇見的是當朝宰相？也許這是不甘屈沉的李密處心積慮安排的一次自薦。

大業九年（613），隋煬帝還在遼東前線，負責督運糧草的禮部尚書楊玄感在黎陽起兵反隋，並派人把李密從關中接到了軍營。李密成了楊玄感的主要謀劃者。他看到天下將亂，正是英雄成就一番事業的時機，而他的人生道路也從此跌宕起伏。他的那位親家，在太原擔任晉陽縣令的劉文靜，也因為受到他的牽連而改變了自己的命運。

楊玄感起兵失敗之後，李密被官府抓住，他憑著計謀得以逃脫，開始了流亡的生活。李密一路南行，來到淮陽一帶，改名換姓，自稱劉智遠，聚徒教授。壯志不能施展，生活又清苦。他不知道屬於自己的機會何時到來，但是他絕不甘心平庸無為地過完一生。

---

[141]《舊唐書》卷五三〈李密傳〉，第 2207 － 2208 頁。

二、李密帶領瓦崗軍

　　李密的生活雖然顛沛流離、朝不保夕，但是他沒有放棄尋找施展抱負的機會。他往來於眾多地方割據勢力之間，暗查諸帥，覺得翟讓實力最強，因而選擇投其帳下。此時已經是大業十二年（616）。從此，李密與瓦崗軍結下了緣分，他的成敗與瓦崗軍的興衰息息相關。

　　瓦崗軍在李密到來之前，已經有了萬餘人，成員多是今河南北部與山東交界一帶的中小地主與農民階層，英勇善戰。

　　李密的加入，無疑是瓦崗中的異彩。他貴族出身，飽讀詩書，氣質風度，眼光見識，都比一般瓦崗人眾高出許多。在得到翟讓的接納後，李密就勸他道：「當今主昏於上，人怨於下，全國的精銳部隊都開拔到了遼東，突厥也斷絕了與隋室的和親，不再是當朝政權的後援。而此時的皇帝卻放棄了長安和洛陽，巡遊揚、越。這正是當年劉邦、項羽奮起的時機。以足下之雄才大略，士馬精勇，完全有能力席捲二京，誅滅暴虐的隋氏政權。」[142]這一番言語，是對翟讓所說，實際上卻是李密自己抱負和野心的真情告白。他看清了天下形勢，也明白這是英雄奮起的時機，但是他缺少人馬物資，沒有資本。所以他知道必須借用翟讓所帶領的瓦崗軍的力量，方能實現自己的目標。

　　翟讓本是因為生計，亡命山澤，哪想得如此大業？縱然有心，也無周全策略。如今聽得李密之言，自然是既興奮又猶疑。況且許多傳言都說楊氏將滅，李氏將興，更有人說民間流傳的歌謠〈桃李章〉唱的就是李密將代隋之事。翟讓不能肯定，究竟李密是不是真有這樣的天命。

---

[142]《舊唐書》卷五三〈李密傳〉，第 2210 頁。

第十三章　群雄並起──李世民的能人收攬術

一個朝代將要衰亡，總有各種政治讖言出現並流傳開來。它預示著舊王朝面臨土崩瓦解，天下將要易主，也預示著新的勢力正在成長壯大。「李氏將興」就是隋末政治讖言之一。圖讖產生之後，李密、李淵還有河西李軌都曾被認為是應讖之人，而最後證明只有李淵才是那個人。

不過在當時，李密的家世身分、談吐氣質，都讓很多人相信他可能就是新王朝的開創者。更有一個叫李玄英的，從東都一路尋訪李密，說他一定能夠取代隋朝。李玄英的解釋是：「民間〈桃李章〉歌謠曰：『桃李子，皇后繞揚州，宛轉花園裡。勿浪語，誰道許！』這『桃李子』謂逃亡者李氏之子也；皇與后，皆君也；『宛轉花園裡』，謂天子在揚州無還日，將轉於溝壑也；『勿浪語，誰道許』者，密也」[143]。也就是說，逃亡的李密正是應讖之人。

同時，李密更是以自己的才略，遊說了很多豪傑，讓他們都歸到了瓦崗軍中，進一步壯大了瓦崗軍的實力。既有天命又有能力，翟讓逐漸開始信任李密了，跟李密的感情也一日比一日好。

李密為瓦崗軍的發展著想，勸翟讓攻取滎陽（今屬河南），占據一個穩定的根據地，糧草也有著落。翟讓雖然也攻破了滎陽郡境內的一些縣城，但是曾敗於滎陽通守張須陀，心中懼怕，不敢再進。李密智勇雙全，用計大敗隋軍，張須陀也在這一仗中戰死。河南郡縣大受震動，瓦崗軍的聲勢越來越高漲了。

此戰之後，翟讓便讓李密別建營帳，號蒲山公營，單獨統領一支部隊。李密自己的力量逐漸壯大起來。在李密的帶領下，他所部軍隊整齊嚴肅、令行禁止，不再是以往盜賊模樣。而李密也以身作則，生活樸素，所得財物都頒賜部下，故而很受將士愛戴，人人樂為所用。不過李密的抱負

---

[143]《資治通鑑》卷一八三，第 5709 頁。

又怎會僅此而已，他很快就將目光放在了東都洛陽。

大業十三年（617）春，李密領精兵七千襲破興洛倉，開倉放糧，任民取用，一時間老幼皆至，達數十萬之多。同時，李密又一鼓作氣，率軍擊敗了東都派出的隋軍，繳獲了大量的武器鎧甲。許多隋朝地方官也來歸降，瓦崗軍的氣勢更盛了。

李密的功勞有目共睹，翟讓於是推舉李密為主，號為魏公。大業十三年二月庚子，李密設壇即位，稱元年，大赦天下。李密建立的這個「行軍元帥魏公府」，實際上相當於一個朝廷，他任命房彥藻為左長史，邴元真為右長史，楊得方為左司馬，鄭德韜為右司馬，拜翟讓為司徒，封東郡公，單雄信為左武候大將軍，徐世勣為右武候大將軍，祖君彥為記室，其餘人各封拜官職。遠近來投者絡繹不絕，江、淮以北的地方軍事勢力紛紛歸附，有數十萬之眾。李密將其收編起來，築洛口城，方圓四十里，令歸者各統所部居之，悉拜官爵。李密進而利用這些力量，不斷擴張，河南郡縣大都被其攻破。瓦崗軍成為最強大的反隋力量，李密也成為受到天下豪傑矚目的英雄。而此時的李淵，還沒有從太原起兵。

三、李密幫了李淵的忙

隨著各方面形勢的發展，瓦崗軍迎來了越來越多的歸附者。與以往不同的是，許多歸附者是隋朝的地方官吏，如鞏縣的縣長柴孝和、侍御史鄭頤、虎賁郎將裴仁基及其子裴行儼。隋王朝的統治逐漸走向土崩瓦解，人們都要尋找新的出路。大業十三年（617）四月，李密看到時機成熟，於是命祖君彥作〈移郡縣書〉，列舉了隋煬帝十大罪狀，明確提出了推翻隋王

第十三章　群雄並起——李世民的能人收攬術

朝、建立新王朝的號召。

　　從當時的情況來看，李密要完成這一目標，最理想的計畫應該是入關攻取長安。柴孝和也勸說李密西襲長安，並從歷史經驗教訓和當前的形勢分析了西取長安的必要性。他鄭重地提醒李密：「但今英雄競起，實恐他人我先，一朝失之，噬臍何及！」讓李密搶先占領關中，以之為根據地，再圖天下。李密又怎會不知此為上計，這也是楊玄感起兵之時他自己所提出的策略。所以李密說：「君之所圖，僕亦思之久矣，誠乃上策。」但李密這時卻有了如楊玄感當時一樣的顧慮，一來隋煬帝還在江都，「昏主尚存，從兵猶眾」，入關不成就會腹背受敵；二來部下「並是山東人，既見未下洛陽，何肯相隨西入？諸將出於群盜，留之各競雄雌。若然者，殆將敗矣！」[144]

　　李密的顧慮與他成功的原因一樣。他部下的瓦崗人馬，都是以洛陽為中心的關東地區為活動地盤，確實不會願意跟從李密入關。另外，李密家族已經衰落，在關中也不一定有很大的號召力，貿然入關，不僅很難成功，還可能白白丟失瓦崗一方的力量。李淵在這點上又與李密不同，他身為隋朝盛族，關中支持力量遠遠大於李密，而起兵時候的跟隨者又大都為隋朝舊將，所以入關一開始就是他的目標。李淵進入長安之後，也確實受到了「三秦士庶」的歡迎，迅速控制住了局面。少了這個重要優勢的李密，雖知長安是關鍵堡壘，卻仍決定留在關東。某種程度來說，這等於將機會送給了李淵。

　　然而洛陽也並不是一塊容易到手的肥肉。作為隋煬帝安排的四大據點之一，東都洛陽周圍集結了大量的隋兵，勇將也不少。李密帶領的瓦崗軍與隋軍數次交戰，互有勝敗，都難給對方致命一擊。遠在江都的隋煬帝一

---

[144]《舊唐書》卷五三〈李密傳〉，第 2219 頁。

邊派王世充北上援救東都，一邊調配關中兵力抗擊李密。縱然天下紛亂，這位帝王並沒有放棄，更何況洛陽又是如此重要。

或許正是因為攻克東都困難重重，李密才致書此時於太原起兵的李淵，希望李淵與他會盟，共商大業。這是大業十三年（617）五六月間的事情。但是李密過於自負，更比不上李淵的老謀深算。李淵在回信中將李密吹捧了一番，並說自己年老，已無壯志，輝煌的事業只待李密完成，圖讖所說也必將應驗在李密身上。其實，李淵是利用李密為他擋住東都的隋軍，自己集中精力向關中出發，占領先機。可惜李密自恃才略過人，又缺乏政治經驗，以為李淵真的推重於他，不免沾沾自喜，便以反隋盟主自居，將精力全部投入到奪取洛陽的戰爭中。李淵坐收其利，一路直接往長安打去。

李密與東都隋軍及其援軍前後打了大小六十餘仗，雙方仍是互有勝負。試想，如果不是李密帶領的瓦崗軍牽制住了強大的隋軍，李淵怎麼可能如此順利，在年底就占領關中呢？

四、瓦崗軍的內訌與潰散

戰爭進行得如火如荼，還未有結果，瓦崗軍內部卻出現了分裂。翟讓身邊一些親信，眼見瓦崗在李密的帶領下竟真有了逐鹿天下的實力，不禁眼紅起來。他們暗中勸說翟讓，將李密的權力奪過來，不能白白把做皇帝的機會讓給了李密。翟讓聽了一笑置之，也沒有放在心上。可是消息傳到了李密的耳朵裡，他卻不能置若罔聞。在身旁謀士的慫恿下，李密決定先發制人，即使他隱隱意識到這樣做對瓦崗軍的發展會產生不利的影響，可

第十三章　群雄並起──李世民的能人收攬術

人性的自私和權欲最終淹沒了這種理性。

大業十三年（617）十一月的一天，李密邀請翟讓、徐懋功、單雄信、王伯當等人一起聚會，而這次聚會卻是一場鴻門宴。李密說，我得到了幾把好弓，都可以百步穿楊，讓大家一起來開開眼。翟讓滿心歡喜，想來顯顯自己的身手，拿上弓一看，的確是好弓，然後正要拉開弓試射的時候，一個黑影從身後竄了出來，照著後腦勺就是一刀，翟讓當場斃命。

現場還有很多瓦崗舊將，當時被殺的還有翟讓的哥哥及幾個親信。在混亂當中，徐懋功也捱了一刀，如果真要再下一刀，就沒命了。這時候，單雄信出來說話了。他向李密求情說：魏公，我們要留下徐懋功啊。經過王伯當、單雄信等人的求情，最後李密放過了徐懋功。但是心裡的這個疙瘩，從此是留下來了。

翟讓平時威信本就遠不如李密，親信也不過幾人，加上李密安撫得當，仍命徐懋功、王伯當、單雄信領軍，翟讓所部並沒有發生太大的動盪，瓦崗軍也很快恢復了平靜。但是，李密與瓦崗舊部之間已經埋下了嫌隙，人人始有自疑之心。原本就不屬於同一集團的李密和瓦崗眾人，由合作逐漸走向分裂。李密盟主之位看似更加鞏固了，實則隱伏危機與憂患。而此時的李淵，已經進入長安，奉代王楊侑為新君，改元義寧。

大業十四年（618）三月，宇文化及等在江都（今江蘇揚州）發動兵變，殺死了隋煬帝，隨後擁兵北上，氣勢洶洶向中原而來。宇文化及這支力量的出現，打破了瓦崗與東都相持的局面，河南的形勢又一次發生了變化。留守洛陽的越王在五月稱帝，而東都君臣希望先聯合李密對付宇文化及，等到攻破宇文化及之後，再消滅已經疲敝的李密。

瓦崗軍久攻洛陽，卻一直沒有攻下，而隨著宇文化及擁兵北上，局面

四、瓦崗軍的內訌與潰散

變得更混亂，李密的現實處境也變得越來越困難。宇文化及北上的目標當然是要西入關中，而他們經過洛陽，是想會合洛陽的力量後再進入長安。

可是宇文化及也是打錯了算盤，他要進洛陽也好，入關也好，都必須經過李密的地盤。這樣，李密就面臨幾個選擇了：

繼續打洛陽好像沒有什麼勝算，打長安也不實際，江都也不要打了，因為皇帝被殺，那支部隊北上了。

那麼，李密這時候可以考慮稱帝麼？畢竟他擁有當時最強大的軍事實力。但李密還是不敢，他還有很多的顧慮。洛陽還沒有打下來吧，拿什麼號令天下？自己根本就沒有根據地，長安、太原、洛陽、揚州等中心城市，一個也不在自己手裡。所以李密一直想著，我必須拿下洛陽以後，才有可能稱帝號令天下。

這個時候的李密，實際上處於一個很尷尬的境地。長安城裡面，李淵擁楊侑為帝；洛陽城裡面，王世充他們擁楊侗為帝；宇文化及把隋煬帝殺了以後，立楊浩為帝。現在就把李密夾在了中間。

於是，李密接受了洛陽伸來的橄欖枝。接受東都楊侗政權的招撫後，李密即以精兵全力東擊宇文化及。後來洛陽的王世充發動政變，使李密投奔洛陽的計畫破產了，並乘虛攻擊瓦崗軍。不久，在與王世充的決戰中，李密大敗。

李密手下的新附之人，看到他失利，大多逃散，有的投降了王世充，忠心跟隨之人很少。儘管瓦崗軍的主力還在，可是因為殺了翟讓，李密不敢去黎陽找徐世勣，最後只好選擇投降唐朝。

第十三章　群雄並起──李世民的能人收攬術

五、李密的歸降與復叛

武德元年（618）十月，兵敗洛陽城外的李密，率領殘部向長安出發，去向李淵投降。

李密原本打算投奔據守在黎陽的瓦崗大將徐世勣，可有人勸他：「當時殺翟讓的時候，徐世勣也險些喪命。如今去投，他是否會接納我們？」李密聽了也不由得心中嘀咕，前塵往事浮現腦中，他猶豫了。關鍵時刻，最令他難過的是，自己怎麼就沒有一塊踏實的根據地呢？他甚至想不出自己的根基到底在哪裡，或者從來就沒有過真正的根基。

李密年輕的時候在隋煬帝的朝廷裡做過相當於皇帝侍衛隊員的三衛，但不知怎麼就讓皇帝看不順眼，隨後在權臣宇文述的勸說下離開了朝廷，也徹底放棄了當時貴族子弟通常所走的晉升之路。他雖然承襲了父祖的爵位，那個讓儕輩羨慕的蒲山郡公，但其實在隋朝沒有做過任何真正的官職，反而長期過著流亡的生活。也就是說，他的出身和家庭背景有可能帶給他的資源，他一點也沒有利用上。哪裡比得上李淵，依靠那個七歲時就承襲了的唐國公爵位和與隋朝皇室聯姻的家庭背景，做到了隋朝的刺史、卿監和領兵的大將，最後當了雄踞一方的太原留守。

李密不僅在隋朝的體制內沒有建立任何根基，在瓦崗軍系統內其實也沒有多少真正屬於自己的勢力。瓦崗軍的根基是翟讓、徐世勣等人打下的。當初王伯當把自己引薦給翟讓，並得到東郡反隋武裝勢力的接納，完全是他們為了借重自己的謀略和飄渺神祕的出身背景。

李密考慮了很多。最終，他選擇歸附當時已經稱帝的李淵，雖然這樣不可避免地要向他人稱臣，可是卻能換來安逸的生活及明朗而穩定的前途。

李淵得到李密要來歸降的消息，十分高興，派出去迎接的使節「相望

於道」[145]。這位老謀深算的政治家當然明白，李密不是一個普通的投靠者。他是瓦崗盟主，極盛之時，有百萬之眾，控制著河南、山東的大部分地區，曾經還被認為是廣為流傳的政治預言中的天下之主。李密的歸降，不僅使自己少了一個勁敵，更能為新創立的大唐王朝帶來許多資源。李淵坐收漁人之利，怎能不欣喜萬分。

當初李密對自己趾高氣揚，現在卻要主動歸降，李淵心裡也是如同打翻了五味瓶一樣，酸甜苦辣一齊湧上。當然，更多的是得意，是笑到最後的那種得意。話說回來，李淵還是把李密看得很重要，甚至重要到需要費盡心機的程度。他畢竟太難安排了。既不能給他做人臣之極的宰相，又必須給他適當的職位。

李密到達長安以後，李淵接見了他。昔日稱兄道弟的李姓二雄，如今已是君臣之分了。

該說點什麼呢？尷尬自然在李密一邊。李密想，當初給剛剛在太原起兵的李淵寫信的時候，自己儼然是天下盟主，儘管以弟稱兄的口氣致書李淵，但表達的雄心也太狂妄了，態度也太傲慢了，說什麼要李淵參加自己的計畫一起滅隋，等到消滅了長安的代王殘餘政權之後，要給李淵記大功。如今看來，這簡直太輕狂自大、目中無人。而接納自己的當今皇上，當時給自己的回信是那樣的謙遜，甚至說只要能夠被接納，就是攀龍附鳳。哎！李密都覺得自己無顏以對、無地自容了。

傲慢的李密，不甘寂寞的李密，掩藏不住自己悲喜情緒的李密，面對這種情形，尷尬是在所難免了。他要是真的能夠做到「不以物喜，不以己悲」，真的具有那份定力、豁達與淡然，也就不會出現今天這樣的場面了。

尷尬只能由李淵的熱情接待和親切問候來打破。我們已經無法復原他

---

[145]《資治通鑑》卷一八六，第5816頁。

第十三章　群雄並起──李世民的能人收攬術

們當初的對話，甚至也很難想像他們的開場白到底說了些什麼。也許該說的都沒法說出來，也許根本就用不著說出來了。談話的結果是，李密被封為光祿卿、上柱國，賜爵邢國公。李淵對他禮遇有加，呼之為弟，還將自己舅舅的女兒獨孤氏許配給他。當然，這一聲「弟」，與李密當年自稱的「弟」，其意味已經大不相同。

然而，光祿卿為從三品，掌邦國膳食，是個主管宮廷夥食的職位。對於李密來說，擔任此等官職，根本是讓他難堪。加上朝中大臣又多輕視，位高者更是向他求取賄賂，李密心中的失落與不滿與日俱增，覺得現實與自己所期望的相差甚遠。復叛的種子也許在此時就悄悄埁下了。

武德元年（618）十一月，李密自請出關，要去山東招納他的舊部歸朝，為國建功。途中李密決定叛唐東歸。可是這一次，李密沒有成功，最終喪命刀下。這年，他三十七歲。

李密死後，原來的瓦崗大將，現已歸附唐朝並被賜與國姓的李世勣，請求收葬他，李淵准許了。李世勣以君臣之禮，將李密葬於黎陽山南五里。歸葬之日，三軍縞素，舊部皆痛哭失聲，更有泣至嘔血者。

六、李世民與李密

李密和李淵之間，到底誰猜忌誰呢？有人說如果將李淵換成李世民，可能李密不一定造反，兩個人能夠融洽相處。這個說法有一定道理。李密是見過李世民的，就在他投奔唐朝後不久，李世民就在隴西打下了薛仁果，班師回朝。李淵就派李密去迎接秦王的軍隊。

李密一見到秦王李世民，眼睛一亮。他說了一句話：「秦王果然是英

六、李世民與李密

明神武,這樣的人,才是統一天下的英主。」[146]

命運有時候就差那麼一步。李密有才能、有野心,但是他心比天高、命比紙薄。每當一個機會出現的時候,似乎他總是沒辦法把握住。俗話說,無欲則剛,可他的欲望太多了,每次選擇又總選錯。如果一個人沒有太多的想法,不要太多心機,反倒可能會有福氣。

李密是隋唐之際最值得關注的人物之一。他有著高貴的門第和顯赫的家世,有著超越群倫的膽略和感召力,在歷史舞臺上一出場就顯得異乎尋常。他是最早參與反隋事業的人,也是在推翻隋朝的歷史過程中功勞最大的人,他帶領的瓦崗軍很大程度上改寫了那個時代的歷史。但他沒有成為代隋而立的新朝代的君王,反而成為那個時代最大的悲劇性人物。

李密的悲劇不僅在於他自己的失敗,更讓人感慨萬千的是,他的手下曾經擁有當時最優秀的文臣武將,而這些人後來都成了唐朝開國的英雄。由於自身性格的弱點以及出身與時代的局限,李密在關鍵時候斷送了自己的政治前途,但他卻沒有斷絕手下兄弟們的出路。李密手下的那些英雄豪傑,逐漸都匯聚到李世民的旗幟下。大唐開國的歷史舞臺上,李密的窮途末路和李世民的功成名就正是一齣悲欣交集、耐人尋味的劇目。

中國古代的正史,對人物列傳的位置大有講究。李密在《隋書》和新、舊《唐書》中都有傳。《隋書》是唐朝貞觀年間由魏徵主編的,雖然魏徵曾經是李密的部屬,但從唐朝政權需要維護的隋朝正統立場看,李密只能是反賊。所以他在《隋書》中的位置就放到了以楊玄感為首的一組裡。而在《舊唐書》和《新唐書》中,李密的列傳是后妃或宗室親王公主之後的第一篇,相當於《漢書》中的陳勝和項羽,位置非常重要。

---

[146]《資治通鑑》卷一八六,第 5822 頁。

第十三章　群雄並起──李世民的能人收攬術

第十四章
喋血雙雄 —— 李世民的生死盟友

　　大唐武德二年（619）二月，唐軍與盤踞洛陽的王世充政權的軍隊在洛陽西南的九曲城對陣。兩軍對壘之時，突然間，王世充的軍營中有數十騎人馬出陣，朝唐軍方向走來。走出百來步，又停住了，只見為首的兩員大將，一個下馬，一個在馬上，朝王世充拜謝作揖。然後，他們掉轉馬頭，直接朝唐軍陣前走來。這為首的兩人，下馬拜謝的叫秦叔寶，在馬上作揖的叫程咬金，他們都是背叛王世充來向唐軍投降的。這仗還沒打，王世充的兩員大將為什麼就要投降呢？秦叔寶和程咬金，這兩位富有傳奇色彩的隋唐英雄的故事，為什麼總是被人們放在一起來傳頌呢？

一、英雄不問出身

　　秦叔寶和程咬金，是演義小說中的大英雄，也是家喻戶曉的唐朝開國功臣。在各種版本的故事中，這二人總是相伴相隨，形影不離。歷史上，他們也是長期在一起共事的。根據唐朝國史編撰的《舊唐書》裡，他們的傳記都是放在一起的。

　　但是，兩人的出身卻完全不同。秦叔寶是隋朝的軍人出身，單名瓊，字叔寶。他是齊州歷城（今山東濟南）人。隋朝大業年間，他被徵調為兵，擔任名將來護兒的警衛員。由於他武藝高強，勇敢彪悍，在軍中表現

第十四章　喋血雙雄——李世民的生死盟友

突出，得到來護兒的看重。他的母親去世時，來護兒派專人去弔問。手下的軍吏感到很奇怪，說：「軍中士卒死亡或家人去世的多了，將軍您都未嘗過問，這秦叔寶的母親去世了，您怎麼就那麼關心？」來護兒回答說：「這後生有勇有謀，志向遠大，意志堅強，肯定有很好的前途，怎麼能把他看作是卑賤的人而忽略他呢？」[147]

這是秦叔寶卑賤之時得到的一個很高的評價。來護兒是一代名將，也算是慧眼識英雄。儘管史書上有關秦叔寶早年經歷的記載很少，但從來護兒的這幾句評價中，已經透露出一些重要的信息：秦叔寶不是一個普通的士兵。所以，在演義小說中，秦叔寶的出身和來歷就被描寫得很傳奇。單田芳的評書《瓦崗英雄》裡，對秦叔寶的介紹是這樣的：

> 這個人姓秦名瓊字叔寶，外號人稱「小孟嘗」。秦瓊家住山東濟南府歷城縣，為人正直，事母至孝，濟困扶危，俠肝義膽。故此有人說他交友似孟嘗，孝母賽專諸。秦瓊自幼曾受高人傳授，槍馬純熟，武藝精通，騎一匹黃驃馬，馬踏黃河兩岸，使一對熟銅鐧，鐧打山東三州六府半邊天。[148]

秦叔寶在隋朝軍隊裡做得最漂亮的一件事，就是與羅士信一起偷襲反隋武裝盧明月的營寨。羅士信的事蹟也很感人，他其實就是《隋唐演義》中羅成的原型。

當時，秦叔寶在滎陽通守張須陀的手下，隨大軍一起去下邳圍剿盧明月部。盧明月有十萬人馬，而張須陀所統才一萬人，敵眾我寡。相持了十餘日後，張須陀部由於糧草供應不上，決定撤兵。但張須陀想將計就計，乘敵人追擊時，來一次偷襲，派人攻入敵營。他說：「這是一次危險的行

---

[147]《舊唐書》卷六八〈秦叔寶傳〉，第 2501 頁。
[148] 單田芳著：《瓦崗英雄》，群眾出版社 1999 年，第 1 頁。

動，有誰能去完成這個任務？」[149] 眾將無敢答應者，只有秦叔寶和羅士信請命出擊。結果，他們領著千餘人馬，拔掉了盧明月的大本營，在張須陀大部隊的配合下，徹底打敗了盧明月。

從此，秦叔寶一路隨著張須陀征剿各地反隋武裝，在隋朝部隊中的名聲越來越大，做到了中級軍官建節尉。建節尉是隋煬帝於大業十一年設立的勳官，位在正六品。

程咬金則是道地的綠林出身，咬金是他的本名，後來也許是覺得這個名字有點不雅，有些匪氣，就改名為知節，所以出現在唐朝國史上的名字就是程知節。他是濟州東阿（今山東東阿）人，從小就驍勇好鬥，尤其善於用馬槊。隋朝末年，天下大亂，程咬金自己做起了山寨王，在老家聚集了幾百人，做起了劫富濟貧、保衛鄉里的綠林事業。

由於秦叔寶出身於隋朝的官軍，後來又和程咬金這樣的綠林好漢成了兄弟，所以他在演義小說中就被描寫成了一個善於交友、在官府上層和綠林英雄中都有很好人緣的傳奇人物。

歷史上，程咬金是反隋的地方軍領袖，秦叔寶是隋朝軍隊中的中級軍官。二人的結識，還是要到李密的陣營裡。

二、瓦崗軍中的好漢

李密進入瓦崗軍以後，瓦崗軍得到很快的發展，在河南、山東一帶迅速擴大地盤。原本在鄉里自保的程咬金，也加入到瓦崗軍中。李密原本是孤身一人進入瓦崗的，他需要經營自己的勢力，尤其是軍事實力。《舊唐

---

[149]《舊唐書》卷六八〈秦叔寶傳〉，第 2501 頁。

第十四章　喋血雙雄——李世民的生死盟友

書·李密傳》記載李密歸附翟讓後,「遣說諸小賊,所至皆降」[150]。程咬金就是李密自己招納的地方勢力之一。

當李密召集到的地方軍達到一定規模的時候,他就在軍中選拔了敢死之士八千人,建立起一支「內軍」,由四個內軍驃騎統領。李密對此很得意,表示這八千人可以當百萬之師。程咬金就是四驃騎之一,很受李密的看重。不久,李密又安排程咬金和單雄信分領內外馬軍,與盤踞洛陽的王世充展開決戰,取得了多次的勝利。

秦叔寶則是以李密手下敗將的身分進入瓦崗軍系統的。大業十二年(616),隋煬帝任命張須陀為滎陽通守,鎮壓日益強大的瓦崗軍。張須陀是隋末一個能戰的將領,許多反隋武裝都被其鎮壓下去了。翟讓對他也有強烈的恐懼。

十月間,在李密的指揮下,瓦崗軍在滎陽與張須陀指揮的隋軍展開激戰。李密在大海寺北邊的樹林間設下埋伏圈,設計要翟讓把張須陀引入這個埋伏圈。在翟讓、徐世勣、王伯當等幾路人馬的合圍下,張須陀軍被圍困起來。本來張須陀已經突圍而出,但他為了救出被圍困的將士,三番五次衝入瓦崗軍的包圍圈,最後自己戰死。張須陀的戰死,是隋朝官軍在河南戰場上走向敗亡的重要轉捩點,也是瓦崗軍迅速走向強大的起點。滎陽之戰的勝利,也使李密在瓦崗軍內站穩了腳跟。

身為張須陀手下的軍將,秦叔寶在張須陀戰死後率領餘部歸附了裴仁基。裴仁基是留守洛陽的越王楊侗派來對瓦崗軍進行反擊的隋朝將領。

大業十三年(617),取得了興洛倉的瓦崗軍正在勢頭上,不僅打敗了洛陽派出的隋軍,還乘機招降了裴仁基。剛剛歸附了裴仁基的秦叔寶,也因此來到了瓦崗軍中。

---

[150]《舊唐書》卷五三〈李密傳〉,第 2210 頁。

二、瓦崗軍中的好漢

李密得到了秦叔寶這樣一員猛將，自然是十分歡喜。他安排秦叔寶進入他的內軍系統，讓他擔任四驃騎之一。這樣，秦叔寶和程咬金就在一起共事了，皆成了李密的心腹幹將。從此，出身不同的兩個山東老鄉，由於志趣相投，並肩走上了隋唐之際的歷史舞臺。

當秦叔寶進入瓦崗軍的時候，正是瓦崗軍發展的鼎盛階段。秦叔寶與程咬金、單雄信、王伯當、徐世勣等，成了瓦崗軍中威名遠颺的勇將。

不久，李密就取得了瓦崗軍的領導權，李淵也在太原起兵了。在李密與洛陽隋朝殘餘政權對峙的時候，從江都（今江蘇揚州）北上西歸的宇文化及，於大業十四年（618）六、七月間來到了瓦崗軍的地界上。李密決定接受洛陽的委任，被越王楊侗以太尉之職相許，然後率兵迎擊宇文化及，在黎陽（今河南浚縣）的童山上展開激戰。

宇文化及掌握著江都的精銳部隊，儘管軍心渙散，但戰鬥力還是很強大的。童山一戰，勝負難料，雙方都在竭盡全力。混戰中，李密被敵人的冷箭射中，掉下馬來，暈倒過去。

李密的左右將士，都紛紛逃散，敵人的追兵眼看就要來取李密的性命。只有跟隨在李密身邊的秦叔寶獨自留了下來，拚死護著李密，左突右衝，奮不顧身地把李密救出了包圍圈。秦叔寶的勇猛和忠誠，在這一陣廝殺中展露無遺，其無與倫比的英雄氣概，令敵我雙方都讚嘆不已。

童山之戰，秦叔寶不僅救出了李密，而且還乘勢收集瓦崗軍的兵力，和宇文化及展開決戰，把宇文化及從黎陽趕到了魏縣（今河北大名西南）。最後宇文化及被竇建德消滅了。

但是，李密的部隊也受到了重創。八、九月間，洛陽的王世充籌組了兩萬多人的軍隊，乘機進擊李密。雙方在偃師展開決戰。結果，李密被打敗，連大本營都被王世充端了。

第十四章　喋血雙雄──李世民的生死盟友

　　王世充是一個善於使詐的人。他在圍攻偃師之前，就找到了一個模樣與李密極為相像的人，祕密關押起來。等圍攻偃師的時候，與李密軍還沒有全面接戰，他就派遣幾十騎人馬，把那個長得像李密的人的頭顱取來。王世充假裝不信，要眾將領一起來辨認，大家都一致認為這就是李密。這對大戰在即的隊伍來說，是一個很大的鼓勵。王世充號令隊伍向偃師城發動進攻，又把這顆人頭拋擲到城裡去。城裡的李密軍將也以為自己的主帥被殺了，只好打開城門投降。王世充就這樣攻下了偃師城。

　　秦叔寶和程咬金為瓦崗軍的發展壯大作出了貢獻，但真實的歷史卻與演義小說有很大的不同。在《隋唐演義》裡，秦叔寶和單雄信的戲份最多，交情也很深。單雄信（單通）是綠林人的老大，人稱赤髮靈官。秦叔寶無意殺了人，多虧單雄信從中周旋，不惜萬金收買官府，終於把死罪買成活罪。秦叔寶母親做壽時，單雄信還獻上個稀世珍寶「三星白玉人」。這兩人可是過命的交情。其他還有王伯當、徐懋功這些人，和秦叔寶也是交情匪淺。

　　其實，歷史上和單雄信一起出生入死，交情過命的是徐懋功，也就是後來的李勣，沒秦叔寶什麼事。單雄信和徐懋功都是瓦崗主將，屬於可以獨當一面的大帥型人才。秦叔寶的身分只是李密親衛隊的頭子，屬於保鏢型，是「將」而不是「帥」。相比單雄信和徐懋功，地位要低得多了。

三、叛離王世充

　　偃師之戰，秦叔寶和程咬金等李密的親將被俘，單雄信也投降了王世充。李淵已於當年的五月在長安稱帝，建立了唐朝。李密本人在走投無路

的情況下，與王伯當、常何、賈潤甫、魏徵等率領兩萬人投降了唐朝。這已是唐朝武德元年的十月了。

秦叔寶、程咬金和單雄信等一幫瓦崗將領，在王世充的手下也很受重視。秦叔寶被任命為龍驤大將軍，程咬金被任命為將軍。按照演義小說的說法，單雄信則成了王世充的女婿。

天下紛亂，英雄豪傑都在尋找值得託命的主人，以期共同開創一番事業。李密失敗後，秦叔寶、程咬金也以為王世充就是那樣的人，但他們很快就發現，王世充陰險狡詐，不是值得託命之人。

程咬金私下對秦叔寶說：「王世充這人氣量狹小，又喜歡說大話，還愛弄一些咒誓之類神神怪怪的東西，怎麼看都像個老巫師，哪裡會是亂世的真主呢！」[151] 兩個人早已是「身在曹營心在漢」了。他們與唐朝軍隊有過接觸，也看到已經建國稱帝的李淵才是能夠統一天下的力量。

於是出現了本章開頭的一幕。武德二年（619）二月，王世充與唐朝大軍在洛陽西南的九曲（今河南宜陽附近）開戰，命秦、程二人隨軍應戰。當雙方列陣對峙，正要擊鼓出戰之時，秦叔寶和程咬金，還有數十個人突然從陣中奔了出來。只見他們策馬向唐軍方向猛跑，百餘步後停了下來，勒轉馬頭，向目瞪口呆的王世充拱了拱手，遠遠說道：「您待我們不薄，本來應當報此恩遇，可是您喜好猜忌，不是我們能託身的明主。今日就跟您告辭了，不煩相送。」[152]

說罷，直接往唐軍陣中奔去。王世充懵了半天，回過神來，卻也不敢阻擋，知道那都是以一敵百的勇將，只好嘆息一聲，趕忙下令收兵。

秦叔寶和程咬金，他們這次又採取了一致行動。其實，自從相逢在瓦

---

[151] 《舊唐書》卷六八〈程知節傳〉，第 2503 頁。
[152] 《舊唐書》卷六八〈程知節傳〉，第 2503 頁。

第十四章　喋血雙雄──李世民的生死盟友

崗之後，他們就再也沒有分開過，可見他們之間的交情確實不同一般。而且他們的地位也基本相當，甚至程咬金比秦叔寶還要高出一些。

但是，在演義小說中，程咬金可沒法和秦叔寶相比。小說中的程咬金，只會三招斧法，武功太差勁了，甚至都難以登上隋唐英雄排行榜，而且非常少根筋，連打劫當強盜都會自報姓名。這傻大個程咬金性如烈火，專門惹是生非，不知道給秦叔寶惹了多少禍。秦叔寶的父親是馬鳴關大帥秦彝，而程咬金小名阿醜，父親是馬鳴關副帥程有德。兩家交情深厚，秦叔寶和程咬金從小一塊玩。後來因為兩家父親都被靠山王楊林殺了，兩個孩子失散，長大後才碰到。秦二哥肯屈尊和這傻大個交朋友，完全是因為過去的老交情。

四、秦王李世民的沙場驍將

歷史上的程咬金，並非有勇無謀之輩。他和秦叔寶進入唐朝的軍隊後，主要歸秦王李世民管理，並為唐朝的統一事業立下了汗馬功勞。

秦叔寶、程咬金投降以後，唐朝一幫君臣可是喜出望外。尤其是秦叔寶，據說對李淵還有救命之恩。在演義小說和各種民間傳說中，李淵一直呼叔寶為恩公，但這只是小說家之言而已。

不過，李淵確實很賞識秦叔寶。據《舊唐書·秦叔寶傳》記載，秦叔寶後來協助李世民收服了尉遲敬德之後，高祖李淵派人給他送去許多禮物，裡面有一個金瓶，並傳話予以慰勞，說：「卿不顧自己的老婆孩子，大老遠的來投奔我大唐，現在又立下這麼大功勞，我真是不知道如何感謝你啊。我身上的肉，如果你用得著，我一定割下一塊送給你，何況是一些

四、秦王李世民的沙場驍將

美女和財物呢？你一定要接受，繼續為我大唐建功立業。」[153] 看來，歷史上李淵對秦叔寶也是非常看重的。

既然李淵這麼看重秦叔寶，為什麼又讓他去了李世民麾下？

因為，這樣的人很難管，只有李世民才能把他們管住。而且，李世民是統一戰爭中的前敵總指揮，能打仗的人，都要歸他指揮，好派上用場。

李世民是愛惜英雄的人，他對此二人早就有所耳聞，很欣賞他們的勇武。所以，李淵安排他們前來，李世民自然是十分歡喜，對他們非常客氣，並當即任命秦叔寶為馬軍總管，程咬金為左三統軍。

秦、程二人自從進入李世民的帳下後，可謂是英雄得遇明主，如魚得水，誓死效命。秦叔寶從李世民破尉遲敬德，程咬金隨李世民攻宋金剛，都是軍中的核心大將。後來擒竇建德、降王世充、平劉黑闥，二人都是秦王李世民軍中的主力，立下了赫赫戰功。

武德三年（620），李世民攻王世充於洛陽城下，二人也相隨同去。未及攻城，李世民令叔寶先去鎮他們一鎮。叔寶得令，跨上戰馬，拿起長槍，飛馳而去。到了城下，將長槍往門前一插，又轉頭而去。城中士兵都覺得十分奇怪，有幾個就來搬動叔寶的長槍，卻怎麼都拔不起來。這下大家都來勁了，前後叫來了數十人一起拔槍，但那槍居然像釘住了一樣，紋絲不動。這時叔寶又飛騎而來，在馬上順手拔起長槍，掉轉馬頭，絕塵而去。城中士兵皆大駭，以為神人。據唐人寫的野史記載，後來每逢朝廷有大的典禮，在陳設儀仗的時候，都會把秦叔寶使過的那桿槍擺放在殿庭之中，以表彰他的功勞。[154]

且說秦叔寶歸來一報，大家都哈哈大笑，都說他的長槍太重，若不是

---

[153] 《舊唐書》卷六八〈秦叔寶傳〉，第 2502 頁。
[154] 劉餗撰，程毅中點校：《隋唐嘉話》，第 13 頁。

第十四章　喋血雙雄——李世民的生死盟友

他這樣臂力非凡的人，怎麼可能拿得動，更別說舞了。程咬金則不忘添油加醋地說：「也要謝謝你的好馬呀！」

秦叔寶的馬名叫「忽雷駁」，是難得的良駒。叔寶自己愛喝酒，也常常餵這馬兒喝，奇怪的是，馬也喝得津津有味。這馬與叔寶一樣矯健非常，馱著主人還有他那長槍，照樣奔跑如飛，真是英雄配寶馬。

正是因為秦叔寶有這樣一匹心愛的寶馬，所以演義小說中才有「秦瓊賣馬」的故事。說的是秦瓊當差出使山西，在潞州落了難，窮得連住店錢也付不起，先是典押了隨身的兵器金雙鐧，後來逼得連自己的坐騎黃驃馬也賣了。可是人在倒楣的時候，樣樣不順心，連馬也沒人要。幸而遇見了一位賣柴的老者，動了同情心，指引秦叔寶說：「這西門十五里外，有個二賢莊，莊上主人姓單名通號雄信，排行第二，人稱為二員外，要買好馬送朋友。」秦瓊久聞潞州單雄信的大名，都是綠林中的兄弟，就由這位老者介紹到二賢莊，與單二員外見面。秦瓊羞於說出真名實姓，只稱姓王，拿了馬價而去。後來單雄信從別人口中獲知，賣馬的人就是山東濟南府的秦瓊，便立刻追趕，捧著秦瓊的臉說：「叔寶哥哥，你端的想煞了單通也。」[155]自然是把馬還給了他。

後世小說家編了這英雄落難的故事，是為了襯托他的英雄氣概。事實上，在唐朝人的眼中，秦叔寶就有很多的傳奇故事。據史書記載，秦叔寶每回跟從李世民出征，李世民看到對方營中有炫耀武功、策馬來回奔馳者，就命叔寶取之。叔寶得令上馬，必於萬軍之中刺中此人，且人馬俱倒，無一次失手。李世民因此更加器重秦叔寶，而他也常常以此為傲。[156]

---

[155]《說唐全傳》第六回〈樊建威冒雪訪良朋單雄信揮金全義友〉，江西美術出版社 2018 年，第 29 頁。
[156]《舊唐書》卷六八〈秦叔寶傳〉，第 2502 頁。

秦叔寶和程咬金都為唐朝的統一立下了汗馬功勞。跟隨李世民攻打竇建德、王世充和劉黑闥，是他們人生的輝煌頂點。

五、壯士暮年 —— 從玄武門走向昭陵

當李世民和太子建成的矛盾公開化以後，李世民手下的一幫大將都成了太子黨的眼中釘，秦叔寶和程咬金自然也都是太子黨想翦除的秦王府親信。武德七年（624），在太子建成的建議下，李淵要將程咬金外放為康州刺史。接到任命後，程咬金找到了李世民，對他說：「大王的左右手都被翦除了，您還想自我保全，可能嗎？我這一去，必死無疑，所以不敢去！」[157] 也許是李世民又到李淵那裡力爭，程咬金繼續在秦王府統領馬軍。

據《舊唐書·太宗本紀》：「（武德）九年，皇太子建成、齊王元吉謀害太宗。六月四日，太宗率長孫無忌、尉遲敬德、房玄齡、杜如晦、宇文士及、高士廉、侯君集、程知節、秦叔寶、段志玄、屈突通、張士貴等於玄武門誅之。」[158]

程咬金和秦叔寶都是參與了玄武門之變的主要將領。秦叔寶之所以被奉為「門神」，就是因為他在玄武門之變中表現英勇，可以震懾住太子和齊王元吉。政變成功之後，秦叔寶和程咬金分別被任命為統兵的最高軍職左、右武衛大將軍，都得到了實封七百戶的封賞。

參與玄武門之變，並不是他們人生的自主選擇。這與當初選擇投奔唐

---

[157]《舊唐書》卷六八〈程知節傳〉，第 2504 頁。
[158]《舊唐書》卷二〈太宗本紀〉，第 29 頁。

第十四章　喋血雙雄——李世民的生死盟友

朝有根本的不同。在隋末的動盪之中，他們選擇投奔唐朝，是為了建功立業，看清了歷史的大勢後，把自己融入唐朝統一的歷史潮流中。所以他們的人生放射出異樣的光彩，彰顯了英雄豪氣。而在李世民和李建成的兄弟之爭中，他們身為李世民手下的親將，只能站在李世民一邊，各為其主，被裹挾到一場統治階級內部的權力之爭中。

玄武門之變後，秦叔寶和程咬金似乎都進入到壯士暮年的狀態。

秦叔寶在那以後身體一直不好，疾病纏身。他時常對身邊的人感慨：「我這一輩子，一直是戎馬生涯，經歷過大小二百餘戰，多次受到重創，流的血加起來有幾十石之多，這身體怎能好得了呢？」[159]說這話的時候，秦叔寶心裡的苦悶一定是溢於言表的。

程咬金在貞觀年間的狀態也許比秦叔寶要好一些，至少他身體還好，一直在中央和地方擔任軍隊的要職。而且在功臣榜的排名中，程咬金比秦叔寶的位置也要靠前一些。但是，歷史記載中，已經不見他在貞觀年間有任何言行了。職務可以變換，但他的活動舞臺其實也不大了。

他們也許應該想到，自己身為一介武將，在戰爭年代可以大展身手，但到李世民奪取了政權，致力於開創貞觀之治局面的年代裡，自己就使不上多少勁了。而在行伍中曾經不被自己看在眼裡的魏徵等人，卻躍居為政壇上耀眼的明星。他們甘心嗎？

貞觀十二年（638），秦叔寶在疾病的折磨下去世了。他一定是很孤獨、很苦悶的，以至於跟隨他半生的那匹駿馬「忽雷駁」也嘶鳴不已，竟然也絕食而死。唐太宗下令他陪葬昭陵，並安排雕琢石人石馬立於其墓前，以表彰他為統一戰爭立下的赫赫戰功。

---

[159] 劉餗撰，程毅中點校：《隋唐嘉話》，第 13 頁。

五、壯士暮年─從玄武門走向昭陵

秦叔寶的去世,一定令程咬金感到更嚴重的失落。他還繼續在軍隊供職。貞觀十七年(643)唐太宗命人在凌煙閣圖畫功臣像的時候,程咬金是為數不多的還健在的武將。對秦叔寶來說,則只是作為一種死後的殊榮而登上凌煙閣的。

唐高宗顯慶二年(657),離唐朝建立已經四十年了,老將程咬金還披掛上陣,擔任蔥山道行軍大總管,率軍西征,討伐西突厥阿史那賀魯部。在追擊西突厥的過程中,程咬金率軍來到怛篤城(今哈薩克境內)下,當地有胡人數千家出城投降,但程咬金卻大開殺戒,屠城而去。西突厥阿史那賀魯部被嚇得向西遠逃。

這是一次不光彩的勝利。軍隊回到長安後,程咬金被免職。後來,唐高宗還想任命他做岐州刺史,但程咬金以身體不好拒絕了。過了八九年的退休生活,程咬金於高宗麟德二年(665)病逝於長安。唐高宗下令,以其陪葬昭陵。

江湖始終是個虛擬世界,和歷史世界的規則是不相同的。民間演義推崇義氣、武功,強者不僅武藝高強,而且都以俠義為先,朋友第一,但歷史的強者卻是完全不同的人。武功再高如西楚霸王也死在混混劉邦手下,朋友義氣要讓位於帝王心術。現實中的秦瓊不會在馬上要被打死時邂逅個做北平王妃的姑媽,也不會有人屢屢用性命為惹事的朋友頂罪,更不會每次都走運而不死,而且能感動一批人成為朋友。

所以,「秦二哥」只能在虛擬的江湖世界裡,成為那「騎一匹黃驃馬,馬踏黃河兩岸,使一對熟銅鐧,鐧打山東三州六府半邊天」的好漢了。不過,這場景雖然虛構,卻也曾讓多少少年神往!

秦叔寶和尉遲恭,並列為民間兩大門神。既然真正和秦叔寶要好的是程咬金,為什麼門神卻沒程咬金的份?

第十四章　喋血雙雄──李世民的生死盟友

　　被選為門神靠的不是英雄們的歷史地位,而是民間威望。在民間傳說中,程咬金的武功太差,沒法當門神。而尉遲恭和秦叔寶並列英雄榜第十三位,正是兩位旗鼓相當的英雄。再說,秦叔寶和程咬金的關係那麼牢靠,秦叔寶當了門神,程咬金自然會來幫忙,因此用不著兩個人都為李世民站崗了。

　　秦叔寶和程咬金在歷史記載中的地位並不顯赫,與他們在民間故事中的威名相差很遠。這個現象本身,就彰顯著中國文化傳統的一些深刻內涵。在唐初的歷史舞臺上,他們不像長孫無忌、房玄齡、杜如晦、侯君集等人那樣功勳卓著,不像魏徵、王珪、李靖、李勣他們那樣給李世民以壓力,也不像尉遲敬德那樣總給皇帝惹事。他們不是當時的焦點人物,但卻不妨礙他們成為家喻戶曉的隋唐英雄。

第十五章
門神傳奇 —— 唐太宗的生死守護者

在通俗演義《說唐》中，描寫唐高祖在麒麟閣慶功時，命秦王李世民寫了一副對聯：雙鐧打成唐世界，單鞭撐住李乾坤。其中表彰的就是秦叔寶和尉遲敬德的豐功偉業。

在有關隋唐英雄的傳奇故事中，李世民手下的三員勇將，秦叔寶、程咬金和尉遲敬德，是最富有傳奇色彩的。秦叔寶和尉遲敬德在民間的名氣很大，一直到今天，老百姓過年的時候張貼的門神，還是他們兩位。一個持鐧，一個握槍；一個黃臉，一個黑臉，都是威風凜凜。從李世民手下的兩員猛將，變成了民間老百姓家門上讓妖魔鬼怪聞風喪膽的門神，秦叔寶和尉遲敬德經歷了從人到神的過程。秦叔寶我們前面講過了，那麼尉遲敬德的武功究竟又如何了得？在歷史上，他和李世民之間究竟發生著怎樣的感人故事呢？

一、李世民誠心釋怨

尉遲恭，姓尉遲，名恭，字敬德，是今天山西朔州人，他的先輩是來自西域的于闐人。尉遲是個「胡」姓，是西域少數民族的姓。他們家在山西這個地方生活了一段時間，但是歷史上記載並不多。只知道尉遲敬德在隋煬帝的時候已經參軍，在高陽（今屬河北）一帶討捕農民反隋武裝，以

第十五章　門神傳奇──唐太宗的生死守護者

勇武見稱，官至五品的朝散大夫。

隋末動盪之中，群雄競起。劉武周乘李淵從太原起兵南下，就在山西北部割據自立。當時，尉遲敬德回到了山西老家，被劉武周任命為偏將。

劉武周有突厥的支持，在那裡搶奪唐朝在山西的地盤。他來勢很猛，迅速占領了山西的大部分地區。剛開始李淵派裴寂去打劉武周，但是裴寂節節敗退，最後退到了黃河邊上。尉遲敬德打敗了唐朝方面的另一個主帥，永安王李孝基，還擒獲了獨孤懷恩和唐儉等人。

長安為之震驚，李淵甚至想過放棄黃河以東的地盤，固守關中。

但是，山西這塊地方，對建都長安的唐朝來說，實在是太重要了。那裡不僅是李淵的龍興之地，還是關中的天然屏障。如果山西丟了，關中就很容易被攻下。李淵之所以能夠從太原起兵後順利地南下關中，就是如此。

這個時候，李淵不得不又把他的老二李世民派上前線。那個時候，李世民從西邊打完了薛仁果，剛剛回到長安。隨後，李世民就率軍和劉武周的軍隊在山西展開了激戰。

武德三年（620），李世民指揮的唐軍與劉武周部下宋金剛、尉遲敬德部在山西柏壁交戰，宋金剛大敗，最後投奔突厥。尉遲恭繼續在介休堅守了一段時間。按照《舊唐書·尉遲敬德傳》的記載，李世民派遣任城王李道宗和大臣宇文士及去勸降，最終把尉遲敬德說服了，他和劉武周手下的另外一員大將尋相一起來降。

不過，在演義小說中，尉遲敬德歸降李世民，是一場很精彩的戲。單田芳的評書《瓦崗英雄》中，就有一回叫做「白壁關三鞭換兩鐧，棋盤山一截十萬糧」[160]。講的是李世民被敬德打得落馬，命懸一線的時候，正好

---

[160]　單田芳著：《瓦崗英雄》，第 649 － 656 頁。

一、李世民誠心釋怨

程咬金去把秦叔寶搬來了。秦叔寶和尉遲敬德大戰五十多個回合，未分勝負。李世民一看尉遲敬德如此勇猛，頓生愛惜之情。他朝秦叔寶喊話：「手下留情，我要活敬德，不要死尉遲恭！」尉遲敬德打不過秦叔寶，就想以力氣取勝，於是他提出以鞭對鐧，各打三下，各接三下，接不住者為輸。秦叔寶使出全身力氣，勉強接住了尉遲敬德的三鞭。但當秦叔寶的第二鐧打下去以後，尉遲敬德被震得掉下馬來。李世民擔心，這第三鐧下去，肯定一死一傷，兩家大將就將毀於一旦。所以，他忙告訴軍師徐懋功，快快鳴金收兵。後來程咬金設計截了尉遲敬德的糧車，在李世民的感召下，尉遲敬德最終向李世民投降。

且不論演義小說對兩位英雄交手的場景是如何渲染的，尉遲敬德在山西被李世民收服了，這是歷史事實。

得知尉遲敬德這位勇將率眾來降，李世民是欣喜萬分。他早就聽聞尉遲敬德是那種「一夫當關，萬夫莫開」的人，自己太需要這種人才了。所以李世民對尉遲敬德恩遇有加，十分重視，親自設宴為他接風洗塵，授予「右一府統軍」之職。

但後來沒過多久，在攻打洛陽王世充的戰鬥中，許多劉武周手下的降將又相繼叛逃。李世民的部下都懷疑尉遲恭遲早也要叛變，於是把他囚禁了起來。

想必是李世民聽到了風聲前來過問，當時的行軍左僕射屈突通、尚書殷開山對李世民說：「尉遲敬德驍勇絕倫，就是他原本不叛，現在我們已經關起了他，他也一定會生出埋怨之心，將來必叛。不如直接將他殺掉算了。」[161]

二人說得也在理。尉遲敬德也是十分了得的人物，率眾歸降唐朝，自

---

[161]《資治通鑑》卷一八八，第5890頁。

第十五章　門神傳奇──唐太宗的生死守護者

然希望能夠得到基本的尊重,歸降的人最怕在猜疑中過日子。現在莫名其妙把他給囚禁起來了,肯定會把這個脾氣暴躁的黑面將軍惹惱了,至少是埋下了怨恨的種子。這是常人處理問題的思路。

似乎在李世民和尉遲敬德這一對元帥與降將的關係中,出現了死結。如果李世民聽了屈突通、殷開山的話,真的把尉遲敬德殺了,那唐朝開國的故事可能就要重寫。

好在李世民有著化解人際關係死結的能力。他有著強烈的自信和建立在自信心基礎上的冒險精神,有著慧眼識英雄的洞察力。他反駁屈突通和殷開山,說:「不然。我跟你們看法不同。他要是想叛,怎麼還會等到現在呢?他是那一批投誠人員中最有能力叛逃的人。馬上把人放了!」

就這樣,尉遲敬德被釋放了。可是沒來由地把人這樣折騰了一通,總該有個交代才行。不能說關就關,說放就放。解鈴還須繫鈴人啊,主動權在李世民一方。

幸虧李世民深諳撫人之道,他把尉遲敬德召到自己的臥室內,對他說:「大丈夫相交,圖的是意氣相投,希望你不要把這小小的誤會放在心上。我更不會因為一些流言,就害你這等忠良之士。請你體諒我的這一番用心。要是你執意想走,我也不強留,這裡有些金銀,你帶在路上用吧,也算我們相識一場。」[162]

這一番話說得真是發自肺腑,誠懇之極。尉遲敬德被感動了。縱然尉遲敬德知道李世民在某種意義上是在施用安撫之術,但也是為著要留下他、重用他才如此費苦心的呀。

事實就是這樣,在人與人的共處中,術和情是一體的,關鍵看彼此是

---

[162]《資治通鑑》卷一八八,第 5890 頁。

否配合。或者功利一點說,二人是否有共同的利益,共同的目標,是否意氣相投。有些事情,不一定非要點破,保持一點距離,保留一點空間,給對方以迴旋餘地,對雙方都是必要的。

在中國傳統的民間傳說中,大凡英雄,都是具有獨特個性的,而且都曾經落難。如何收服英雄的心,如何讓英雄成為願意效其死力的手下幹將,是李世民展示其獨特人格魅力的重要方面。面對這些身懷絕技、神勇無比、個性張揚、可殺而不可辱的真心英雄,李世民沒有採取強行壓服,沒有採取死纏爛打的辦法,而是欲擒故縱,給他們自由選擇的機會,最終贏得了他們的俠肝義膽、鐵血忠心,成就了一段君臣相得益彰的千古佳話。

二、尉遲恭武藝超群

尉遲敬德武藝高強,最擅長的武藝是在對陣之時奪取敵手的矟(即長槊)。他常常在兩軍對陣間,單騎衝入敵陣,即使敵方眾人舉槊齊刺,都傷不了他,最奇的是他還能在左閃右避之間奪取敵人的長槊,反刺對方。

齊王李元吉也非常善於馬上擊槊,聽說尉遲敬德也有這方面的技藝,心中很是不服,就來到李世民的營中,要求與尉遲敬德親自比試,一來炫耀一下自己的武藝,二來挫一挫秦府兵將的銳氣。

兄弟相見坐下,召來尉遲敬德。李世民命雙方把長槊去掉鋒利的尖刃,只以木竿相擊,比試一下武藝。尉遲敬德很恭謹地稟報:「齊王縱使槊上加刃,也肯定傷不了我。我自己把槊刃去掉就是。」

尉遲敬德的口氣實在也太大了。李元吉上馬疾馳,總是無法刺中。秦

第十五章　門神傳奇──唐太宗的生死守護者

王李世民故意問尉遲敬德：「奪槊和避槊，哪個更難？」敬德回答：「奪槊難。」李世民就命敬德去奪李元吉的槊。

李元吉執槊躍馬，朝著尉遲敬德狠命刺去，想置之死地。一會兒工夫，尉遲敬德就連續三奪其槊。最後，這位齊王不得不服，嘴上大聲讚嘆，心中卻感到莫大的恥辱和氣憤[163]。

小說家和評書家把這一段演義成「尉遲恭單鞭奪槊」的神奇故事。

武德四年（621），在秦王李世民攻打竇建德的戰鬥中，李世民讓李世勣、程咬金、秦叔寶等大將在沿途埋伏，自己帶著尉遲敬德去竇建德的軍營挑戰，以把竇軍引出來作戰。李世民背弓搭箭，尉遲敬德手持長槊，真是一對英雄絕配，竇軍前鋒多人應聲斃命。

等竇建德大軍出動，進入李世民早已安排好的埋伏圈之後，李世勣、程咬金、秦叔寶率軍奮起攻敵，一舉打敗了竇建德，也為攻下洛陽的王世充奠定了基礎。

就在這次戰鬥中，尉遲敬德還出色地給李世民奪得了一匹良馬。當時，王世充的姪子王琬正在竇建德的軍營中，他是王世充派去聯繫竇建德的使臣。王琬所乘的坐騎，是隋煬帝留在洛陽的御馬。他穿著鮮豔的鎧甲，在竇建德的軍前耀武揚威，十分引人注目。李世民也是愛馬之人，見後不禁脫口讚嘆起來：「那小子所乘之馬，真的是一匹良馬啊！」[164]尉遲敬德一聽，知道李世民喜歡那馬，當即就請衝入敵營去奪馬。他和另外兩位將領一起衝出，直奔王琬，把他擒獲下馬，隨後尉遲敬德牽著那匹御馬，押著王琬，回營覆命。可憐那竇建德的一幫將士，看著這個目中無人的黑面將軍，沒有人敢出來抵擋一陣。

---

[163]《舊唐書》卷六八〈尉遲敬德傳〉，第 2496 頁。
[164]《舊唐書》卷六八〈尉遲敬德傳〉，第 2496 － 2497 頁。

三、三救李世民

在李世民做秦王的時間裡，尉遲敬德至少三次救了他的命，尉遲敬德也因此成了李世民的守護神。李世民十分器重尉遲敬德，將他列在「凌煙閣二十四功臣」中武將之首。

第一次是武德三年（620），他在洛陽城外從單雄信的槍下救了李世民。

就在李世民將尉遲敬德釋放的當天，李世民帶了一些隨從在外打獵。行至密林深處的時候，遭到王世充一夥的伏擊。李世民身邊的人本就不多，又沒有防備，一下就亂了手腳，紛紛被對方打落馬下。王世充手下的單雄信提槍就要來刺李世民，眼看就要傷了李世民性命。在這千鈞一髮的關頭，尉遲敬德大喝一聲，衝殺過來，猶如猛虎下山，一槍將單雄信刺落馬下，然後保護李世民突出重圍。之後更是率眾去攻打王世充，與之大戰數個回合，將對方擊潰，並俘虜了一員大將陳智略。

歸來營中，李世民望著尉遲敬德，感嘆地說：「剛才眾人還說你會叛變，真是天意讓我沒有相信，力排眾議，將公保了下來。哎呀！善有善報啊，只是沒想到有這麼快！」[165] 說罷，用力拍了拍敬德的肩膀，並下令重賞。

從此之後，尉遲敬德一直追隨在李世民身邊，立下了赫赫戰功。

第二次是武德五年（622）在河北臨洺（今河北曲周西），尉遲敬德從劉黑闥的包圍圈中救出李世民。

當時，李世民率兵征討劉黑闥，當劉黑闥軍向李世勣部發動襲擊時，李世民帶領部隊從後面偷襲。但是，劉軍很快集結了許多人馬，來勢凶

---

[165]《資治通鑑》卷一八八，第 5890 — 5891 頁。

第十五章　門神傳奇──唐太宗的生死守護者

猛,把李世民包圍了起來。唐軍一下子慌了。正當李世民左右衝殺、尋找突圍口的時候,尉遲敬德帶領幾個壯士,勇猛突圍而入,來到李世民的身邊,把李世民和江夏王李道宗救了出來。

後來,李世民派人去決開洛水上游的堤堰,用水淹沒了劉黑闥的軍營。劉黑闥被打敗,投奔了突厥。

第三次是在武德九年(626)六月四日的玄武門之變中,尉遲敬德把李世民從齊王李元吉勒緊其脖頸的弓弦中救了出來。

正是玄武門之變中的英勇表現,尉遲敬德才成了李世民的「門神」,也成為後來民間的門神。

四、成為門神

唐朝的統一戰爭基本結束後,李世民與太子李建成和齊王李元吉之間的矛盾逐漸加劇,雙方都開始挖起了對方的牆腳。李建成看上的是李世民那邊的尉遲敬德,他給尉遲敬德寫了一封密信,表示要和他結為生死之交,並送了一車的金銀器物。

尉遲敬德是個實在人,他很誠懇地回絕了,要來人給太子傳話,說:「秦王對我有再生之恩,我生是秦王的人,死是秦王的鬼。如果我私下答應了太子殿下,便是有二心,也就是見利忘義的人。這樣的人,太子殿下即使拉攏去,又有什麼用呢?」[166]這話把太子噎得也無話可說,但從此卻結下了很深的梁子。

後來尉遲敬德把這個事情的經過向李世民作了彙報。李世民心裡一定

---

[166]《舊唐書》卷六八〈尉遲敬德傳〉,第 2497 頁。

是很感激他的忠心,但還是不忘來個並不輕鬆的幽默。他對尉遲敬德說:「你那一片根本不可動搖的忠心,我從來沒有懷疑。只是他們送了你一車金銀器物,你收取了就是。現在你拒絕了,恐怕就把人家得罪了,此後就有性命之憂啊。況且,你要是表面上答應了他們,還可以得到許多有用的情報,也不失為良策啊。」[167] 話雖如此說,但尉遲敬德哪能有如此的心計?

不久,尉遲敬德真的遇到了齊王元吉派來的刺客。元吉本來就對尉遲敬德很害怕,那單鞭奪槊的情景,想想都讓人膽寒。李元吉手下的刺客,自然也是膽顫心驚。尉遲敬德知道他們要來行刺,晚上睡覺的時候,乾脆門戶洞開,安臥不動。刺客幾次進入到了院庭中,都不敢進入他的臥房,更不要說下手了。

按照《舊唐書·尉遲敬德傳》的記載,李元吉沒有辦法,只好向高祖告尉遲敬德的狀,於是高祖下詔要把他殺了。還是李世民苦苦求情才留住了尉遲恭的性命。

當李世民和李建成雙方斗爭進入關鍵時刻,而李世民還在猶豫的時候,尉遲敬德勸李世民早下決心,早作準備,要先發制人。他請李世民不要「存仁愛之小情,忘社稷之大計」[168],並且揚言如果不動手,那自己就只好先逃亡去了,而且長孫無忌也會跟他一起走。正是在尉遲敬德三番五次的催逼下,李世民才下定決心在玄武門發動政變。

在玄武門之變的現場,尉遲敬德擔當著敢死隊隊長的角色,指揮著七十餘騎人馬。當李世民將李建成一箭射斃之後,臨湖殿伏兵剎那間湧出,七十餘騎排山壓來,為首的正是尉遲敬德。

當齊王李元吉被射落墜馬,驚惶爬起之後,卻見秦王李世民所乘之馬

---

[167]《舊唐書》卷六八〈尉遲敬德傳〉,第 2497 頁。
[168]《舊唐書》卷六八〈尉遲敬德傳〉,第 2498 頁。

第十五章　門神傳奇──唐太宗的生死守護者

奔入旁邊樹林，馬的韁繩被樹枝牽絆住了，無法前進。齊王是困獸猶鬥，不知從哪裡湧起一股力量，奔至樹下，徒手搏鬥間奪過李世民之弓，用弓弦死死勒緊李世民的脖頸。

說時遲，那時快。一聲雷厲喝斥，尉遲敬德策馬奔來。李元吉頓時鬆手，慌不擇路，向著武德殿便跑。尉遲敬德一箭疾飛，李元吉當場斃命。這已是尉遲敬德第三次救了李世民的命！那邊玄武門外正在展開一場激戰，太子李建成的東宮警衛隊和元吉的齊王府兵馬，正在薛萬徹等將軍的帶領下猛烈攻城，情況萬分危急。尉遲敬德割下李建成和李元吉的人頭，提到城門上，宣布太子和齊王都已經伏誅，圍攻的隊伍才稍稍散去。

尉遲敬德顧不上喘息，連忙帶著自己的敢死隊，朝高祖李淵正在泛舟的海池邊疾馳而去，後面幾十騎緊緊跟隨。望著全副武裝的秦王府敢死隊，李淵著實大吃一驚。為了盡快穩定局面，尉遲敬德請高祖李淵頒下一道手敕，下令由李世民接管全國軍隊的指揮大權。

在整個政變的過程中，尉遲敬德表現英勇、臨危不亂，為李世民奪取最後的勝利立下了大功。所以，後來論功行賞的時候，他和長孫無忌都是功居第一。也正因為他的特殊功勞和超強武功，民間傳說中才把他畫到了門上，成了著名的右門神。

五、秉性耿直的大功臣

李世民做了皇帝以後，尉遲敬德因為在統一戰爭和玄武門之變中立有大功，被任命為府兵系統最高軍職之一的右武候大將軍，賜予吳國公的爵位，與長孫無忌、房玄齡、杜如晦一起，成為貞觀初年最受重視的人，後

五、秉性耿直的大功臣

來還帶兵打敗了突厥的侵擾。

但是,尉遲敬德是那種秉性耿直的人,看不慣的事情,不管是誰,他都要站出來說話。尤其是對於長孫無忌、房玄齡、杜如晦他們,因為這些都是政治上的紅人,尉遲敬德更不能容忍他們的小動作。每次看到或聽到關於他們的一些不是,都要當著唐太宗的面,把他們的問題指出來,因此時常在皇帝面前發生爭執。這幾位在宰相位置上的當權者,都看尉遲敬德很不順眼。

有一次,唐太宗與吏部尚書唐儉一起下棋,發生了爭執。本來唐太宗和唐儉的關係很親近,經常與唐儉一起吃飯,甚至唐儉不來他就不好好吃飯。唐儉也是覺得自己與皇上是哥們兒,下棋的時候就不知道讓著,把唐太宗給惹惱了。於是,唐太宗一怒之下,要把唐儉貶為潭州(今湖南長沙)刺史。但是,把一個六部長官貶為外州刺史,最好要有一個堂而皇之的理由。怒氣未消的唐太宗就找到尉遲敬德,要他上朝的時候站出來,指控唐儉對皇上有怨言,有指斥皇帝的不恭言行。尉遲敬德當時就哼哼哈哈了一番,沒有明確表態。

也許是李世民覺得尉遲敬德是個武夫,沒有多少頭腦,也聽自己的話。但是,他萬萬沒有想到,等第二天上朝要作決定的時候,尉遲敬德卻說:「我實在沒有聽到唐儉有什麼不恭的言行」。唐太宗不斷給他使眼色,還使勁追問他,要他好好想想,可尉遲敬德就是否認。唐太宗急了,把一柄玉珽扔到地上摔碎了,氣憤地甩著衣服就退朝進入後宮。

尉遲敬德可是惹了大麻煩了。過了好一陣子,唐太宗傳話,要三品以上的官員一起進宮,與皇上共餐。大臣們都搞不清楚,皇上的葫蘆裡賣的是什麼藥。尉遲敬德也不管這麼多,大大咧咧就去了。

宴會開始之前,唐太宗發表了一席講話,他說:「今天尉遲敬德的表

197

第十五章　門神傳奇──唐太宗的生死守護者

現,有三利和三益。唐儉免於枉死,是一利;朕免於枉殺,是二利;尉遲敬德免於曲從,是三利。三益則分別是,朕有恕過之美,唐儉有再生之幸,尉遲敬德有忠直之譽」[169]。說完,唐太宗當場宣布,賞給尉遲敬德一千段絲織品。宴會廳裡響起一片萬歲之聲。一場風波就這樣化解了。這個插曲,本身就是貞觀政治生活中的一段佳話。唐太宗有肚量,有勇氣反省自己,糾正錯誤。但是,他內心的芥蒂也許不是很快就能夠消除的。據說,唐太宗有一段時間對唐儉特別的恨,派人對他說:「你以後再也不要見我了,我一見到你,就想殺了你。」[170]

可是,尉遲敬德卻不管那麼多,他還是我行我素,就是改不了那個倔脾氣。唐太宗有一次對他說,我想把一個女兒嫁給你,你願意嗎?尉遲敬德當場就謝絕了,說:「我的妻子雖然長得不漂亮,也沒什麼文化,但我們之間並不失夫妻之情。我常聽人說起古人的話,富不易妻,仁也。我很嚮往這樣的境界,希望陛下收回這個恩典。」[171]他說這番話,絕不是口是心非,而是堅決地把駙馬爺的位置給推掉了。

貞觀八年(634)的時候,尉遲敬德擔任同州刺史。有一次,參加唐太宗在內廷召集的高級別的宴會,到會的許多人都是當年隨李世民出生入死的功臣。

在安排座次的過程中,宰相宇文士及被排在了尉遲敬德的上席,尉遲敬德當時就不服,揪住宇文士及說:「你有什麼功勞,竟敢坐在我的上席?」[172]還是李世民親自出面,才勉強把他勸回座位上了。

但尉遲敬德越想越不對勁,還在一個勁地發牢騷,坐在他下手的任城

---

[169]　張鷟:《朝野僉載》,中華書局 1979 年,第 173 頁。
[170]　張鷟:《朝野僉載》,第 172 頁。
[171]　《資治通鑑》卷一九五,6144 頁。
[172]　《舊唐書》卷六八〈尉遲敬德傳〉,第 2499 - 2500 頁。

王李道宗，忍不住勸了他幾句，其實也是出於好心，希望不要在這樣的場合發生衝突。李道宗的勸說卻把尉遲敬德的怒氣又激起來了，他揮拳就向著李道宗打去，把個好言相勸的李道宗打得眼睛都差點瞎掉。

唐太宗很不高興地宣布結束宴會。

六、太宗的警告

就在那次打傷李道宗之後不久，唐太宗找尉遲敬德作了一次很嚴厲的談話，或者說是一次嚴重警告。

太宗說：「我讀漢代的歷史，看到漢高祖的功臣很少有善終的，心裡常常對漢高祖有所不滿。從我入居大位以來，就一直想著要保全功臣，要讓功臣們子子孫孫繁衍下去。可是，你這個大功臣，總是觸犯國家的法令，這讓我明白西漢時期韓信、彭越等功臣被誅戮，並非漢高祖之過錯。國家大事，最重要的就是賞與罰，對於像你這樣的功臣來說，不可一而再、再而三地想要得到什麼非分之恩，一定要好好地反省和管束自己，不要在將來悔之晚矣！」[173]

可是，尉遲敬德就是這個脾氣。這樣的人，即使在政治清明的貞觀時期，也是很難在朝中立足的。自從被太宗敲打一頓以後，尉遲敬德在政治上就很少發言了。貞觀時期的大部分時間，他都在外地做都督、刺史，而不是在朝為官。

貞觀十七年（643），尉遲敬德上表乞骸骨，太宗批准了他的退休申請。在唐太宗確立的凌煙閣二十四功臣名單中，尉遲敬德列於長孫無忌、李孝

---

[173]《舊唐書》卷六八〈尉遲敬德傳〉，第2500頁。

第十五章　門神傳奇──唐太宗的生死守護者

恭、杜如晦、魏徵、房玄齡之後，排名第六，純粹的武將中，他是第一位。這也許應該得益於唐太宗的敲打。

尉遲敬德一直活到高宗顯慶三年（658），享年七十四歲。在總共十六年的退休生活中，尉遲敬德斷絕了所有的人情往來，一方面是弄一些神仙方術的東西，服藥煉丹；另一方面是享受生活，大肆修建亭臺樓閣、錦衣美食、歌舞娛樂。

尉遲敬德總算有了個善終。他的這個結局，某種程度上也體現了唐太宗對功臣的自信、豁達與寬容。這也是貞觀之治的一個重要方面。

第十六章
名將風雲 —— 唐太宗與李靖

　　李靖是隋唐英雄中故事最多的人，他的名字總是出現在神話傳說中，在歷史上又總是和「謀反」一詞綁在一起。有一本很有名的兵書，叫《唐太宗李衛公問對》，記載著唐太宗和李靖之間關於兵法的討論。史書上記載了一個故事：太宗讓李靖教侯君集兵法，李靖有所保留。侯君集對太宗說：「李靖將要謀反。」太宗問：「為什麼？」侯君集說：「李靖只教臣粗略的東西，卻保留了他的精髓，所以說他有反心。」太宗就去問李靖，李靖說：「這是侯君集想謀反。現在四海安定，我教他的那些東西，足夠制服四方了，而君集還要求我把自己的全部兵法都傳授給他，不是要反是什麼呢！」[174]

　　李靖和唐太宗說起謀反的話題，真的如此輕鬆嗎？歷史上的李靖到底是一個怎麼樣的人？也許先要簡單介紹一下他在神話傳說和傳奇小說中的形象。

一、托塔天王與「紅拂夜奔」

　　神話小說《西遊記》裡說：玉帝授予孫猴子弼馬溫職務，孫猴子嫌官小，一怒之下，反下天宮。玉帝決定擒拿他，託塔天王李靖及其子哪吒三

---

[174]《新唐書》卷九四〈侯君集傳〉，第 3828 頁。

第十六章　名將風雲——唐太宗與李靖

太子請求執行任務。李靖原本是隋唐之際一個真實的英雄豪傑，怎麼就成了神話傳說中的天神了呢？這些傳說來源於兩個方面的傳統：佛教神話和歷史人物。佛教故事中有托塔天王，後人就把那個歷史上的軍事家改造成了天界的最高軍事長官了。

各種版本的隋唐演義裡都有李靖，而他的形象大多是位老道，呼風喚雨，撒豆成兵，每當李世民等人遇到大麻煩，總能及時從天而降，搭救大家。其實，李靖終其一生從未當過道士。可能是他字「藥師」，讓人聯想起煉丹的道士。加上本人在歷史上雖然沒有法術，卻能文能武，非常有能耐，所以被後世小說家附會成了一個神仙老道。

李靖還是「紅拂夜奔」故事裡的男主角。唐人小說〈虯髯客傳〉講的就是這個故事，大意是說，李靖的夫人原是隋朝宰相、越國公楊素府裡的侍女。早年李靖拜訪楊素，楊素斂容起身，鄭重與之交談。李靖英氣逼人，楊素大喜。當時，楊素身邊有一名美貌的家妓，手執紅拂侍立，屢以雙目打量李靖。李靖對於紅拂侍女的眼神，竟毫無覺察。當晚，李靖辭別楊府後，歇身於旅舍。夜半，紅拂女前來投奔，表示要如絲蘿依喬木般嫁給李靖。李靖遂攜了這紅拂女到太原去了。在半路上，他們遇到一中等身材的大鬍子客官——「赤髯如虯」[175]的虯髯客，狂放不羈，隨性而為，沿途對李靖鼎力相助，又以豪宅、婢僕相贈，最後告訴李靖可以事奉的主人是太原留守李淵的二公子李世民，自己飄然而去。

這個故事只是唐朝後期人編排出來的一個美好傳說。事實上，李靖基本不大可能遇到這麼一個大俠，有這樣一位夫人。我想有兩個理由：第一，在歷史記載中，李靖還只是隋朝一個員外郎時，就曾得尚書左僕射（宰相之職）、被譽為隋朝第一名將的楊素盛讚。楊素對李靖垂愛有加，他

---

[175]　李劍國輯校：《唐五代傳奇集》卷四三〈虯髯客傳〉，中華書局 2015 年，第 2455 頁。

曾經摸著自己的坐榻，勉勵李靖說：「你終究會坐上這個位子的。」[176] 李靖見過楊素是事實，但不大可能剛被楊素誇獎，就拐走人家侍女，這個不光明正大。如果這一點說服力還不夠，那麼第二點，李靖投奔唐朝，根本不是像傳奇裡那樣，受到高人虯髯客指點，知道隋朝不行了，只有李世民是救世的真命天子，才主動到太原投奔李世民的。相反，這個投奔的經歷非常凶險。

二、李靖歸唐的戲劇性經歷

根據史書記載，李靖從小便有文武才略，常常說：「大丈夫若遇主逢時，必當立功立事，以取富貴」[177]。年長後更是姿貌魁偉、氣度不凡。他的舅舅韓擒虎，是有隋一朝聲名赫赫的將領，在滅陳的戰爭中立有大功。李靖自幼便常與韓擒虎探討兵法，韓擒虎對李靖的見解十分讚賞，經常說：「當世能夠和我談論孫、吳兵法的，非此小兒莫屬了。」當時的左僕射楊素、吏部尚書牛弘對李靖都很欣賞。

李靖進入仕途之後，曾做過長安縣（今西安市長安區）功曹，之後又做駕部員外郎，都不是什麼顯要的官職。隋朝末年，外放當了馬邑郡丞。郡丞是一郡長官太守的副職，級別不過正六品，而當時他的年齡卻不小，已經快四十歲了。

當時馬邑郡是太原留守李淵統轄的一個邊郡，李靖是李淵的下屬。李淵緊鑼密鼓準備造反，結果被李靖察覺了。但是李靖地位不高，並非李淵的心腹，他是怎麼察覺到上司要造反的？從現有的史料來看，他可能是從

---

[176]《舊唐書》卷六七〈李靖傳〉，第 2475 頁。
[177]《舊唐書》卷六七〈李靖傳〉，第 2475 頁。

第十六章　名將風雲──唐太宗與李靖

李世民那裡得到的消息。

　　李淵在起事之前，曾經派李建成和李世民兄弟二人聯繫地方的豪傑，而李靖所在的馬邑，正是李世民負責的地區。李靖雖然官職不高，但卻是值得爭取的人才，為了爭取更多的力量，李世民完全有可能拉攏過李靖。

　　那麼，李靖為什麼要向隋煬帝告密，揭發自己的上司謀反之事呢？這主要是為了自保，為了逃脫隋煬帝日後追查的責任，表明他對隋朝無可挽回的敗局還缺乏清楚的認知；同時也說明李靖對李淵並不看好，他不了解李淵的整個謀略和政治智慧，不相信李淵能夠成就大事。

　　李靖採取了「自鎖上變」的方式，打算親自趕赴江都（今江蘇揚州），向隋煬帝當面陳述案情。所謂「自鎖上變」，就是自己戴上枷鎖，當面去向皇帝告發重大的案情。按照隋朝的制度規定，這是下級起訴上級必須使用的方式。起訴上級本身就是有違禮法的行為，所以必須「自鎖」，表示要待罪申訴。

　　李靖打算到了長安之後，繞開李淵管轄的地盤，取道運河，到達江都。可是因為李淵起兵，加上山東地區也有大規模的民變，使得他滯留在長安，「至長安，道塞不通而止」[178]，最終成為階下之囚。

　　李淵的軍隊進入長安後不久，他就親自審理了李靖洩密的案件。李靖是如何被逮捕，如何被押送到李淵面前，我們不得而知。《舊唐書》對逮捕押送過程的記載只有短短的十個字：「高祖克京城，執靖將斬之」[179]。按照李淵的意思，李靖這個人居然敢告密，差點壞了起兵大事，這是反革命的大罪，不可饒恕，於是也沒怎麼審問，只是驗明正身，馬上就要將李靖推出去處死。在生死關頭，出現了戲劇性的一幕。李靖即將被處死，不

---

[178]《舊唐書》卷六七〈李靖傳〉，第 2475 頁。
[179]《舊唐書》卷六七〈李靖傳〉，第 2475 頁。

顧一切地大聲叫道:「唐公起義兵,本為天下除暴亂,現在不欲成就大事,卻要因個人恩怨而斬殺壯士嗎?」這個時候,李世民剛好就在旁邊,聽到李靖的豪言壯語,十分驚異,便為李靖求情。在李世民的請求下,李淵動搖了,就此放過了李靖。

這就是史書上關於李靖刀下脫險故事的記載,突出了李靖的英雄膽識,李世民的愛才之心,以及李淵不計前嫌的帝王肚量。這樣一個故事,對於當事人三方,都是皆大歡喜的。但是,故事畢竟是故事,無論編寫故事的人如何善意地化解矛盾,這個故事背後的真相,不會是如此輕鬆詼諧的。

有一種可能,就是李靖被抓獲後,李淵並非真的要殺了他,而是先把他抓起來,要李世民做一個求情者,上演刀下救人的一幕。這樣一來,李淵就樹立起自己對李靖的恩威,使李靖踏實地為唐朝賣命。這就如同李淵到太原後,把劉文靜關起來一樣。李淵和李世民父子,是慣用這種手法的人。多年以後,李世民臨終前外放李勣的做法,據說還是李靖教他的,實際上應該是來自李淵的真傳。

三、李靖的「下挫」與「升值」

李靖得救了,被李世民「尋召入幕府」,從此在李世民的帳下聽令。他的後半生,也將離不開這個人。但在武德年間,他還是獨立指揮了一些戰爭。

唐朝建立後的統一戰爭,一直持續到武德八年(625)為止。在大大小小的翦滅群雄的戰爭中,除了秦王李世民之外,河間王李孝恭、李靖和李

第十六章　名將風雲──唐太宗與李靖

世勣是最為核心的幾員將領。

武德三年（620），唐軍大舉東進，討伐洛陽王世充。李靖和李世勣都隨秦王李世民領兵前往。李靖因功被授予開府（府兵系統中的高級軍職）。《舊唐書·李靖傳》載：「武德二年，從討王世充，以功授開府。」[180] 這裡記載的時間有誤。唐軍在李世民的率領下攻打洛陽，是在武德三年的七月。

不過，李靖不久便被調離了洛陽戰場，轉而受命前去攻打長江流域的割據勢力蕭銑。李靖率領小股人馬至金州（今陝西省安康縣），入巴蜀。後被蕭銑阻擋在峽州（今湖北宜昌境內），很長時間毫無進展。或許是因為當年李靖自鎖告變與李淵結下的過節，令李淵仍不能夠釋然，當時李淵給峽州都督許紹下了一道祕密聖旨，命斬殺李靖。

許紹，字嗣宗，兒時曾與高祖李淵同學，關係特別親密。幸運的是，這許紹又是一個惜才之人，他悄然上奏李淵，請求寬恕李靖，使其戴罪立功。

許紹的上書奏效了，李靖沒有莫名其妙地死於非命。又恰逢開州（今四川開縣）少數民族首領冉肇則造反，李靖率兵八百，襲破其營，後又據險設伏，斬肇則，俘獲五千餘人。李淵聞得勝訊，高興地說：「朕聽說使功不如使過，李靖果然為我效命。」[181] 使功不如使過，是一條重要的用人原則，意思是說，用那立功之人，不如用犯了錯的人，因為立功之人容易自滿，讓他奮不顧身去再立新功就比較難，而犯錯的人稍加寬慰或者勉勵，就可能建立大功。這就如同買股票一樣，下挫的股票升值潛力就比較大，下跌幅度越大，升值的空間就越大，而連續有良好表現的股票，再想

---

[180]《舊唐書》卷六七〈李靖傳〉，第 2476 頁。
[181]《舊唐書》卷六七〈李靖傳〉，第 2476 頁。

三、李靖的「下挫」與「升值」

大幅度升值就很困難了。當然，這是一般原則，實際運作中還有例外的情況。

李淵的這句感嘆，實際上也在興頭上流露出當年釋放李靖的真實意圖，「使功不如使過」。既然他犯了那麼大的錯，一旦「買入」，把他用起來，升值的潛力一定是很大的。在李淵建立唐朝、統一全國的行情走勢中，如果說李靖第一次犯錯是由於沒有看準行情，使自己的「市值」嚴重下挫，那麼，這一次則是由於李淵的信心不足，又使自己下挫了一次。不過，好在李淵很懂得經營，是在低價位的時候把李靖這隻「股票」買入的，結果真的得到了很大的回報。

李靖或許不知道皇帝曾授命許紹處死自己這一件事。他歸附了唐朝，便唯知盡力。而高祖李淵，至此也應該明白，以李靖之襟懷坦蕩、盡職盡力，自己不應該再耿耿介懷於以往的過節。或許這正是史籍中記載這件事的深意所在。

武德四年（621），為了平定割據江陵（今湖北江陵）的蕭銑，李靖又提出了十條計策。高祖派河間王李孝恭和李靖順江東下，進攻蕭銑。由於李孝恭不諳戰事，統帥軍隊、行軍打仗之事，基本上是由李靖總領。李靖先以迅雷不及掩耳之勢進兵夷陵（今湖北省宜昌市），又以待敵疲勞、趁機出擊的戰術打敗蕭銑手下的健將林士弘，然後集中兵力圍攻蕭銑所在的江陵。十月，攻破江陵，蕭銑被送往長安斬首。李靖授上柱國，封永康縣公，賜物二千五百段。

武德六年（623）八月，輔公祏據丹陽（今江蘇南京）反，高祖命李孝恭為元帥、李靖為副以討之，李世勣、任瓌、張鎮州、黃君漢等七總管並受節度。李靖先誘敵出兵，敗之，又乘勝追擊。至次年三月，輔公祏與其部將馮慧亮等陸續被擒獲，江南悉平。於是置東南道行臺，拜李靖為行臺

第十六章　名將風雲──唐太宗與李靖

兵部尚書，賜物千段、奴婢百口、馬百匹。同年行臺被廢，李靖又檢校揚州大都督府長史。李淵道：「李靖是蕭銑、輔公祏的剋星，即使是古之名將韓信、白起、衛青、霍去病，又豈能比得上啊！」[182]

李淵得意於對李靖操控的成功，李靖也應該慶幸自己投奔大唐的選擇。儘管君臣之間有過操縱與投機，但最終卻是雙贏的歡喜結局。

可以說，唐朝統一全國，黃河流域是李世民拿下的，長江流域則是李靖的功勞了。從武德四年以後，李靖身為唐朝統一戰爭當中的方面元帥，軍事地位是確立下來了。他是在戰功上唯一可以和李世民媲美的人。

四、李靖為大唐雪恥

李靖與李淵之間，經過這麼多次的操控與較量，基本上達成了默契。而李靖與李世民的關係，則更加微妙。在武德後期的兄弟之爭中，李靖和李世勣二人，基本是置身事外的。但是，李世民沒有也不可能忽略他的存在，只能是更加看重他。

貞觀三年（629）二月，李靖以刑部尚書檢校中書令轉為兵部尚書，參預朝政。唐太宗要任命李靖為軍隊的最高負責人，並參加宰相會議，用意很明確，就是要李靖帶領對突厥的戰爭。

突厥對唐朝的威脅，是李世民心中揮之不去的一個痛。自太原起兵之初，李家父子就一直生活在突厥的陰影之中。不僅當初李淵不得不向突厥稱臣，就是李世民登基後，也一直受到突厥的威脅。

出兵的時刻到了。貞觀三年（629）十一月，太宗令李靖為定襄道行軍

---

[182]《舊唐書》卷六七〈李靖傳〉，第 2478 頁。

總管,出定襄(今山西定襄)討伐突厥;以柴紹為金河道行軍總管,出金河(今內蒙古清水河)向西出發;任城王李道宗從靈州(今寧夏靈武)西進;薛萬徹為暢武道行軍總管,從營州(今遼寧朝陽)跨燕山山脈向西挺進;并州都督李世勣為通漠道行軍總管,出晉北的雲中(今山西大同)向西北推進。五路大軍共十餘萬人,皆由李靖節制。其中李靖與李世勣所部為中路軍,其他三路為側翼和後援。

太宗出動了大唐最得力的將領和最精銳的兵力。

李世民是把李靖當作一個元帥來用的,由他來擔任這場戰爭的總指揮。李靖是善於出奇制勝的將領,儘管是總元帥,他也不是在後方坐鎮,而是把其他幾路兵馬都布置好了,自己帶著三千精銳騎兵,孤軍深入,去發動突襲。

貞觀四年(630)正月,李靖自馬邑出發,直逼定襄。當「李」字帥旗出現在定襄城南的惡陽嶺上時,突厥的頡利可汗大吃一驚,道:「唐兵若不是舉國前來,李靖又豈敢孤軍進逼?」[183]突厥軍隊因此驚慌失措、人人自危。

這是李靖的用兵之計。先讓突厥捉摸不定、驚惶不安。目的達到了,李靖吩咐屬下,令其到突厥南邊,離間頡利可汗的心腹康蘇密來歸降,而其餘部眾,李靖則命令先按兵不動。

幾日後,康蘇密果然來降。頡利可汗跑了心腹大將,多半也已無戰意,便打算率兵向陰山之北的鐵山撤退。

這也在李靖的預料之中。於是他下令即刻出兵,**襲擊**定襄城。

這是一個月黑風高的夜晚。李靖的精銳部隊天降一般出現在定襄城。

---

[183]《舊唐書》卷六七〈李靖傳〉,第 2479 頁。

第十六章　名將風雲──唐太宗與李靖

突厥兵還在熟睡之中，來不及弄清楚情況，便被突然出現的唐朝軍隊一舉消滅。

這場戰爭的一個附帶戰績是，唐軍從突厥手裡接回了隋煬帝的蕭皇后和孫子楊政道。他們苟活於突厥已經十幾年。在突厥，楊政道曾經被立為隋朝皇帝，一個空頭卻讓唐朝不舒服的招牌。最後，李靖把蕭皇后和楊政道安全送回了京師。

唐太宗見到蕭皇后，異常欣悅，並舉行了隆重而熱情的迎接儀式。他對李靖說：「昔李陵提步卒五千，不免身降匈奴，尚得書名竹帛。卿以三千輕騎深入虜庭，克復定襄，威震北狄，古今所未有，足報往年渭水之恨。」[184]

本來，頡利可汗吃了敗仗，丟掉定襄城以後，就向唐朝求和，派了使臣到長安。李世民接待了這個使臣，而且派了自己最親信的大臣唐儉出使突厥，去跟頡利可汗談判。李靖也同時接到收兵的命令，唐太宗讓李靖帶著歸降的頡利可汗入朝。雙方要和談了，可是李靖已經打到這個地步了，他能說收就收嗎？況且，頡利可汗還在逃呢，李靖還沒有抓獲他。

李靖知道，這不是收兵之機。可是，皇上為什麼讓收兵呢？這命令是做給突厥看的麼？還是要他將計就計？

這個時候，正好另一個總管李世勣和李靖會合了。這兩個人一商量，說皇上派人去談判，讓他們談他們的，我們不能被這個談判所束縛，乘現在這個機會，一定要斬草除根，把頡利給抓住。可是，皇上已經下令派人去談判了，所以當時李靖手下的一員大將張公謹就提出質疑：皇上派人談判，我們怎麼能違抗詔命，繼續追擊呢？面對張公謹的疑問，李靖沒有多

---

[184]《舊唐書》卷六七〈李靖傳〉，第 2479 頁。

解釋，只回答了一句，「此兵機也，時不可失」[185]。這是兵機啊，一般的將領沒有能力把握住的絕佳時機。在李靖與李世勣看來，頡利可汗雖然敗績，其部屬仍然不少。若縱其逃往漠北，保存其部落，荒漠絕遠，我等地形又不熟，恐怕再不能追及。現在我大唐使者帶詔書招降於彼，頡利必然寬心無備，若選精騎一萬，帶二十日糧，可以一戰而擒頡利。至於唐儉，萬一因為我們奇襲而犧牲了，也沒有什麼可惜的，死得其所嘛。

於是李靖決定不受命，繼續進兵。李靖將兵趁夜出發，李世勣帶兵隨後，假裝成受降的軍隊，將頡利可汗徹底打敗，執送到了長安。

貞觀四年（630）二月，太宗以克突厥大赦天下。三月，四方邊境的各族君長皆來長安，奉太宗為「天可汗」。從此以後，唐太宗以璽書賜西北諸族君長，皆自稱「天可汗」。唐太宗儼然成了東亞世界包括草原部落的霸主了。

五、君臣心照不宣

李靖奇襲了頡利可汗，但唐儉後來也沒有犧牲。這件事也使我們十分疑惑，好像背後是有一些安排的。首先是唐儉出使的問題。難道李靖就不怕真要打的話，會把唐儉給捲進去嗎？要是突厥殺掉唐儉，那他如何向唐太宗交代呢？很可能唐太宗和李靖，包括李世勣這些核心人員之間，是有一種默契，或者祕密的溝通管道的，總之這個談判是做給敵人看的。因為草原那麼大，突厥要是跑了，就不好找了，不如以談判為名，派使臣去跟他接洽，以此為幌子來穩住頡利可汗。李靖不管有沒有接到這個情報或指

---

[185]《舊唐書》卷六七〈李靖傳〉，第 2479 頁。

第十六章　名將風雲——唐太宗與李靖

令，他一定體會到了唐太宗用兵的高明之處。這一重君臣之間的默契真的是非常難得的。

李靖在五月間班師回朝。然而，等待李靖的，卻是御史大夫蕭瑀的彈劾報告。蕭瑀在奏疏中說，李靖破頡利可汗牙帳後，御軍無法紀，突厥的珍寶器玩，都被將士擄掠殆盡，並請求皇上把李靖交司法部門治罪。

近百年來，突厥對於中原來說無異於壓在北方的一塊石頭，而如今這塊巨石終於被撼動。得勝回朝，縱然不要功名賞賜，李靖恐怕也沒有想到，朝中等待他的是彈劾的奏疏。《舊唐書・李靖傳》記載：「太宗大加責讓，靖頓首謝。」

太宗對李靖說：「前朝史萬歲破達頭可汗，有功不賞，還因為過錯被殺掉。朕深知這樣不妥。朕仍然要錄下你的功勞，還要赦免你的罪過。」[186]於是拜李靖為左光祿大夫，賜絹千匹，加食邑通前共五百戶。

史萬歲是怎麼死的？隋文帝開皇二十年（600），史萬歲破突厥後還朝，楊素進讒言，說突厥本來已經投降了，他們來塞上只是放牧，史萬歲卻去攻打。就是說，是史萬歲故意興兵發動戰爭的。當時文帝剛剛廢了太子，問史萬歲在哪裡，楊素又說，在東宮。文帝大怒，不管史萬歲怎樣爭辯，最終還是殺了他。太宗此時提起史萬歲，是說他不會相信讒言謀害功臣，但實際上這裡面也是話中有話、意中有意的，是要李靖自重，不要恃功驕橫。

其實，李世民面對得勝回朝的李靖，有一種很複雜的心情。他的心裡有一個疙瘩：你立了這麼大的功勞，我應該給你擺慶功宴，可是我心裡不踏實——你的功勞這麼大，豈不是要功高蓋主，以後還怎麼用你呢？從唐朝開國以來，李靖是少有的，甚至是唯一能跟自己一樣擔任方面元帥的

---

[186]《資治通鑑》卷一九三，第 6078 頁。

五、君臣心照不宣

人,現在又立了那麼大的功,繼續效命的空間到底還有多大?但也不能見面就罵人家一頓吧,畢竟他打了那麼個大勝仗,打敗了突厥,為國家雪恥,自己心裡也是很高興的。蕭瑀的彈劾報告,給了唐太宗一個恰到好處的機會,提供了一個藉口。李世民意不在責備李靖,只是要提醒一下他。皇帝最怕大臣給他撤臺階,而蕭瑀這種人是很會鋪臺階的,正好在皇帝需要的時候,就給他鋪陳了一個機會。這也是君臣之間一種難得的默契。唐太宗正好利用蕭瑀的報告,對李靖敲打一下,讓帶著得勝者心態的李靖,回到一個應該有的心態上來,不要得意洋洋,更不要得意忘形。

其實,李靖本人也是有點高處不勝寒的感覺,被唐太宗這麼一敲打,也很容易就回到平常心態了。

過了幾天,唐太宗又找到李靖,跟他談話,說前幾天那個事情已經過去了,我也沒有把它當一回事,你也不要放在心上。唐太宗對他安慰了一番,而且重新賞賜給李靖兩千匹絹,這在當時是一個很重的賞賜。

這就是「帝王心術」。太宗本人是明白的,李靖自然也明白。話中有話的那層意思,不須點破,彼此也都心知肚明。

到了貞觀九年(635),李靖再次披掛出征,征服了吐谷渾,又為唐朝立了一大功。不過,像上次打突厥一樣,李靖回朝,仍然未能順利領賞。他的部將高甑生因延誤軍期被李靖按軍法治罪,所以懷恨在心,告發李靖謀反。

功臣謀反這樣一個敏感的話題,終於有人提出來了。唐太宗沒有迴避,冷靜地面對其事。他派人調查,證實這是誣告。於是,判高甑生發配邊疆。

無論誣告者是出於什麼動機,李靖終於沒躲開謀反的指控。這雖然不

第十六章　名將風雲──唐太宗與李靖

是李靖的錯，但使他更加懂得高處不勝寒的道理。《舊唐書‧李靖傳》記載：「靖乃闔門自守，杜絕賓客，雖親戚不得妄進。」[187]

六、功臣善終的背後

　　李靖的結局是圓滿的。貞觀十一年（637），李靖改封為衛國公。貞觀十七年（643），李靖被列為「凌煙閣二十四功臣」。貞觀二十三年（649）四月辛酉，李靖病逝，享年虛歲八十。太宗下令准其陪葬昭陵，諡曰景武。此時，離唐太宗的駕崩還有不到一個月的時間。

　　李靖這樣一個總是被謀反嫌疑籠罩著的人，能這樣壽終正寢也算很不容易了。

　　當初，李靖打下突厥後，唐太宗給他升官，擔任了尚書右僕射。這個職務是當然的宰相、最高行政長官。李靖每次參加宰相會議，凡事都保持沉默。史書稱讚李靖「性沉厚」[188]。要不是這份「沉厚」，像李靖這樣立下不世軍功的大臣，又怎麼躲得過兔死狗烹的結局呢？李靖的沉默中，含有多少智慧和無奈啊！被高甑生誣告謀反之後，李靖更加懂得唐太宗的心思，也很明智地收斂自己。所謂功臣謀反，不得善終，這樣的事例在歷史上有很多。其中君主和功臣雙方都有責任，但很多情況下是雙方沒有明白對方的意圖，甚至也不明白自己的真實意圖，陰差陽錯，矛盾就激化起來了。唐太宗和李靖這一對君臣，都是能夠把陰謀當陽謀的人，都承認功臣和君主就是有著很難克服又必須克服的矛盾，不會盡說些君臣同心同德的陳腔濫調。只有承認矛盾，認清自己的定位，才能最終化解矛盾。這裡面

[187]　《舊唐書》卷六七〈李靖傳〉，第 2481 頁。
[188]　《舊唐書》卷六七〈李靖傳〉，第 2480 頁。

六、功臣善終的背後

需要勇氣和智慧，而且只有智商大體相當的君臣之間，雙方的心思才能真正對接上。

貞觀十九年（645），唐太宗親征高麗受挫後，和李靖之間有一場深入的談話。那本叫《唐太宗李衛公問對》的兵書，可能有些內容就是這一時期君臣討論兵法的紀錄。其中有一段對話，涉及貞觀後期的政治。

有一次，太宗問李靖道：「卿曾說李世勣懂得兵法，天長日久還可以任用他嗎？如果不是我親自駕馭控制他，恐怕就不好使用了。將來太子李治即位後，怎麼控制他呢？」

李靖對道：「為陛下計，不如由陛下貶黜李世勣，將來再由太子起用他。那麼他一定會感恩圖報。這在情理上也沒有什麼妨礙！」[189]

無論對李世勣的這種安排是否真的由李靖提出來，後來的事實確實如此。其實，李靖在唐高祖李淵和唐太宗李世民的面前，就曾經歷過這樣的算計。李世民又哪裡用得著李靖來教他呢？

唐太宗、李靖和李世勣，他們都是明白人。明白人之間玩心計，彼此也是心知肚明的。他們的結局，自然比那些死到臨頭還不知自己錯在哪裡的人要強得多。

---

[189] 吳如嵩、王顯臣校注：《李衛公問對校注》卷下，中華書局 2016 年，第 82 頁。

第十六章　名將風雲──唐太宗與李靖

第十七章
託孤重臣 —— 李世民的最後信賴

　　李勣是隋唐之際最富有傳奇色彩的人物，這從他不斷改換名字就可以看出。李勣出生於公元 594 年，比李世民大四歲，乃是曹州離狐（今山東鄄城西南）人，隋末徙居滑州之衛南（今河南浚縣東南）。他本姓徐，名世勣，字懋功，民間傳說中可以呼風喚雨、未卜先知的「半仙」徐懋功就是此人。後來他投奔唐朝後，被賜姓李，即唐朝的名將李世勣。唐太宗李世民去世後，為了避諱，他又改名為李勣。後來他的孫子徐敬業起兵反對武則天掌權，他又受到牽連而被削奪國姓，恢復徐姓，並被剖墳斫棺，李勣於是成了徐勣。武則天下臺、唐中宗即位後，又給他恢復了李姓。所以後來唐朝國史上，他就一直以李勣的名字出現，在《舊唐書》和《新唐書》的記載中，他也都叫作李勣。

　　李勣的一生，經歷了太多的政治風浪。他在隋末動盪中從瓦崗起家，後經歷了唐朝開國以來至武則天時期全部的重大政治震盪，但一直沒有受到衝擊，所謂「歷三朝未嘗有過」[190]。這樣的一個人，他有著怎樣的人生傳奇呢？

---

[190]《新唐書》卷九三〈李勣傳〉，第 3820 頁。

第十七章　託孤重臣──李世民的最後信賴

一、演義小說和民間傳說中的徐懋功

徐懋功是瓦崗軍的軍師，看過《隋唐演義》和《說唐》等演義小說的人，都知道他是瓦崗軍中的一位高人。民間傳說他能前知八百年，後知八百年。這樣神通的人物，在民間傳說中前面只有諸葛亮，後面只有劉伯溫。

他被民間傳為神仙，直到今天，許多地方的百姓家中還供著徐懋功的神像。民間還一直有一種說法，就說他是諸葛亮轉世。由於徐懋功在民間成了智慧的化身，有關他的傳說有很多。據傳：

徐懋功兄弟三個，懋功是老三，家有良田三十畝。他父親臨終前交代：弟兄三人每人當家一年，從老大開始。老大當家一年賣了十畝地，後老二當家，一年又賣了十畝地，輪到懋功當家時，懋功對二位兄長說：「你們要我當家可以，但必須聽我的話。」二人表示同意，懋功不放心，又讓二人簽字畫押。到了三月十五，麥穗剛剛發黃，懋功便讓收割小麥，二兄長本不願意，但已簽字畫押，只得照辦。割完麥子後，懋功讓二人將麥子堆起來，晚上又上房將瓦片揭去。二兄長心想：徐懋功真狠，我們兩個賣地，你卻把房子都拆了。不過雖然不願意，但仍按照懋功所說的辦。剛揭完瓦，便下起了冰雹，結果別人家的麥子都被砸倒，瓦片全被打碎。而由於徐懋功能掐會算，防患於未然，自己家的麥子和瓦片未受損傷。

在清朝人褚人獲寫的《隋唐演義》中，徐懋功是少年老成的謀士，瓦崗軍中神通廣大的軍師。例如，徐懋功初識秦叔寶時，就對天下大勢發表了一通高見，顯示出其「足智多謀」的一面。

小說中描寫到，徐懋功當時只是一個少年，生得容貌魁偉，氣宇軒昂，為潞州單雄信單二哥捎書與齊州秦叔寶。二人見面後，知道都是道上

的英雄，於是擺下香燭，結為兄弟，誓同生死。說得投機之時，二人臨流細酌，笑談時務。期間，徐懋功分析了一番天下形勢和各路豪傑的前景，他說：「不出四五年，天下定然大亂，故此小弟也有意結納英豪，尋訪真主；只是目中所見，如單二哥、王伯當，都是將帥之才；若說運籌帷幄，決勝千里，恐還未能。其餘不少井底之蛙，未免不識真主，妄思割據，雖然乘亂，也能有為，首領還愁不保。但恨真主目中還未見聞。」

秦叔寶問他覺得李密李玄邃如何？徐懋功認為此人自矜其才，用人也不是很準，說不上是真主。至於東阿程知節，三原李藥師，都是一時英傑。說到他們自己，徐懋功認為，「戰勝攻取，我不如兄；決機應變，兄不如我。然俱堪為興朝佐命，永保功名，大要在擇真主而歸之，無為禍首可也」[191]。而他們要選擇的真龍天子，還是李靖說的，王氣在太原，還當在太原圖之。這是小說家按照歷史的結局做出的分析，但把看清形勢的人物定為徐懋功，卻是民間相信徐懋功足智多謀的反映。那麼，歷史上的徐懋功到底是一個怎樣的人物呢？他和唐太宗李世民之間，又上演著怎樣的君臣關係的悲喜劇？

二、豪俠少年徐世勣

歷史上真實的徐世勣，家境不錯，家裡有很多的僮僕，糧倉還囤積著數千鍾粟米，算是地方上富甲一方的大戶了。不過，因為他的家族在此前並沒有十分顯赫的仕宦經歷，所以只能算是個有錢人，而不是「門風優美」的大家族。

---

[191] 褚人獲編著：《隋唐演義》，中華書局 2009 年，第 256 頁。

第十七章 託孤重臣──李世民的最後信賴

憑著家族的經濟實力，徐世勣與父親徐蓋都十分樂善好施，時常扶危濟困，而且不問親疏，一視同仁。這樣的性格，這樣的家境，徐世勣自然成為當地青年中的領袖。他平日就喜歡和人交往，呼朋喚友、聚眾嬉戲如同家常便飯，而廣交豪傑，更是開闊了他的眼界，增長了他的見識。

青少年時代的李勣，最喜歡做的事情就是殺人。據唐人小說《隋唐嘉話》的記載，李勣到晚年回顧自己人生旅程的時候，曾經說過一段話：「我十二三歲的時候，是一個無賴賊，逢人就殺；十四五歲的時候，是一個難當賊，誰要惹我不高興了，我無不殺之；十七八歲的時候，就是一個好賊了，那時候我上陣才殺人；到了二十歲的時候，我已經是名滿天下的大將了，那時候帶兵打仗，是為了救人。」[192]

李勣說的十七八歲時候成了一個好賊，指的是他參加到翟讓帶領的反隋武裝中去了。那時候，他叫做徐世勣。

隋煬帝大業末年，韋城（今河南滑縣東南）人翟讓聚眾為盜，十七歲的徐世勣聞訊，投奔到翟讓旗下。當時翟讓的志向並不大，只想在當地殺人放火、打家劫舍。徐世勣聽說了翟讓的意圖，便極力勸阻。徐世勣認為，翟讓要想成就一番事業，必須藉助家鄉父老的支持，而不是以鄰為壑、魚肉鄉里。於是，徐世勣針對翟讓的情況，為他制定了一套發展計畫。翟讓聽了之後，連聲稱讚，就按照徐世勣的建議行事，力量也一天比一天壯大，這就是日後叱吒一時的瓦崗軍。

後來，李密逃亡到雍丘（今河南杞縣），王伯當、徐世勣遊說翟讓奉李密為首領。李密領導瓦崗軍的初期，年輕的徐世勣出了許多計策，包括打下黎陽倉，開倉放糧，救濟災民，擴大隊伍，都是徐世勣的主意。當時的許多豪傑，如魏徵、高季輔、杜正倫、郭孝恪、戴冑等，都是徐世勣結

---

[192] 劉餗撰，程毅中點校：《隋唐嘉話》上，第10頁。

交的好友。這些人後來到唐朝建立後，尤其是到李世民當皇帝後，都成為一時的名臣。所以，徐世勣獲得了「有知人之鑑」的美譽。

換句話說，瓦崗軍中的一大批英雄豪傑是徐世勣招攬來的，當初翟讓起家的原班人馬中，徐世勣是最核心的謀士和戰將。他就是瓦崗軍事實上的領袖，翟讓和李密的影響力，都沒有他那麼深遠。

不過，當李密在瓦崗軍中站穩腳跟之後，抓住機會襲殺了翟讓。徐世勣慌亂逃命，剛到門口，被幾個大漢揪住，就要砍頭。幸虧王伯當來得及時，單雄信也為他叩頭請命。李密才制止了部下。

應該是王伯當和單雄信的話奏效了，李密放過了徐世勣，並扶他起來，帶到自己幕下，親自為徐世勣包紮傷口。這是徐世勣第一次在政治鬥爭中逃離了鬼門關。

事後李密令徐世勣、單雄信、王伯當分領瓦崗眾人。殺了翟讓之後的李密，漸生驕矜之心，賞罰又不夠分明，瓦崗眾人中頗有不滿者。於是在一次宴會上，徐世勣指責了李密。李密表面上虛心接受，但其實心下不滿。在宴會上這是掃興的事情。事後，李密找個機會，讓徐世勣去鎮守黎陽。嘴上說黎陽是重地，實際上無非是要疏遠他。徐世勣在瓦崗軍中的根基還在，他回到黎陽，與李密保持著一定的距離，靜觀天下時變。

徐世勣以黎陽為根據地，勢力範圍東至大海，南至黃河，西至汝州（今河南臨汝），北至魏郡（今河南安陽），以今天地理概念來說，整個安陽以南、黃河以北的華北山東地區都在其管轄之下。

武德元年（618）李密在洛陽被王世充打敗的時候，徐世勣仍在黎陽。當時李密想退到黎陽再徐圖發展。這時候有個部下提醒他，說殺翟讓的時候，徐世勣險些被殺掉，現在失敗了去投奔他，恐怕徐世勣不接受。李密因此投奔到長安李淵那裡去了。

第十七章　託孤重臣——李世民的最後信賴

三、投奔唐朝，獲贈國姓

這時候，徐世勣就沒有主人了。瓦崗寨起事的核心力量都還在自己手裡，而翟讓和李密，一個死了，一個投奔了唐朝，那他徐世勣就應該是這股勢力的最高領導者了。按理說，若要自己打個旗幟，立個名號，也未嘗不可。

不過，經歷了第一次生死考驗的徐世勣，對自己的能力和天下形勢有了更加明確的思考。正像小說裡寫的，他要尋找真正的天下英主，至於自己，只能是做一個立事立功的開國英雄。不久，跟隨李密入關的魏徵，受唐朝皇帝的差遣，前來勸降。也許竇建德也想到過要拉攏他，但還是晚了一步。魏徵是徐世勣的老朋友，兩個人可以推心置腹。儘管魏徵現在是唐朝方面的說客，但他們還是談得很誠懇。魏徵對他分析道：「自隋末天下大亂以來，群雄紛紛揭竿而起，稱霸一方。魏公（指李密）先隨楊玄感起兵，後又加入我瓦崗，帶領我瓦崗兄弟四處征戰，敗王世充，挫宇文化及，那功業不可謂不大了。為何他會選擇歸附唐朝呢？當然與戰敗不無關係，但根本上還是看到天命在唐啊。現在唐據有關中，兵強馬壯，足以效法當年漢高祖劉邦，平定天下。」

所謂天命，那是自欺欺人的一套說辭而已，但是唐朝顯示出了統一天下的實力，卻是明眼人一看便知的。魏徵繼續勸徐世勣：「你當初不就是想要在這天下大亂之際做出點名堂來嗎？那就只有投奔唐朝，這是一個長保自身和子孫富貴的歸宿。你目前統領著魏公舊地，威名震動天下。但是，如果據守在此，又沒有鞏固的後援，怎麼保證日後不為人所敗呢？到那時，死無葬身之地，再後悔就晚了呀。」[193]

---

[193]《舊唐書》卷七一〈魏徵傳〉，第 2546 頁。

三、投奔唐朝，獲贈國姓

魏徵是為了給自己邀功取寵，還是真的替徐世勣著想？應該是兼而有之，畢竟他說的都是真心話。徐世勣聽完，略加沉思，最終決定了下來。

隔日，徐世勣命人打開糧倉，送糧給唐朝的前線將領淮安王李神通，支援他的作戰。

在如何向唐朝投誠的問題上，徐世勣頗費了一番心機。他本可以挾著自己的實力，向唐朝方面擺架子，提點條件，我這麼多的人馬投奔你了，你給我安排個什麼職務？也可以藉機對李密報復一下，你當初差點把我殺了，現在你是兵敗投唐，自然沒有什麼身價可言，而我是人家上門來請的，還掌握著土地人馬，對唐朝來說，有更大的價值，我可以要求唐朝方面給我安排一個比你更高的職務。這樣的方式，也許在李淵的預料之中。

但是，徐世勣沒有這麼做，他的選擇大大超出了李淵的意料。徐世勣向自己的部下說：「我乃是魏公李密的部下，這些土地人口，本都是魏公所有。如果我直接上表給唐朝皇帝，獻上所據之地，那就是趁著自己主上失敗而邀功，我不做這等可恥之人。現在我把所據的州縣名數和軍人戶口，都報給魏公，由他來獻給唐朝皇上，那就是魏公自己的功勞了。」[194] 徐世勣的意思是，我既不能邀寵，也不能貪功，要實事求是，憑自己的本事吃飯。

這麼看來，徐世勣果真是條漢子，非常磊落。但是，再看他後來的表現看，總讓人覺得這裡面有很大的算計，而非一個直腸子的人可以做出來的事情。憑著徐世勣的聰明，他知道在這種時候，博得一個好的名聲，比獲得一個好的官職重要得多。開始，李淵也對徐世勣的空手來降表示迷惑，但聽完使臣的彙報後，不由得大贊：「徐世勣真是一位純正之臣啊！」因此給了他很高的封賞，任命為黎州總管，封為萊國公，並賜予國姓李

---

[194]《舊唐書》卷六七〈李勣傳〉，第 2484 頁。

第十七章　託孤重臣──李世民的最後信賴

氏,讓他繼續在黎陽為大唐守衛疆土。徐世勣從此就是李世勣了。

徐世勣是武將中比較擅長表現的人。很多的武將,像李靖、秦叔寶、程咬金、尉遲敬德等,在疆場上叱吒風雲,在政治上卻都不怎麼張揚。不過徐世勣算是一個例外。不能否認徐世勣感德推功的誠心,但他就是比許多人都更聰明,也更喜歡在關鍵的時候表現一下。

賜予國姓,是君主為了拉攏有特殊功勞、地位和社會影響的人而採取的政策。確切地說,賜姓的對象,主要是那些從敵對陣營,或不屬於自己集團的外圍團隊投奔而來的人。自己人是用不著賜姓的。如果獲得了皇帝的賜姓,就說明你原本不是皇帝的自家人,而是歸化者。在太原跟隨李淵起兵的人,自然沒有必要獲此殊榮。事實上,得到李淵賜姓的人並不多,而且都是割據勢力的首領,在歷史上影響最大的,也就是徐世勣和北平王羅藝。

李淵對李世勣的這個特殊賞賜,還有一重更深刻的考慮:他要對李密進行揶揄報復,讓世人知道,只有他李淵才是真正能夠籠絡天下豪傑的英主。當年徐世勣對李密忠心耿耿,然而李密竟然沒有給他一個「自己人」的身分,沒有把他當成自家兄弟。今天我李淵就來做,我賜給徐世勣的姓,是我李唐的李,而不是你李密的李。徐世勣成了李世勣,他從此就是我的自家人了。因此,他所代表的社會勢力,也就是我大唐王朝的社會基礎了。

四、把「忠誠」堅持到底

武德元年(618)年底,李密投降之後不久,因為覺得李淵給自己的地位和待遇過低,而且自己的實力尚存,應該重整旗鼓,再做一番事業。於

是，李密藉機叛逃。李淵也明白這一點，就派人在李密出逃的路上將其殺害。因為李世勣曾經是李密的部下，所以李淵專門將李密叛逃被殺的事情告訴了李世勣。

李淵為什麼要如此鄭重其事地專門告知李世勣？難道他是擔心李世勣當初是假投誠，要和李密裡應外合？出於這種考慮的話，那他就是要用李密敗亡的事實來戳穿他們的陰謀。或者說李淵是想以此警示或震懾一下李世勣，讓他更加死心塌地地為唐朝效命。還有一種可能，李淵考慮到李世勣和李密曾經君臣一場，李世勣的投誠也是透過李密來進獻土地戶口的，所以李密出了這麼大的事情，從禮節上應該通知李世勣。

無論如何，李淵都是想看看李世勣的反應。這對李世勣來說，又是一個難題。自己當初投奔唐朝，是以李密部下的身分投誠的。現在身為首領的李密叛逃而取辱，李淵把球踢給了自己。李世勣應該懂得李淵的心思，但他無所逃避，他必須表態。一種方案是自己也跟著叛離唐朝，既然我的主公叛逃被殺，我自己還有什麼理由留在唐朝呢？走這條路，是真正忠誠於李密的方案。但是，李世勣不是那樣的人，他也用不著真的為李密去殉葬。

另一種方案是向李淵表忠心，說李密不是個什麼好人，我早就知道他肯定要背叛你的。這就是抓住機會對李密埋怨一通，或者是糟蹋一番，撇清與李密的關係以博取李淵的諒解和同情。

然而，李世勣又一次出人意料。憑著存留在體內的一絲豪情和義氣，也是為了要在重大政治變故的關口進一步表現自己，李世勣請求以下屬的身分，收葬李密。李淵批准了他的請求。他便身穿喪服，與舊日部屬一起，用葬國君的禮儀為李密舉辦了葬禮。

李世勣的這個舉措，讓李淵再一次對他刮目相看，甚至是佩服。表面

第十七章　託孤重臣——李世民的最後信賴

看來，他是對李密盡忠，從頭到尾都是忠誠於李密的。實際上，他都是在為自己賺名聲，賺政治資本。只是他做得很漂亮，讓人無話可說，無懈可擊。

李世勣到底是忠誠還是虛偽？脫離真實的歷史場景，我們已經很難下判斷，只能說他很高明。

李世勣後來有一段時間被迫歸降了竇建德，竇建德抓住了李世勣的父親當作人質，就是想要留住李世勣。但是，李世勣最終還是選擇了棄竇投李。李淵見到去而復還的李世勣，甚是高興，或者說十分得意。

李世勣不僅對舊主「忠誠」，而且對朋友也「義氣」。唐朝人劉餗撰寫的野史《隋唐嘉話》和宋朝人王讜編撰的小說《唐語林》中，都記載了李世勣一次很講義氣的表現。[195]

武德三年（620），李世民、李元吉率兵征討洛陽的王世充，李世勣參與了這次戰役。王世充的隊伍裡，有一位李世勣的結拜兄弟，就是演義小說中的單二哥單雄信。李世勣與單雄信二人，當初都是瓦崗軍中的大將，尤其是單雄信的武功很高，壯勇過人。李密失敗後，單雄信投奔了王世充。現在，結拜兄弟在戰場上成了各效其主的敵手。英雄講究的是個「義」字，李世勣會如何對待這位義結金蘭的兄弟呢？

有一次，好鬥的李元吉親自到王世充軍前叫陣，王世充派單雄信出陣應戰。單雄信的武功可比李元吉要高，一把長槍在李元吉身邊不到一尺的地方飛舞，隨時可以取了李元吉的性命。跟在李元吉身後的李世勣，被這架勢嚇住了。他趕緊大聲連呼：「好兄長，好兄長，請手下留情，這是我世勣的主公。」單雄信聽到叫聲，勒住馬韁，收起長槍，回頭對李世勣

---

[195] 劉餗撰，程毅中點校：《隋唐嘉話》上，第9頁；王讜撰，周勛初校正：《唐語林校正》，中華書局2008年，第421－422頁。

四、把「忠誠」堅持到底

說：「看在你的面上，今天就放過了他。」

不久，秦王李世民押著竇建德到洛陽城下，王世充被迫投降了。單雄信身為王世充的主要幫凶，欠了唐朝方面許多條人命，要就地正法。李世勣和單雄信當初結義，說過要同年同月同日死。現在單雄信要死在自己的眼皮底下，李世勣該如何是好？

行刑的現場，李世勣苦苦地向李世民求情，李世民斷然拒絕。李世勣立了那麼多大功，李世民怎麼就不給他這個面子呢？李世民從來都是愛才惜才，可以為李靖求情，可以為尉遲敬德釋怨，可他為什麼就是放不過單雄信呢？

遭到拒絕後，李世勣只好哭著退開了。單雄信對著李世勣大聲說：「我就知道你不會為我辦事。」他的言外之意是，我當初都看著你的面子，把你的主人放了，你看你這點出息，也不能為我求得一點情面。

單雄信的指責，對李世勣來說又是一道難題。他沒有回避，也無法迴避。當著單雄信的面，他充滿義氣地說：「我與老兄曾經發誓，平生要同生共死，我怎敢貪生呢。但是，我此身已經許給了大唐，忠義難以兩全啊。再說，我真要陪著老兄去死了，你的老婆孩子該由誰來照顧呢？」說完，李世勣拔出佩刀，果斷地在大腿上割下一塊肉，送到單雄信的嘴邊，餵給他吃，說：「為了履行我們的誓言，只好割下這塊肉陪著老兄去了。」單雄信毫不猶豫地吃了下去。

人生幾多尷尬！李世勣真的是人精啊，他總是在別人看起來是一條死路的時候，走出一條活路來，而且處境越是尷尬，他就化解得越是成功，不僅保全了自己，而且贏得了聲名，抬高了身價。

李世勣面對的更大尷尬還在後頭，他要應對的，將是李世民給他出的難題。

第十七章　託孤重臣──李世民的最後信賴

五、遠離權力，權力越大

　　武德末年，唐朝逐漸形成三個權力中心，格局愈來愈明顯。三個權力中心之下，各有一幫人馬。宇文士及、蕭瑀、封德彝等朝中力量，是高祖李淵的班底。魏徵、王珪、韋挺等，是太子和齊王的力量。長孫無忌、房玄齡、杜如晦、秦叔寶、程咬金、屈突通、尉遲敬德、張公謹等，是秦王李世民的力量。關鍵人物中傾向不明顯的只有兩個人，便是李靖和李世勣。

　　秦王欲發動政變，生死的較量在宮牆之內悄悄醞釀。當時之勢，軍事布局內重而外輕，京城之外，能夠影響到朝局的力量，也只有兩處：正是駐守靈州的李靖和駐守并州的李世勣。但是，李靖和李世勣出於各自不同的考慮，竭力置身於鬥爭旋渦之外。

　　秦王李世民對二李滿懷期望，但得到的卻是令他沮喪的回答。李世勣就是在并州躲過了玄武門之變。儘管李世勣沒有表態支持李世民，但是李世民事後卻對他更加看重。

　　貞觀四年（630），打突厥的戰爭結束，李世勣被授予光祿大夫，行并州大都督府長史，仍然到太原去守衛唐朝的北疆。唐太宗把他看成是比隋煬帝的長城更有效的邊防線。不久，李世勣遭父喪，依禮請求解除官職。唐太宗沒有同意。按照當時的禮制，如果國家有緊急需要，丁憂的官員是可以「奪哀還官」的。後來唐太宗還將他的封號從高祖時期封的萊國公改封為英國公。他此後一直在并州任上待到貞觀十五年（641），前後算起來，在太原任職達十六年之久。是唐太宗有意要疏遠他嗎？

　　直到貞觀十五年，唐太宗終於念及李世勣之功，以李世勣在并州十六年，令行禁止，民夷懷服為由，任命他回朝擔任兵部尚書。這才結束了李

世勣的守邊生涯。貞觀十七年（643），封了凌煙閣二十四功臣，李世勣名列其中。

定了二十四功臣之後，太宗做的最主要的兩件事，一是立太子並培養太子，二是出征遼東討伐高麗。這兩件事情，都與李世勣的後半生密切相關。

六、李世勣受命託孤

貞觀十七年（643）四月，晉王李治被立為皇太子。唐太宗把李世勣調任為太子詹事兼左衛率，加位特進，同中書門下三品。就是讓他做太子府的軍事首長，同時兼任宰相。太宗對李世勣說：「我兒新登太子之位，以前太子遙領并州大都督時，卿就一直任并州都督府長史。如今以太子委託你，所以授予你這些職位。雖說品階上有點委屈你，卿也不要介意啊。」[196] 李世勣成了東宮的重臣，隱然也是日後託孤的重臣。唐太宗給予他格外崇重的地位。李世勣得了一種疾病，藥方說，鬍鬚燒灰做藥引就可以治療。太宗於是自剪鬍鬚，燒灰為李世勣和藥。李世勣感動得涕淚縱橫。太宗說：「朕是為了國家社稷，卿不必如此拜謝。」

又有一次，太宗設宴招待朝臣。席間，太宗對李世勣說：「朕欲將幼孤相託，左思右想，也沒有比卿更合適的。公以前不負李密，現在又豈會負朕！」[197] 李世勣涕泣致辭，並咬手指出血，用以表示自己的忠心。

李世勣應該聽出了太宗的弦外之音，這是告誡，說嚴重點是警告。其

---

[196]《舊唐書》卷六七〈李勣傳〉，第2486頁。
[197]《舊唐書》卷六七〈李勣傳〉，第2486頁。

第十七章　託孤重臣──李世民的最後信賴

弦外之音，有些類似於劉備對諸葛亮說的「如其不才，君便自取之」。表面聽來，是信任，是囑託，實質上包含著警告，包含著當眾給予的一重制約。

而李世勣表現出來的，只能是對皇上信任的無限感激。他的內心當是打翻了五味瓶，於是拚命喝酒，至於沉醉。太宗於是脫下身上的衣服，蓋在李世勣身上。史言「其見委信如此」。其實，君臣之間，脈脈溫情之下已過了許多看不見的招啊。

憑著李世勣的精明，再大的尷尬，他總是能夠應對過去。在唐太宗立太子的問題上，李世勣本沒有表示出任何的傾向性。他這種人，遇到的燙手山芋太多了，能超脫的時候盡量超脫，而且要超脫得不露痕跡。但是，他的能力和表現都太突出了，唐太宗不可能忽略他。

唐太宗是了解李世勣的，此人和李靖的性格大不相同，李靖可以明著敲打，是可以把自己對功臣的擔心挑明來說的人，而對於李世勣，只能把手段使在暗處。唐太宗臨終之時，還是對他不放心。

貞觀二十三年（649）四月，太宗臨終前，對太子李治說：「李世勣才智有餘，但你對他無恩，恐怕不能懷服。我現在把他貶黜出去，如果他接到貶黜詔書就去上任，等我死後，你就把他召回來，用他做僕射（尚書省長官，當然的宰相），要重用他；如果他徘徊顧望，不肯離京，你就把他殺掉。」[198]

五月的一天，李世勣接到詔書，被外放為西南邊地的疊州都督。李世勣接到詔書後，連家都沒回就去上任了。

貞觀二十三年（649）六月初一，李治即位，是為高宗。四日後，下詔

---

[198]《舊唐書》卷六七〈李勣傳〉，第 2487 頁。

以疊州都督李世勣為特進、檢校洛州刺史、洛陽宮留守。從這時候起，為了避太宗李世民的名諱，李世勣改名李勣。又過了十六日，高宗以李勣為開府儀同三司、同中書門下三品，召回朝中擔任宰相。九月乙卯，以李勣為左僕射。永徽四年（653）二月，李勣為司空。

李勣沒有辜負唐太宗的託付，輔佐唐高宗把天下治理得很有成就，他自己也終於位極人臣，做到了宰相和三公。

到永徽六年（655）唐高宗「廢王立武」的時候，李勣又一次嫻熟地運用了他明哲保身的圓通哲學，透過一句遮遮掩掩的「此陛下家事，何必更問外人」[199]，堅定了高宗搖擺不定的意志，結果立武氏為皇后的想法就變成現實了。李勣也因此擔當了冊立武氏為皇后大典的主持人。

李勣為唐朝做的最後一件大事，就是擔任前方總指揮，從高宗乾封元年（666）十二月到總章元年（668）九月，帶兵打下了高麗。太宗沒有完成的征遼東的任務，在高宗年間終於完成。

李勣是唐朝開國功臣中活得最久的一個，而且活著的時候，享盡了身為大臣的所有榮耀。唐高宗的時候，還為他重新在凌煙閣畫了像；病重期間，唐高宗派醫送藥；去世之後，唐高宗為了表彰他征討高麗的功勞，下令把他的墳塚堆成高麗境內三座大山的樣子。

李勣的一生，用自己的聰明才智和膽略，化解了太多的世間尷尬，不僅保全了自身，也為大唐的事業作出了偉大貢獻。李勣是一個有大智慧的人，或者說是精明到家的人，但是他不是奸巧之臣。李勣的晚年，對世間情意看得很重，對生死很豁然。李淵當年曾經稱他是「純臣」，後人也許還是覺得他機巧圓滑，但是他晚年侍奉病中寡姐的表現，一定會令人感動。

---

[199]《資治通鑑》卷一九九，第 6291 頁。

第十七章　託孤重臣──李世民的最後信賴

《隋唐嘉話》和《大唐新語》等唐人筆記，都記載了這件事：擔任了尚書僕射的李勣，在姐姐病重期間，堅持親自為她熬粥，有一次，火燒得大了，把鬍鬚都燒掉了。姐姐心痛地說：「家裡那麼多奴僕、傭人，你何必自己這麼辛苦呢！」李勣動情地說：「哪裡是因為人手不夠呢，只是想到姐姐年紀老了，我也年老了，即使想長期為姐姐熬粥，那都是一種奢求了，又如何可能呢？」[200]

---

[200] 劉餗撰，程毅中點校：《隋唐嘉話》上，第 9 頁；劉肅撰，許德楠、李鼎霞點校：《大唐新語》卷六〈友悌〉，中華書局 1984 年，第 84 頁。

第十八章
太宗遺澤 —— 權力交接與歷史影響

　　唐太宗即位以後，政治上有過三次重大轉變。第一次是貞觀四年（630）前後。貞觀三年，老相裴寂被罷去宰相之職，太上皇李淵遷出太極宮，唐太宗開始在太極宮聽政，政治上的貞觀氣象開始真正顯現出來，人們對政局動盪的擔憂徹底消除了。貞觀四年初打敗了長期威脅唐朝北境的東突厥，也給全社會帶來了一種新的景象和信心。貞觀四年的年景也好，糧食生產走出了前幾年的低迷，而且由於在前幾年的自然災害中，百姓感覺到了朝廷和地方政府對民眾生活的關心，整個社會形成了一種少有的凝聚力和向心力。所以司馬光在《資治通鑑》裡把「貞觀之治」局面出現的時間定在貞觀四年。第二次是貞觀十年（636）前後，以長孫皇后的去世為轉折，唐太宗和整個貞觀朝政都發生了一些明顯的變化。第三次是貞觀十七年（643）前後，當年的太子廢立事件，無異於政治上的一場大地震。

一、唐太宗政治作風的轉變

　　太宗原本就有氣疾，大概是屬於心肺方面的疾病。隨著年齡的增加，身體狀況更是明顯下降。貞觀七年（633）五月至十月，貞觀八年（634）三月至十月，太宗都到九成宮去避暑。貞觀九年（635），做了十年太上皇的高祖李淵去世。貞觀十年（636），四十歲的太宗又失去了賢明恩愛的長孫

第十八章　太宗遺澤──權力交接與歷史影響

皇后。這一連串的打擊，使太宗在政治上的銳氣大挫。

加上多年的政治社會穩定，經濟不斷恢復發展，太宗的思想和心理變了，一方面，太宗的驕滿情緒明顯增長。另一方面，太宗的心態也明顯的老化。與以前破除迷信、積極進取形成鮮明對比的是，他開始轉入對往事的回顧和身後事的關注，朝中政局也變得不如以前那樣穩定和明朗了。

貞觀十三年（639），魏徵特地上疏，明確指出這些年以來，太宗在十個方面都有「漸不克終」的苗頭，提醒他要防微杜漸。其中一個就是濫用民力，還說百姓沒有事情做就生驕逸之心，只有讓他們多服勞役才容易管束。這與貞觀前期的「安民之道」無疑是天差地別。太宗看了，深表讚賞，跟魏徵說：「卿所上疏，朕已經令人寫在了屏風上，可以方便常常觀看，提醒自己。」[201]

從貞觀中期以後，社會秩序和社會風氣也有了變化。據《資治通鑑》記載，貞觀十六年（642）七月，唐太宗下了一道詔書：「自今有自傷殘者，據法加罪，仍從賦役。」[202] 當時的情況是，社會上還有一些人自殘肢體，以逃避官府徵發徭役和兵役，而謂之「福手」「福足」。雖然司馬光把這種情況解釋為隋末以來的「遺風猶存」，實際上是貞觀時期社會上出現的新動向，反映出唐朝政府對民生的關注在削弱。

貞觀十七年（643）七月，長安還發生了一起謠言引發的人心恐慌事件。謠言的內容是，皇帝要派根根（一種傳說中的魔怪或武士）來殺人，取人心肝，用以祭祀天狗。《唐會要》的記載非常詳細：「其年（貞觀十七年）七月，京師訛言，官遣根根殺人，以祭天狗。云其來也，身衣狗皮，指如鐵爪，每於暗中捕人，必取人心肝。更相震怖，皆彀弓矢以自

---

[201]《資治通鑑》卷一九五，第6147頁。
[202]《資治通鑑》卷一九六，第6176頁。

防。」[203] 儘管謠言顯得很荒唐，但確實鬧得京城百姓人心惶惶，唐太宗被迫派人走街串巷，進行解釋和安慰，經過了一個多月才平息下來。

這個謠言為什麼會出現在貞觀十七年？貞觀十七年，是唐太宗統治後期十分關鍵的一年。志得意滿的唐太宗在貞觀十一年以後逐漸鬆懈，不大能接受尖銳的意見，在個人生活和治國理政方面都逐漸朝著驕奢淫逸的方向發展。而太子李承乾與魏王李泰之間又爆發了儲位之爭，將很多朝廷重臣都捲入了這個政治漩渦。終於，在貞觀十七年四月，唐太宗廢太子李承乾、貶魏王李泰，這一結果震動朝野。

二、太子謀反事件

長安城裡的謠言和恐慌發生在貞觀十七年（643）七月，而太子謀反和改立太子的事情發生在這年的四月。二者之間有著一定的因果關係。

所謂太子謀反，是一次未遂的軍事政變，是因為另外一個謀反案而被牽扯出來的。

貞觀十七年三月，唐太宗的第五個兒子齊王李祐在他擔任都督的齊州（治今山東濟南）舉兵造反。上一代的齊王被李世民在玄武門殺死了，自己兒子中的齊王又造反了。看來，這齊王在唐朝真是一個不吉利的封爵。

齊王為什麼要造反？答案很簡單，就是人性中的權力欲望加上皇位繼承制度中的漏洞。由嫡長子繼承皇位是帝制中國的一個不成文法，但是，這個規定沒有形成配套的制度保障。應該說，唐初的皇位繼承制度還很不嚴密，尤其是唐太宗本人透過政變奪取皇位，給兒子們開了一個皇位可經

---

[203]《唐會要》卷四四〈雜災變〉，第 926 頁。

第十八章　太宗遺澤──權力交接與歷史影響

營而得的先例。

貞觀十年（636），李祐被授任齊州都督的時候，他的舅舅陰弘智就對他說：「齊王你兄弟既多，等皇上百年之後，你須得有一些武士來自助」[204]，並把自己的妻兄燕弘信介紹給李祐。李祐讓燕弘信暗中招募劍客，開始奪權的謀劃。李祐的野心很早就形成了，所以表現得很不聽太宗的話。

李祐王府的幕僚權萬紀，是太宗選派去教育和監督他的。可是，李祐嫌他管得太多，太嚴格，而且仗著太宗的支持，對自己頤指氣使，於是決定把權萬紀給殺了。不料風聲走漏，權萬紀知道後，把李祐手下的刺客都關起來，並向太宗報告。貞觀十七年，太宗下令就此進行調查，並要李祐和權萬紀都進京接受調查。李祐害怕，就派人在路上把權萬紀射殺了。在這種情況下，李祐招兵買馬，起兵造反。

這雖是一個親王在地方的造反，但對於唐太宗來說，兒子要造自己的反，也讓他非常吃驚。

更讓他吃驚的是，李祐造反的案件竟牽連出太子承乾謀反的事情。這裡面的關鍵人物，是一個名叫紇干承基的刺客。他是一個職業殺手，最主要的雇主是太子承乾，但同時又受僱於齊王李祐。當李祐謀反事件被鎮壓後，紇干承基暴露了，這當然是死罪。此人的職業道德還是不夠好，在獄中就把受僱於太子的事情招供了。就這樣，太子謀反的事情暴露了出來。

唐太宗儘管對太子早有不滿，但絕對沒有想到他有膽量謀反，事情一敗露，無異於一場晴天霹靂。紇干承基把一切都抖了出來，唐太宗坐不住了。他下令由大理寺和中書、門下兩省組成會審法庭，朝中元老長孫無忌、房玄齡、蕭瑀、李世勣等都參與審判。

---

[204]《舊唐書》卷七六〈太宗諸子‧李祐傳〉，第 2657 頁。

二、太子謀反事件

　　經過周密的調查，太子承乾要謀反，已經是證據確鑿。而且據紇干承基招供，還有一個謀反的組織，包括漢王元昌（太宗的弟弟）、兵部尚書侯君集（開國功臣、太宗的親信）、左屯衛中郎將李安儼（故太子李建成的部下，因為忠於建成而受到太宗的信任）、洋州刺史趙節（太宗姐姐長廣公主之子）、駙馬都尉杜荷（杜如晦之子、尚太子之女城陽公主）等。他們與承乾結成生死同盟，要發動兵變，奪取皇位。這些人私底下弄得還很壯烈，都割破了自己的手臂，用帛揩拭手臂上的血，然後燒成灰，和到酒裡面一起喝下去。

　　漢王元昌因為被太宗責備過，心中有氣。他鼓動太子謀反的直接目的，是為了一個美女。他不斷勸說太子造反，並說：「最近看到皇上的身邊有一個絕色美女，琵琶彈得又好，事成之後，把她賞給我就好了。」[205] 杜荷的主意更大膽，他給太子建議說，最近天象有了變化，要加緊行動，只要太子殿下假稱得了急病，快要不行了，皇上就會親自來到東宮探視，我們可以乘機下手，以成大事。

　　等到齊王李祐宣布造反後，太子承乾對紇干承基等人說：「我東宮的西牆，離皇上所在的大內只有二十步遠，我們謀劃的大事，怎麼能跟齊王的瞎折騰相提並論呢！」[206] 言下之意對謀反是志在必得。

　　太子為什麼要謀反？太子就是法定的接班人，他為什麼如此迫不及待？太子最初針對的謀殺目標是魏王李泰，他和李泰又有什麼深仇大恨呢？

　　我們來看一下唐太宗的兒子們。

---

[205]《舊唐書》卷六四〈漢王元昌傳〉，第 2425 頁。
[206]《舊唐書》卷七六〈恆山王承乾傳〉，第 2649 頁。

三、唐太宗的兒子們

唐太宗總共生有十四個兒子，二十一個女兒。其中和長孫皇后所生的，有三男三女。這三個兒子分別是長子承乾、四子魏王李泰、九子晉王李治。

長孫氏於大業九年（613）以十三歲的年齡嫁給了李世民。那個時候，李世民虛歲十六。四年後，也就是李淵和李世民在太原起兵後攻下長安的那一年，長子承乾出生於長安的承乾殿。次年，魏王李泰出生。李治於貞觀二年（628）六月，生於東宮之麗正殿，比承乾和李泰小十來歲。

十四個兒子中，有名的還有楊妃（隋煬帝的女兒）所生的吳王李恪、蜀王李愔，陰妃所生齊王李祐，以及故齊王李元吉的妃子楊氏所生的曹王李明等。唐太宗的後宮生活中，除了長孫皇后之外，感情最深的，就是隋煬帝的女兒楊妃和齊王元吉的妃子楊氏，所以她們的兒子也就有了比較大的活動空間。

四、太子承乾的性格與經歷

承乾是李世民的長子，也是他跟長孫氏的第一個兒子，是名副其實的嫡長子。因為出生在李世民為藩王時居住的承乾殿，所以取名為承乾。武德三年（620），李世民還在做秦王的時候，承乾被封為恆山王。這個封號也是他後來進入史書的稱號。武德九年（626），李世民即位為帝，九歲的承乾就封為皇太子。

少年的承乾，因為自己的聰敏，很得唐太宗的喜愛。貞觀九年（635），

四、太子承乾的性格與經歷

太上皇李淵去世。雖然李淵有遺誥，讓李世民照常處理軍國大事，可李世民還是堅持守喪，將國家事務交給了太子去處理。承乾此時已經十七八歲，是長大成人的太子，代理朝政也很有模有樣，所謂「庶政皆令聽斷，頗識大體」[207]。從此以後，太宗每次外出行幸，都是由太子代理朝政，他把一切都處理得井然有序。看來他的培養一帆風順，只等著將來接班了。

可是，為什麼後來會發生那麼大的變故呢？首先是太子開始放鬆了對自己的要求。一切都是那麼的順利，他開始忘乎所以起來。長於深宮的太子，不知道政治的險惡，不懂得治國的艱難。而且，由於唐太宗在貞觀前期把精力都放在治國理政上，也沒有抓緊對太子的教育。這樣，太子就變得為所欲為。史書上說他長大以後，「好聲色，慢遊無度」[208]。而且，他變得善於偽裝，形成了兩副面孔。每當面對太宗，或者自己處理朝政的時候，說的都是忠孝之道，但退朝以後就胡作非為，做出一些亂七八糟的事情。一旦他知道東宮的官員要向他提意見的時候，他就主動作自我檢查，每次都深刻反省，以此堵住大臣們的嘴。

他特別愛玩一些聲色犬馬的遊戲，這與一個太子的身分是極不相稱的。例如，太常寺有一個樂童，是一個十來歲的美貌男孩，美姿容，善歌舞。太子承乾有戀童癖，把他據為己有，給他取了個肉麻的名字，叫「稱心」，同吃同住。同時還有兩個道士參與其中，搞一些亂七八糟的把戲。唐太宗知道後，非常生氣，把這個稱心和道士們都抓起來殺掉了，而且狠狠地臭罵了太子一頓。

一段時間以來，承乾覺得太宗對自己有偏見，因為自己患了足疾，行走不便，而魏王李泰總是想法去討太宗的喜歡。他對這個弟弟很惱火，覺

---

[207] 《舊唐書》卷七六〈恆山王承乾傳〉，第 2648 頁。
[208] 《舊唐書》卷七六〈恆山王承乾傳〉，第 2648 頁。

第十八章 太宗遺澤──權力交接與歷史影響

得他時時在背後說自己的壞話。稱心被殺，承乾就覺得是李泰向太宗揭發的，對他恨得咬牙切齒。稱心死後，承乾難過至極，專門在東宮給他設立靈堂，日夜祭奠，而且舉行了隆重的安葬儀式。太宗對此很生氣，而承乾居然和太宗唱反調，乾脆賭起氣來。《舊唐書·恆山王承乾傳》記載，「承乾自此託疾不朝參者輒逾數月」[209]。

其實，承乾確實有些玩樂過度。他喜歡與漢王元昌玩打仗的遊戲，一天到晚大呼小叫，各統一隊人馬，被氈甲，操竹槊，擺開陣勢，對打起來。打得頭破血流，他就高興。有不聽話的，他就用樹枝抽打，甚至將人打死。有人提意見，承乾的回答卻能把人噎死。他說：「使我今日作天子，明日於苑中置萬人營，與漢王分將，觀其戰鬥，豈不樂哉！」又說：「我為天子，極情縱慾，有諫者輒殺之，不過殺數百人，眾自定矣。」[210] 意思是說，等我當皇帝了，我給你們來個更大的玩法，看你還能說什麼？他確實太偏執了。

承乾對北方游牧民族的習俗情有獨鍾。他的東宮裡，常年有數十上百個男女奴婢，專門學習胡人的音樂、舞蹈和雜技，服飾也完全按照胡人的打扮，一天到晚縱情歌舞，鼓角之聲，日聞於外。他還不滿足於讓下人在音樂舞蹈方面模仿北方民族，自己也要仿效突厥的語言、服飾和生活習慣。他為了玩刺激，就招募一些逃亡的奴婢，讓他們去民間偷牛馬，製作了專門烹飪牛馬的銅爐和大鼎，偷回來後就和這些人一起煮了吃。他還讓長得像突厥人的手下，五人為一個部落單位，把頭髮辮起來，披著羊皮，玩突厥人牧羊的遊戲，自己則扮作突厥的可汗，設穹廬而住在其中，要各個部落給他上交羊群，然後他就地烹羊，用刀割肉，大吃大喝，儼然過起

---

[209] 《舊唐書》卷七六〈恆山王承乾傳〉，第 2648 頁。
[210] 《資治通鑑》卷一九六，第 6190 頁。

了突厥可汗的生活。他甚至裝死,來模仿突厥可汗死後的喪葬儀式,讓手下人在臉上劃幾道,圍著他號哭。

這些事情,除了收捕處死稱心以外,唐太宗都是後來才知道的,不構成唐太宗對他失望的直接原因。但是,承乾的所作所為,自然會影響他的精力,在太宗面前的表現就越來越不如人意。表面一套,背後一套,時間久了,總是會看出來的。加上承乾原本腿腳就不好,太宗對他越來越表現出不滿。

五、太宗對魏王李泰的偏愛

李泰也是長孫皇后所生,在太宗和長孫皇后所生的兒子中,排行老二,比承乾小一歲。帝王家的老二,總是一個敏感的角色。這個李泰,從小就愛讀書,會寫文章,總是希望找機會表現自己。

唐太宗本人的性格當中,有兩個看似矛盾的方面:一是有北方游牧民族勇猛好鬥的習性,另一方面又愛好南朝的文化。不過,在他身上,這兩方面基本能夠協調統一起來。他的這兩個兒子,分別遺傳了一個方面。隨著年歲的增長,以及國家治理形勢的變化,唐太宗越來越偏向喜歡南方文化而不是北方草原的游牧文化。這就埋下了兄弟相爭的隱患。

由於李世民的弟弟李元霸早死,所以李泰在武德年間被封為衛王,繼承李元霸的爵位,算是過繼給李元霸。這應該是高祖李淵的主意。繼承李元霸的爵位,無疑是一個很高的榮譽。畢竟,在李世民的眾多兒子中,李泰的地位僅次於太子承乾。

但是,李世民即位為帝後,並不願意把這個兒子過繼給李元霸。貞

第十八章　太宗遺澤──權力交接與歷史影響

觀二年（628），李泰改封為越王，唐太宗安排另外一個地位不高的宗室成員，繼承李元霸的爵位和封號。

太宗對李泰非常喜歡，多有偏愛。由於李泰愛好文學，唐太宗特命李泰在王府中開設一個文學館，准許他可以自己召引學士，討論文學。這是一個非同尋常的舉措。從武德時期過來的人，聞及此命，誰不暗中聯想到當時秦王府的十八學士？可大家都不敢直接提起那一段往事。

李泰身材肥胖，腰腹洪大，每次去上朝，行禮時彎腰叩拜都顯得很吃力，尤其是騎馬或走路上朝，更是氣喘吁吁。太宗下令，以後李泰可以坐小轎子，讓人抬著來上朝。這就寵得有點過頭了。尤其是太子承乾，看在眼裡，恨在心裡，心想我的腿腳也不好，都沒見你這麼關心過。

貞觀十年（636）年底的時候，有人告狀，說朝中三品以上的官員，許多人對魏王很輕視。這告狀的人一定是一個馬屁精，他嗅到了唐太宗內心裡對魏王李泰的偏愛，故意挑起事端。

果然，唐太宗一聽到有人輕視魏王李泰，馬上產生了過度的反應。太宗很生氣，把三品以上的官員召集來，滿臉怒氣地責問道：「隋文帝的時候，朝中一品以下的官員們，經常被親王折辱。那不都是天子的兒子嗎？隋文帝的兒子敢那樣，朕的兒子為什麼不敢？只是朕對兒子管教得比較嚴格，他們才收斂自己。聽說你們三品以上的官員，都輕視我的兒子們，如果朕縱容他們，你們還不是要受辱嗎？」

房玄齡等人看到太宗如此生氣，都嚇出一身冷汗，不禁誠惶誠恐，連忙跪下謝罪。大家都明白，太宗是為了魏王，嘴上說的是大家輕視「諸王」，對他的兒子們看不起，其實，要輕視別的人，他也不會生這麼大的氣。

只有魏徵並不謝罪，而是稍作鎮靜後就正色說道：「臣以為當今群臣，

五、太宗對魏王李泰的偏愛

一定沒有勇於輕視魏王的。」眾人都心中一緊,魏徵不僅要進諫,還直接將魏王提了出來。儘管大家都知道唐太宗在迴避偏愛李泰的話題,但魏徵就是要把話點破,要正面指出太宗對魏王偏心得太過了。點出了魏王李泰,在場的人一定都倒吸了一口涼氣。魏徵接著講了一通大臣和親王地位平等的道理和禮儀上的規矩,並指出太宗的話說得不得體。他說:「隋文帝嬌縱諸子,致使他們多有不遵禮儀的行為,最終使得家破人亡,又怎麼值得效法呢?」[211] 意思是說,你再偏心,心疼魏王,聽到一點有人對他不恭敬的話,也不能氣急敗壞到這等地步吧,把隋朝皇帝嬌縱兒子們的例子都搬出來,那可是亡國的教訓哪!

太宗聽了這番話,也意識到自己確實理屈。但還是作出了一個規定:三品以上官員,遇到親王,均要下車避讓。

對於這次君臣之間的爭論,許多人都明白,魏王的問題,不僅僅在乎禮節的輕重、上朝時站隊的位置等表面形式,而是太宗的心裡對於接班人的人選發生了動搖。

一些正直的大臣希望能夠提醒太宗,不要因為情感的偏斜引起政治上的震盪。貞觀十二年(638)正月,禮部尚書王珪上奏:「前兩年作出的那個規定,即三品以上官員遇到親王均要下車避讓,這不合乎禮節。」

太宗對這個問題非常敏感,幾乎是脫口而出地說道:「你們自認為地位尊崇,就輕視朕的兒子們嗎?」

王珪一時不敢對答,魏徵卻說話了:「按照禮儀,諸王之位都在三公之下,今三品皆九卿、八座,相當於古之三公,要求他們為諸王降乘避讓,確實有所不當啊。」

---

[211]《資治通鑑》卷一九四,第 6123 — 6124 頁。

第十八章 太宗遺澤──權力交接與歷史影響

太宗一聽很生氣，情急之下，說了一段很暴露心跡的話。

他說：「人生在世，壽命難料。萬一將來太子有什麼不測，你們怎麼知道其他諸王不會成為爾等之主！如何敢輕視他們！」

王珪、魏徵這些人，真的把太宗心裡盤算了許久的想法逼出來了。

魏徵心中暗想，太子固然有足疾，可是仍然備位東宮，陛下怎麼真的就有了此種想法。難道真是有了以魏王取而代之的心思？這於國家社稷可是大大不利。魏徵想罷，面不改色地說道：「自周以來，王位傳襲，都是父子相繼，不立兄弟。此乃是為了防止不軌者窺伺皇位，制止禍亂，為國者應該深為戒備。」魏徵在這裡其實要堵住太宗的嘴，用父子相繼的道理，斷絕改立魏王李泰的想法，把太子承乾接班說成是不可改變的事實。即使以後承乾不在了，也不可能由魏王來接班。魏王李泰是永遠不可能成為一國之君的！

太宗聽了，感到心中一驚，驚訝自己竟然說出那樣的話來，確實不該。於是點了點頭，准了王珪的奏請[212]。

太宗在接班人的問題上，其實已經陷入了深深的矛盾之中。而他對魏王的偏愛，卻在這種矛盾心理中不斷滋長。

貞觀十二年（638），司馬蘇勖以自古名王多引賓客，以著述為美，勸李泰奏請編撰一部叫《括地志》的書。李泰於是向太宗上奏，請求把著作郎蕭德言、祕書郎顧胤、記室參軍蔣亞卿、功曹參軍謝偃等文人抽調到自己的王府，從事修撰工作。到貞觀十五年（641），《括地志》一書修成了，上表進呈給太宗。太宗下詔，把書收藏到皇宮的圖書館，賜給李泰一萬段絲織品作為獎賞，蕭德言等參加修書的人也都得到不同數量的賞賜。過了

---

[212]《唐會要》卷二五〈親王及朝臣行立位〉，第558頁。

五、太宗對魏王李泰的偏愛

不久，又每月給李泰增加俸祿，其標準超過了給皇太子的撥款。而且，對李泰有求必應。

貞觀十四年（640），太宗還親自來到李泰在延康坊的宅第視察慰問，並因此赦免了雍州及長安大辟罪（死罪）已下的犯人，免除延康坊百姓當年的租賦，又賜給李泰王府裡各級官僚大量的財物。他給李泰的面子也太大了。太宗的心思，朝中大臣都看得更明白了。

面對這些非常規的舉措，諫議大夫褚遂良上疏進諫，很嚴厲地指出了唐太宗這麼做是違背了「聖人制禮，尊嫡卑庶」的原則，並明確指出他那是「私恩害公，惑志亂國」[213]。但是，太宗還是聽不進去。

不久，太宗又令李泰入居皇宮近便之處的武德殿。侍中魏徵上奏說：「臣知陛下愛魏王，常常想令其安全。可是陛下也要防止魏王生出驕奢之心，只有嚴格要求，才是對他真愛。本來皇上准許魏王乘小轎子來上朝，已是殊榮。現在皇上更令魏王移居武德殿。此殿在東宮之西，原來是海陵剌王的居所。雖然時異事異，但時人都以為不可。皇上要讓魏王住在那樣的嫌疑之地，只怕魏王自己心中也會不安的。」李元吉死後追封海陵剌王，武德殿就是他為齊王時的住所，緊鄰東宮，與皇帝起居之所也很接近。

太宗這次聽進去了，醒悟過來後，說：「差點就犯了錯啊。朕馬上讓魏王返回原來府第。」[214]

這些提醒，儘管唐太宗表面上聽進去了，但對李泰的偏愛，卻已經滋長了李泰的野心，也引起了朝中大臣們的猜測。一場暗中的較量因此悄悄展開了。

---

[213]《舊唐書》卷七六〈濮王泰傳〉，第 2654 頁。
[214]《資治通鑑》卷一九六，第 6174 頁。

第十八章　太宗遺澤──權力交接與歷史影響

凡天下事，無不是當局者迷，旁觀者清。兄弟相爭的痛苦與無奈，誰能比太宗體會更深。可是他卻沒有發覺，或不願意正視，自己的偏愛正把兒子們引上一條不能回頭的爭權之路。

六、兄弟之爭的重演

毫無疑問，是唐太宗對魏王李泰的偏愛，導致了李承乾和李泰兄弟之間的皇位繼承權之爭。

對於可能發生的兄弟之爭，不是沒有人提醒，魏徵、褚遂良等人都已經把話說得很明白，唐太宗也不可能完全沒有意識到。太宗多次更換太子東宮的官員，選拔那些正直的、有威望的大臣做太子的老師，如太子詹事于志寧、太子右庶子張玄素等，後來還以魏徵為太子太師，這都是想要把太子教育好，並維護其地位。唐太宗儘管對魏王李泰有偏愛，但是從來也沒有說過要改立太子。

其實，問題主要還是出在李泰身上。由於太宗的偏愛，他開始謀劃把太子擠下去，自己來做接班人。帝王家的老二，往往是宮廷鬥爭中的麻煩製造者。

當唐太宗的偏愛越來越公開以後，李泰的野心就逐漸付諸行動了。他把駙馬都尉柴令武、房遺愛等二十餘人都拉攏過來，厚加贈遺，寄以腹心。還有曾經擔任李泰王府官的黃門侍郎韋挺、工部尚書杜楚客等，也都出面為李泰交結朝臣，公開地拉幫結派。

朝廷上的分裂因此出現了。文武群官，各有附託，自為朋黨。

前面說過，朝中一些元老級的大臣如魏徵、王珪、褚遂良等，都主張

六、兄弟之爭的重演

維持承乾的太子地位。後來參與承乾謀反的人，只是少數。可是，對於李泰來說，他要奪權，就必須積極拉攏一些支持者。

在李泰的支持者中，房遺愛是房玄齡的兒子。儘管他和高陽公主謀反被殺是在高宗時期，但在貞觀年間，就已經介入承乾和李泰的皇位之爭了。柴令武是柴紹和平陽公主所生的兒子，娶了唐太宗的女兒巴陵公主，是唐太宗的駙馬兼外甥，因高宗時期參與了房遺愛謀反事件而被殺。韋挺是貞觀名臣，是李世民網羅的原太子李建成的部下。杜楚客是杜如晦的弟弟。杜如晦的兒子杜荷暗中支持太子謀反，是太子黨，而杜如晦的弟弟則是忠實的魏王黨。權力之爭並不以家族分野，更不論地域和階級了。

魏王李泰的支持者，大都是開國功臣的子弟。儘管和太子的那些支持者情況稍有不同，但他們都是最有資格介入皇室內部的權力之爭，有動力在政治變動中撈取新的政治資本的皇親國戚，也都是唐太宗最親信的人。而與唐太宗保持著一定距離的人，如魏徵、李靖和李勣等人，在這個問題上卻有著相當的警惕，盡量不捲入皇室內部的爭鬥中去。

嫌隙已生，在關係到權力之爭的問題上，雙方只能進一步走向猜忌和防範。兄弟之間正在暗中較勁的時候，齊王李祐的謀反，把問題暴露出來了。

回到前面提出的問題，太子為什麼要謀反？是因為魏王李泰的逼迫所致。而李泰之所以勇於挑戰自己的地位，是由於太宗的偏愛。所以，李承乾除了想謀殺李泰，還計畫發動政變逼迫太宗交權。

那麼，問題出來以後，唐太宗將如何處理呢？

第十八章　太宗遺澤──權力交接與歷史影響

七、唐太宗的艱難決斷

貞觀十七年（643）四月，接到刺客紇干承基揭發太子謀反的報告後，唐太宗把太子李承乾召到身邊，並在一間閒屋裡關了起來。接著下令由司徒長孫無忌、司空房玄齡、特進蕭瑀、兵部尚書李勣、大理卿孫伏伽、中書侍郎岑文字、御史大夫馬周、諫議大夫褚遂良等人組成特別法庭，進行會審。結果事皆明驗，李承乾被廢為庶人，流放到黔州安置。

李承乾出發之前，太宗見了他一面，並嚴厲地進行了訓話。李承乾說：「臣貴為太子，更何所求？只是被李泰所逼，特與朝臣謀自安之道。而有幾位大膽凶徒，遂教臣為不軌之事。現在您若要立李泰為太子，就真的落入他設下的圈套內。」[215] 李承乾在自己的政治前途斷送之後，還不忘提醒太宗。他的這番話，唐太宗能夠聽得進去嗎？

結果是唐太宗聽進去了，他沒有立魏王李泰，而是立了一個沒有捲入爭鬥之中的晉王李治。為什麼唐太宗能夠聽取一個謀反的太子的建議呢？因為李承乾的話讓他意識到大臣與皇子的結黨是非常危險的訊號，搞不好會導致國家的動盪和分裂。所以，太宗聽了李承乾的話後，對身邊的大臣們說了一段很理智的話，他說：「李承乾說的也對。我若立李泰，便是儲君之位可經求而得耳。而且，立了李泰，承乾和晉王都難有活路；如果立晉王，則李泰和承乾都可以繼續活下去。」[216]

太宗當即採取行動，把李泰關了起來。隨後下詔解除了李泰的雍州牧、相州都督、左武候大將軍等職位，降封東萊郡王。就在太宗作出這個決定之前，他還是想過要立李泰為太子的，並且當面答應過李泰。加上李

---

[215] 《舊唐書》卷七六〈濮王泰傳〉，第 2655 頁。
[216] 《舊唐書》卷七六〈濮王泰傳〉，第 2655 頁。

泰還有幾位支持者，如宰相岑文字和劉洎，因此在承乾謀反事發之後，李泰也是一個自然的選擇。但除了李承乾臨行前的提醒，李泰自己的一句話，最終斷送了他的前途。他聽太宗有意立他為太子之後，去跟太宗說：「有父皇這話，兒臣覺得像獲得了新生一樣，彷彿今日才真正成了陛下的兒子。兒臣不會讓父皇為難的。兒臣有一個兒子，身死之日，當為父皇殺之，傳位晉王。」[217]

次日，太宗召集群臣，商量立太子的事情。他說：「昨日青雀（李泰的小名）在朕懷中說，願意死後殺掉兒子，將皇位傳給晉王。這孩子真是善解人意。」他想要長孫無忌改變主意，因為長孫無忌是支持立晉王李治的。

長孫無忌與褚遂良互相看了一眼，褚遂良站出來說：「陛下此言差矣！請您仔細想想魏王的話，不要鑄下大錯。怎麼可能陛下百年之後，魏王據有天下，而肯殺子傳位晉王呢？此非人之常情。陛下當日立承乾為太子，又寵愛魏王，才導致了今天的大禍。前事不遠，足以為鑑。陛下今日若打算立魏王，請先處理好晉王，這才能永保安全。」

太宗聽得此言，覺得褚遂良說得有道理。魏王的話確實有悖人之常情，換成自己，又怎麼肯這樣做呢，心中對魏王有些許失望。同時他真的擔心，魏王與晉王如果像當初太子與魏王一樣，爭得你死我活，自己可再也承受不起這樣大的變故了。

經過討論和冷靜思考，太宗因此立下規矩：「自今太子不道，藩王窺伺者，兩棄之。傳之子孫，以為永制。」[218]

唐太宗對於兄弟相殘的悲劇後果記憶猶新，他有一個強烈的意識，就

---

[217]《資治通鑑》卷一九七，第 6195 頁。
[218]《舊唐書》卷七六〈濮王泰傳〉，第 2656 頁。

第十八章　太宗遺澤──權力交接與歷史影響

是要盡量保全自己的子孫,也許背後還有著對長孫皇后的承諾。事實上,他的這個決定,確實避免了政治上的一場大震盪,也避免了一場可能發生的兄弟殘殺。

對於太子策劃的未遂謀反,唐太宗沒有大開殺戒,除了漢王元昌賜令自盡,侯君集等少數人伏誅以外,其他的東宮僚屬,如左庶子張玄素、右庶子趙弘智、令狐德棻、中書舍人蕭鈞等,都沒有受到大的衝擊。

侯君集在玄武門事變中立有大功,是凌煙閣二十四功臣之一,而且是當年「太原起兵」的開國功臣,後來還有一件大功,就是貞觀十四年率兵打下了高昌。侯君集在唐朝初年功勞非常大,地位也很高。他參與太子謀反,是因為仕途上不太順利。高昌這一仗打回來以後,他受了處分,原因是他放縱部下去搶東西,自己也收了很多的賄賂。侯君集受了處分,心裡就很不平。他的女婿賀蘭楚石是太子那邊的人,這個女婿一牽線,他就跟太子走了。

但是,要處死侯君集,唐太宗還是很不忍心,畢竟侯君集跟隨自己那麼多年,出生入死,滿身傷痕。面對將要被處決的功臣,唐太宗很痛苦。行刑的那一刻,有人來報告給太宗,說侯君集有一個請求,希望皇上能夠保全他的子女。太宗答應他,說我把他們流放出去,讓他們保全下來。這個時候的唐太宗,應該能夠深切地體會到帝王誅殺功臣時的那種無奈。

侯君集的子女被保全下來,唐太宗自己的兒孫們自然也保全了下來。李承乾本人被安置到黔州,兩年後去世。太宗為之停止上朝兩日,葬以國公之禮。李承乾的兩個兒子李象、李厥,後來都做到了地方的高級佐官。而李象之子李適之,開元年間還做到了宰相。

李泰後來徙居均州之鄖鄉縣。太宗後來曾經拿著李泰所上的奏表,對身邊的大臣說:「李泰文辭美麗,真的是一個才學之士。我心中掛念他,

你們都是知道的。但為社稷之計，我不得不割下對他的恩寵，把他遷到外地去居住，這也是為了保全他們哪！」[219] 貞觀二十一年（647），李泰被晉封為濮王。高宗即位後，李泰的政治待遇和經濟待遇都進一步提高。永徽三年（652），李泰在鄖鄉病逝，時年三十有五。李泰的兩個兒子李欣、李徽，都保全了下來。上一次兄弟之爭，玄武門之變後，唐太宗的哥哥弟弟都是斷子絕孫的，十個姪子都被殺了。這次則有很大不同，兒孫們都保全下來了。這是從血泊中吸取的慘痛教訓。

話要說回來，立晉王李治為太子，對於唐太宗來說，也是一種艱難的選擇。

太宗明白，理智上應該立晉王，可一直難以下定決心。除了感情上放不下李泰之外，太宗也清楚，長孫無忌支持晉王有自己的目的。晉王生性懦弱，易於控制，自己百年之後，長孫無忌雖然不會篡權，但定會成為獨攬大權的人。

魏王黨大都是一般地主出身的官僚，而支持晉王李治的，則是以長孫無忌為首的關隴貴族。唐太宗的本意是要在這兩個集團之間維持平衡，現在兩個政治勢力藉著接班人問題，開始發動對抗，而立任何一方都將破壞這種平衡。這讓太宗感到很失敗，也很擔心。唐太宗陷入了困局和深深的焦慮之中。

太宗決定，再召集群臣來商議一回，或許臨時有什麼轉機。第二天，太宗將群臣叫到了兩儀殿。大家還是意見不一，眾說紛紜，商量了半天，也沒有一個結果。太宗感到頭痛欲裂，將一干人等都打發了下去，只留下長孫無忌、房玄齡、李世勣、褚遂良幾個。長孫無忌此時示意跟他同來的晉王也留下，他預感到事情馬上要有結果了。

---

[219]《舊唐書》卷七六〈濮王泰傳〉，第 2656 頁。

第十八章　太宗遺澤──權力交接與歷史影響

太宗知道，不把自己和他們都逼到非決定不可的份上，此事還是沒答案。可是時至今日，又非有答案不可。

太宗說了一番話，表示自己現在確實很難過，想不出來該怎麼辦了。說到傷心之處，就突然從腰帶上拔出一把佩刀。長孫無忌上前一把抱住太宗，搶下他手上的刀，轉身就交給了李治，然後說：「陛下，我知道你很難抉擇，但是你一定要抉擇。我知道你的心思，就是要立晉王。可能你不太好說，心裡就一直很難過。現在，這刀交給晉王了，我們就這麼定下來了。」實際上，就是長孫無忌替李世民做了一個這麼大的決定。

唐太宗就順水推舟，對著晉王說：「治兒，你要感謝你舅舅，是你舅舅立了你做太子。」[220]

可是，為什麼唐太宗當時要拔這把刀呢？他拔刀到底是要做什麼，是要去殺誰嗎？不太可能，他是召集幾個大臣來商議立太子的事情。他是要自殺嗎？就是傷心煩惱至極，想乾脆一了百了？唐太宗也不像是那種人。很有可能是這樣的，今天要下決心了，必須要做決定了，內心很焦慮，他就順手拔出一把刀來，要砍柱子或者砍桌子、砍椅子，徹底把情緒發洩出來。也許這一砍下去，腦中念頭一閃而過，就會出來一個決定了。

長孫無忌這個時候已經看明白了，儘管唐太宗對李治不是很放心，也不是很甘願立他，但是這是他沒有選擇的選擇，也只能幫他做出這個決定來。

四月丙戌，太宗下詔立晉王李治為皇太子，大赦天下。唐太宗當時做了那樣一個無奈的決定，他內心還是不很踏實。不久後，他還動過一個念頭，就是想立另外一個兒子吳王李恪做太子，來替代晉王李治。看來，他對李治心裡一直不是很放心的，所以落個遺憾，總覺得他不是最

---

[220]《資治通鑑》卷一九七，第 6196 頁。

好的人選。

其實歷史上唐太宗最不放心的這個兒子，恰恰是非常能幹的。李治最後成就了一些連唐太宗本人都無法完成的大事兒。唐朝邊境成就最盛的時代，是唐高宗李治的時代。開疆拓土最成功的，既不是唐太宗，也不是後來的唐明皇，而是唐高宗李治。

唐太宗立像　臺北故宮博物院藏

第十八章　太宗遺澤──權力交接與歷史影響

附錄論文

從貞觀之治看中國古代政治傳統中的治世與盛世

　　中國歷史和政治傳統中，貞觀之治既是一個重要歷史時期的統治局面，也是一個核心的政治概念。作為歷史事實的貞觀之治，是指唐太宗統治下出現的政治局面；作為政治概念的貞觀之治，則是被貞觀以後的歷史學家和政治家不斷闡發的治國理論意義上的一個理想，是被「層累地造成」的歷史。唐太宗時期的統治局面之所以被稱為「貞觀之治」，源於中國古代政治傳統中對統治形態進行劃分的概念系統。在王朝更迭的歷史過程中，呈現出不同的治理局面，對治理局面的界定，大抵可以歸入治世與亂世、盛世與衰世等概念系統之中。對世局進行治亂興衰的劃分，並對此進行褒貶，是中國傳統史學的重要功能，也是中國政治傳統的重要內容。從歷史事實和歷史觀念雙重角度，廓清這些概念，對於進一步認識中國史學傳統和政治傳統都具有重要的理論意義。

　　本文以貞觀君臣在治國實踐中所運用的政治概念為中心，探討帝道與王道、治世與盛世等概念形成的歷史傳統，進而分析「貞觀之治」本身如何成為一個政治概念並進入傳統的概念系統之中。

一、中國古代政治傳統中的治世與盛世

　　由於中國歷史發展的連續性，由於史官和史學在中國早期思想史上的特殊地位，使得對王朝更迭和治道興衰的歷史現象的探討，構成了對治國

理論進行探討的核心內容。

　　早期儒家政治思想中，一個很重要的理論基礎，就是對古史及其政治形態進行系統性的構造。從東周到秦漢之間，以儒家為主，根據不同的古史信息，從不同管道匯合而成了一個以「三皇五帝」為核心的聖聖相傳的聖統史觀[221]，加上夏商周的歷史銜接，就構成了一個完整的古史體系。它既是一個歷史演進的系統，也是一個政治觀念的系統。政治觀念依託於對歷史時代的定位，這是中國政治傳統中的重要特色。

　　在這個系統中，堯舜之道是治國的最高境界，是聖人之道，是帝道，其具體內容，用出土的由戰國儒家編撰的《唐虞之道》的話說，就是「禪而不傳」和「愛親尊賢」[222]；夏商周三代之治，則是禮樂文明，是王道。《禮記‧曲禮上》：「大上貴德，其次務施報。」鄭玄注曰：「大上，帝皇之世，其民施而不唯報。三王之世，禮始興焉。」[223] 大上，就是太上，謂三皇五帝之世。

　　三王之世，就是禹、湯、文、武為代表的夏商周三代。《禮記‧禮運》篇對此有更具體的解釋：

　　大道之行也，與三代之英，丘未之逮也，而有志焉。大道之行也，天下為公，選賢與能，講信修睦，故人不獨親其親，不獨子其子，使老有所終，壯有所用，幼有所長，矜寡孤獨廢疾者皆有所養，男有分，女有歸。貨惡其棄於地也，不必藏於己；力惡其不出於身也，不必為己。是故謀閉而不興，盜竊亂賊而不作，故外戶而不閉，是謂大同。今大道既隱，天下為家，各親其親，各子其子，貨力為己，大人世及以為禮，城郭溝池以為

---

[221]　徐興無：《讖緯文獻與漢代文化構建》，中華書局2003年，第149頁。
[222]　荊門市博物館：《郭店楚墓竹簡》，文物出版社1998年，第157－158頁。
[223]　孫希旦撰，沈嘯寰、王星賢點校：《禮記集解》卷一〈曲禮上〉，中華書局1989年，第12頁。

固，禮義以為紀。以正君臣，以篤父子，以睦兄弟，以和夫婦，以設制度，以立田里，以賢勇、知，以功為己，故謀用是作，而兵由此起。禹、湯、文、武、成王、周公，由此其選也。此六君子者，未有不謹於禮者也，以著其義，以考其信，著有過，刑仁講讓，示民有常，如有不由此者，在勢者去，眾以為殃，是謂小康。」[224]

按：唐代孔穎達疏《尚書正義》卷二時指出：「〈禮運〉曰大道之行，天下為公，即帝也。大道既隱，各親其親，即王也。」[225] 宋代朱熹在〈答呂伯恭〉的信中也談道：「〈禮運〉以五帝之世為大道之行，三代以下為小康之世，亦略有些意思，此必粗有來歷，而傳者附益，失其正意耳。如程子論堯舜事業，非聖人不能，三王之事，大賢可為也，恐亦微有此意。但記中分裂太甚，幾以二帝三王為有二道，此則有病耳。」[226] 在朱熹看來，堯舜之道和三王之道其實是一個道，這是一個哲學意義的「道」。但從政治形態來說，其間大同與小康、帝道與王道的區別還是明顯存在的。

帝道王道之下，在治國實踐中，所達到的局面又有不同的形態。其中最判然分明的一個區分就是治世與亂世。戰國秦漢之間，諸子對治世和亂世的區分以及成因進行了集中的探討。如《荀子·大略》從義利關係上立論：「義與利者人之所兩有也，雖堯舜不能去民之欲利，然而能使其欲利不克其好義也。雖桀紂亦不能去民之好義，然而能使其好義不勝其欲利也。故義勝利者為治世，利克義者為亂世。」[227]《禮記·樂記》和〈詩大序〉則從樂與政的關係立論：「治世之音安以樂，其政和；亂世之音怨以怒，其政乖；亡國之音哀以思，其民困。故正得失，動天地，感鬼神，莫

---

[224] 孫希旦撰，沈嘯寰、王星賢點校：《禮記集解》卷二一〈禮運〉，第 582 — 583 頁。
[225] 阮元校刻：《十三經注疏·尚書正義》卷二〈虞書·堯典〉，中華書局 2009 年，第 248 頁。
[226] 朱熹：《晦庵先生朱文公文集》卷三三，四部叢刊本。
[227] 王先謙撰，沈嘯寰、王星賢點校：《荀子集解》卷一九〈大略篇〉，中華書局 1988 年，第 502 頁。

近於詩。」[228]《呂氏春秋·觀世》在解釋「治世之所以短而亂世之所以長」的原因時，提出聖人（欲治之君）與士（與治之臣）都少出，即使偶爾出現了也難以相遇的觀點。董仲舒則從天道和人治關係的角度進行了闡釋，提出：「天出此物（春夏秋冬）者，時則歲美，不時則歲惡。人主出此四（與春夏秋冬相對應的好惡喜怒）者，義則世治，不義則世亂。是故治世與義歲同數，亂世與惡歲同數。以此見人理之副天道也。」又說：「世治而民和，志平而氣正，則天地之化精，而萬物之美起。世亂而民乖，志僻而氣逆，則天地之化傷，氣生災害起。」[229]

治世和亂世之外，東漢時期，又出現了「盛世」的概念。東漢初年的崔篆，臨終作賦以自悼，名曰〈慰志〉。其辭有：「何天衢於盛世兮，超千載而垂績。豈修德之極致兮，將天祚之攸適？」崔篆之孫崔駰，獻書告誡外戚竇憲，提出「今寵祿初隆，百僚觀行，當堯、舜之盛世，處光華之顯時，豈可不庶幾夙夜，以永眾譽，弘申伯之美，致周、邵之事乎？」[230] 他們所說的盛世，都是對當世的讚美，並非歷史的評價。唐宋以後，盛世的概念使用得越來越多，把人們「欣逢盛世」視為人生最大的幸運。但是，都沒有對什麼是盛世作出界定。漢魏之際的歷史學家荀悅在《申鑑·政體》中，把國家政局分為治、衰、弱、乖、亂、荒、叛、危、亡九種形態[231]。其中沒有將盛世當作一個獨立的形態列出。

到底有沒有盛世，治世和盛世有什麼區別？古人對此沒有進行嚴格的學理上的區分。現代歷史學概念中，則往往以盛世、衰世和亂世三種形態來概括國家治理局面。有的將治世包括在盛世之中，有的則以盛世為比治

---

[228] 阮元校刻：《十三經注疏·禮記正義》卷三七〈樂記〉，第 3311 頁。
[229] 董仲舒：《春秋繁露·王道通三》，《春秋繁露·天地陰陽》，四部叢刊本。
[230] 范曄：《後漢書》卷五二〈崔駰列傳〉，中華書局 1965 年，第 1719－1720 頁。
[231] 荀悅撰，黃省曾注，孫啟治校補：《申鑑注校補·政體》，中華書局 2012 年，第 26 頁。

世更高的一個層次，有的則在同一個意義上使用治世和盛世的概念。一般所指盛世，其標誌性特徵是國家統一、社會穩定、經濟發展、文化繁榮、吏治清明。但歷史上的盛世大多維持時間不長，衰亂之局即接踵而至[232]。

無論如何，治世與盛世，與帝道王道一樣，也是兼有政治觀念和歷史時代雙重意義的概念。盛世在歷史時代意義上的含義不是很清晰，如果嚴格按照以上五個標準來衡量，則中國歷史上稱得上盛世的時代，大抵只有稱為「天漢雄風」的漢武帝時期，稱為「盛唐氣象」的唐玄宗時期，以及清朝的康雍乾盛世，有時還以漢唐盛世與康雍乾盛世並稱。不過，漢武帝時期出現了嚴重的流民問題，使其比開元、天寶盛世和康雍乾盛世要遜色一些。而治世的時代所指則是明確的，除了堯舜之時外，周之成康，漢之文景，唐之貞觀，被公認是歷史上典型的治世。

《漢書·景帝紀》贊曰：「周、秦之敝，網密文峻，而奸軌不勝。漢興，掃除煩苛，與民休息。至於孝文，加之以恭儉，孝景遵業，五六十載之間，至於移風易俗，黎民醇厚。周云成、康，漢言文、景，美矣！」[233] 吳兢在《貞觀政要》中也發出了「此皆古昔未有也」的感慨。至於南朝劉宋時期一度出現的「元嘉之治」，明朝的所謂「仁宣之治」，都只是短暫的相對的治世局面，沒有成為政治觀念系統中的具有象徵意義的概念。依託中國古代政治傳統中的概念體系，結合中國古代歷史發展的實際情況，本文擬對治世與盛世進行界定。所謂治世，指國家治理的一種理想形態，側重於國家治理的水準，強調行帝道王道，主要特徵是政治風氣良好，社會秩序穩定，百姓對國家政權充滿信心。所謂盛世，指社會發展的一種理想狀

---

[232] 孫家洲：〈論中國古代的盛衰巨變〉，《光明日報》2003年6月24日，B3。
[233] 班固：《漢書》卷五〈景帝本紀〉，第153頁。

態，側重於國家治理的成果，主要特徵是在國家統一和社會穩定的基礎上達到經濟和文化的繁榮局面。歷史上的盛世都出現在一定的治世之後，西漢的「文景之治」之後出現了漢武帝時期的盛世，唐代的「貞觀之治」之後出現了開元、天寶時期的盛世。治世是盛世的前提，但治世並不一定帶來盛世。緊接著盛世而來的，往往是衰亂之世。治世與盛世的一個顯著區別在於：治世還有很大的發展前景，治世的君臣還遵循著帝道王道的原則，保持著善始慎終的警惕心理和勵精圖治的進取精神；盛世則往往迷失了發展的方向，對各種具體事務的應對取代了對治國方略和治道政術的探討，君臣上下致力於粉飾太平，朝野內外皆以奢靡相尚。所謂「大亂之後必有大治」、「盛極而衰」等等中國政治傳統中的經典概念，實皆由此而起。

二、貞觀之治的歷史面貌

「貞觀之治」是唐代以後中國政治傳統和歷史觀念系統中的一個重要概念。這裡先從歷史的角度，探討一下貞觀時期的國家治理究竟處於何種局面，回答為什麼「貞觀之治」是治世而非盛世的問題。

貞觀之治局面的出現，始於制定有效的治國方針，並很快迎來了社會秩序的安定和政權的鞏固。唐太宗即位之初，關於治國方針的討論中，存在著以魏徵和封德彝為代表的兩種截然不同的意見。魏徵來自社會下層，參加過反隋起義，對農民的情況和全國的形勢能夠準確掌握。他分析當時百姓的動態是，大亂之後人心思定，建議太宗實行教化，採取輕徭薄賦、勸農務本的方針；而封德彝站在農民戰爭中受到沉重打擊的山東士族的立場上，懷著對農民階級的刻骨仇恨，主張人心難治，應當實行高壓政策。最後，太宗在事實面前完全接受了魏徵的意見，很快確定了實行教化的治

國方針。而有關這個問題的討論是由唐太宗本人提出來的,他當時對於能否迅速緩和階級矛盾,穩定社會秩序,還缺乏信心,所以他主動同魏徵商討自古理政之得失,並且試探性地說道:「當今大亂之後,造次不可致治!」[234]

當時的唐太宗還不到三十歲,正是年富力壯、思想上趨於成熟又不守舊的年齡。但是,由於他常年征戰,而且沒有法定皇位繼承權,既沒有必要也沒有條件去過多考慮治國理民之事。當經過幾年的鬥爭,終於把皇位奪到手之後,對於如何治理國家,在思想上還是缺乏準備的。不過唐太宗畢竟是經歷過隋末的動盪,而且在開國戰爭中累積了赫赫戰功,加上驚心動魄的奪取皇位的鬥爭,把他鍛鍊成為一個成熟的政治家。他對於鞏固皇位具有充分自信,有著虛懷若谷的政治家風度,十分注重對統治理論和文化知識的學習。他堅持君主不能一人獨斷的為政作風,強調發揮各級官僚機構的作用,充分運用互相配合、互相制衡的政治體制,以保證決策的正確制定和政令的貫徹執行。所以,在貞觀初年頻繁的關於治道政術的討論中,唐太宗一直處於主動的地位,許多時候都是唐太宗主動向侍臣詢問、求諫。

最早對貞觀時期治國狀況進行總結的是唐玄宗時期的史臣吳兢,他在《貞觀政要》中對貞觀之治的局面有一段概述,包含了以下幾方面的內容:

首先是新皇帝得人心。儘管唐太宗即位之初「霜旱為災,米穀踴貴,突厥侵擾,州縣騷然」,是既有內憂又有外患,災荒的嚴重程度到了一匹絹才得一斗米,但是「百姓雖東西逐食,未嘗嗟怨,莫不自安」。等到貞觀三年(629),年成稍有好轉,流亡他鄉的百姓都紛紛回到家鄉,竟無一人逃散。老百姓沒有把天災人禍歸怨於最高政權,他們替政府著想,替政

---

[234] 吳兢撰,謝保成集校:《貞觀政要集校》卷一〈政體〉,第 36 頁。

府承擔著災害帶來的後果。根本原因是百姓對政府有信心，相信困難只是暫時的。而這種信任無疑來自唐太宗本人的人格魅力和貞觀君臣共同努力營造的良好政治風氣。用吳兢的話說，就是「帝志在憂人，銳精為政，崇尚節儉，大布恩德」[235]。

其次是政治清明，上下一體，同心同德。儘管唐太宗的掌權來自一場政變，但他並不計較個人恩怨，對於當初的政敵，皆引居左右近侍，「心術豁然，不有疑阻」，時論以為能斷決大事，得帝王之體。唐太宗注意嚴明吏治，對於王公貴族和勢要之家嚴加控制，對於貪贓枉法者，必置以重罰。

再則社會風氣有了根本好轉，犯罪率低，社會治安狀況良好。「商旅野次，無復盜賊，囹圄常空，馬牛布野，外戶不閉。」在接著幾年豐收之後，更是呈現出太平景象，「行旅自京師至於嶺表，自山東至於滄海，皆不齎糧，取給於路。入山東村落，行客經過者，必厚加供待，或時有饋遺。此皆古昔未有也」[236]。

儘管《資治通鑑》將這種局面的出現繫在貞觀四年（630）有所不確，應該注意《貞觀政要》中「頻致豐稔」指的是貞觀三、四年以後連續幾年的豐收，然後才出現社會經濟的根本好轉，但是，其中的描述還是概括了貞觀之治的主要內容的：「天下大稔，流散者咸歸鄉里，米斗不過三四錢，終歲斷死刑才二十九人。東至於海，南極五嶺，皆外戶不閉，行旅不齎糧，取給於道路焉」[237]。無論是《貞觀政要》還是《資治通鑑》，對貞觀之治的描述都是著眼於政治風氣和社會穩定狀況的，而不是指經濟和文化繁榮局面。

[235] 吳兢撰，謝保成集校：《貞觀政要集校》卷一〈政體〉，第51頁。
[236] 吳兢撰，謝保成集校：《貞觀政要集校》卷一〈政體〉，第52頁。
[237] 《資治通鑑》卷一九三，第6085頁。

從貞觀之治看中國古代政治傳統中的治世與盛世

貞觀之治的現實背景和實際情況，我們可以從《貞觀政要》、《舊唐書》、《新唐書》和《資治通鑑》等文獻記載中窺見大概。

從社會經濟上看，唐太宗即位之初，既有經濟上的危機，同時又面臨著突厥的威脅，社會秩序很不穩定，政局也不平穩。儘管後來透過和平的方式暫時解除了突厥的威脅，在對外關係中贏得了主動，但是，內地的形勢卻並不樂觀。一方面，隋末動亂以來遭受嚴重破壞的社會生產尚未得到恢復，土地荒廢、人口減少，全國呈現出一片經濟凋敝的景象，抗禦自然災害的能力十分脆弱；另一方面，社會矛盾還很尖銳，不僅一些農民還在亡命山澤，繼續進行反抗，一些地方勢力引發區域性動亂的危險也還存在。應該說，貞觀四年打突厥，是在十分艱苦的條件下進行的一場戰爭，唐朝的取勝，相當程度上應當歸因於老百姓對新王朝的一種期望，一種信心，是老百姓的高昂鬥志贏得了這場戰爭。與此同時，經濟開始恢復和發展。貞觀三、四年間區域性地區的豐收，並沒有完全扭轉生產凋敝的局面。是經過「頻致豐稔」，也就是連續多年的豐收之後，才出現了米價下跌、糧食充裕的大好形勢。但是，經過大動盪、大破壞之後，經濟上需要有相當長的一段時期才能恢復元氣。貞觀六年（632）前後，社會經濟形勢有了重大好轉，在當年令州縣行鄉飲酒禮的詔令中，便提到「比年豐稔，閭里無事」，是禮制的建設跟不上經濟的發展，「乃有惰業之人，不顧家產，朋遊無度，酣宴是耽」[238]。所以才要透過行鄉飲酒禮，來達到改善社會風氣的目的。於是，出現了紛紛請封泰山的議論。魏徵針對太宗稍稍滋長的自滿情緒，堅決反對封禪，比照隋朝全盛時期的情況，指出當時經濟形勢並不樂觀，「自今伊、洛洎於海岱，灌莽巨澤，茫茫千里，人煙斷絕，雞犬不聞，道路蕭條」，尤其是「自喪亂以來，近泰山州縣凋殘最

---

[238]《唐會要》卷二六〈鄉飲酒〉，第 580 頁。

甚」[239]。經濟形勢的好轉，是相對隋末以來的殘破局面來說的，並不等於經濟發展的水準有多高。

從政治風氣和社會穩定狀況看，老百姓的信心和鬥志，來自貞觀初年政治上的得民心。也就是說，實行教化、輕徭薄賦的政策，是天下大亂之後的正確選擇。全國上下都有著為國家著想的積極意識：皇帝為民擔憂，勵精圖治，崇尚節儉；各級官僚都致力於政權建設，滅私徇公，堅守直道；老百姓也替皇帝著想，理解政府的難處，即使四處逃荒逐食，也安分守己，不把怨憤發洩到政府和皇帝的身上。尤其是君臣之間維持著一種同心協力、勵精求治的良好關係。這一時期的政權結構中，有一個各取所長、各盡所能、團結合作的宰相團隊，為推動貞觀之治局面的出現和維護這種良好的政治局面，提供了保證。這樣，即使經濟上還有嚴重的困難，社會秩序也不會亂。只要經濟形勢一旦好轉，很快就能夠恢復社會的安定。

從最高統治者的治國之道看，唐太宗在政治上有大局觀，常常因為某一件具體事情，而想著把另外一類事情辦好。他心裡裝著老百姓，他深知「民為邦本，本固邦寧」的道理，對自己嚴格要求的同時，能夠嚴格約束各級官吏和王公貴族，嚴懲貪官汙吏。他有著大政治家的風度，所謂「得帝王之體」，在奪取了政權之後，沒有將原先反對自己的力量完全排斥，而是對他們大膽地加以重用，把他們放到重要的職位上。正是由於唐太宗在思想上和實踐中的這些表現，才有可能出現政治局面和社會秩序的很快穩定。至少當時和後來的很多史臣都是這樣認為的。此外，房玄齡、杜如晦等操勞國務，魏徵、王珪等堅持進諫，並且能夠站在對理論、歷史和現實深刻認識相結合的基礎上制定出符合時代要求的治國方略，保證了貞觀時期國家治理的高水準。

---

[239]《唐會要》卷七〈封禪〉，第95頁；參見《資治通鑑》卷一九四，第6094頁。

貞觀中期以後，尤其是在考慮安排皇位繼承人的過程中，貞觀政治局面有所轉變。但是，居安思危、善始慎終，還一直是貫穿貞觀中後期的政治話題。儘管唐太宗晚年出現了複雜的權力鬥爭，但是，唐代社會經濟的發展，在社會關係和統治政策的調整下，繼續保持著良好的勢頭。

三、貞觀君臣對歷史傳統的認識和對自己所處時代的歷史定位

　　貞觀君臣在政治思想上的重要貢獻，在於結合治國實際提出了「為君之道」和「安人之道」等治國方略。到貞觀六年（632），太宗在又一次與侍臣討論歷代興衰存亡的問題時，引用《尚書》中「可愛非君，可畏非民」的典故，進一步提出「天子者，有道則人推而為主，無道則人棄而不用，誠可畏也」[240]。這是一種具有真實感受的畏民心理，是貞觀君臣在相當長一段時間內保持戒惕思想的根本前提。魏徵則搬出了「君，舟也；人，水也。水能載舟，亦能覆舟」[241]的古語，而且，在後來的議論中反覆引用，成為貞觀君臣談論最多的話題之一。

　　以「為君之道」和「安人之道」為核心的治國方略的提出，是從總結隋朝滅亡的歷史教訓開始的。隋朝由盛而衰的歷史，正好說明了「為君之道，必須先存百姓」[242]的道理。也就是說，老百姓生活的安定，是國家安定的前提，是維持長治久安的根本，是最重要的「為君之道」。儘管中國古代不乏強調「以民為本」的思想家，但像唐太宗那樣，從最高統治者的角度，將這個問題提到如此高度，並堅持貫徹到自己的施政實踐中，在

---

[240]　吳兢撰，謝保成集校：《貞觀政要集校》卷一〈政體〉，第 34 頁。
[241]　吳兢撰，謝保成集校：《貞觀政要集校》卷一〈政體〉，第 34 頁。
[242]　吳兢撰，謝保成集校：《貞觀政要集校》卷一〈君道〉，第 11 頁。

歷史上並不多見。為君之道必須先存百姓，只有安定了百姓，才能安定天下。但是，如何真正做到不損百姓呢？這就是安人之道的問題。透過對歷史經驗的總結，貞觀君臣得出了一個規律性的結論，即國家的徵發必須以百姓的承受能力為限度，而生產的正常進行和維持簡單再生產的生活條件，是這個限度的底線。貞觀二年（628），太宗謂侍臣曰：「凡事皆須務本，國以人為本，人以衣食為本。凡營衣食，以不失時為本。夫不失時者，在人君簡靜乃可致耳。若兵戈屢動，土木不息，而欲不奪農時，其可得乎！」[243]

從隋朝亡國的事實中吸取治國的教訓，只是貞觀君臣制定治國方略的前提之一。「為君之道」和「安人之道」，是在總結中國古代政治思想和歷代統治經驗教訓的基礎上提出的。貞觀君臣對於古代的歷史傳統，進行了積極的探討總結，並進而明確了自己時代的歷史定位。也就是在歷史事實與歷史觀念構成的關於治國傳統的座標上，確定了自己時代的位置。一方面是追跡堯舜，高懸聖人治國的政治理想，以期達到行帝道、王道的境地；另一方面是總結秦漢以來歷代王朝的經驗教訓，克服各個時代出現的弊政，並上升為治國理論，爭取達到歷史上最好的統治局面。

在治國目標和政治思想上，貞觀君臣繼承了西漢前期賈誼、董仲舒等人的思想，高懸著堯舜之道的治國目標。董仲舒的理論建設，是從界定《春秋》的性質和地位開始的。在董仲舒看來，《春秋》作為治國指導思想，核心的內容是「奉天而法古」，奉天是要在以皇帝為中心的權力世界之上確立天道，所謂「王者欲有所為，宜求其端於天」，而「天道之大者在陰陽。陽為德，陰為刑……以此見天之任德不任刑也」。所以「王者承天

---

[243] 吳兢撰，謝保成集校：《貞觀政要集校》卷八〈務農〉，第 423 頁。

意以從事，故任德教而不任刑」[244]。因為近代治國都是不順於天而任刑的，所以要從理論上奉天，就必須從實踐中法古。而所謂古，在董仲舒看來，主要是指上古堯舜之時，即使是夏商周三代，也還不足以成為最高目標，只有古代的堯舜，才是頭號聖人。董仲舒之所以要把治國的目標定得那麼玄遠，似乎可望而不可及，就是要強調教化的過程。太平之世，制禮作樂，是一種偉大的政治理想，永遠為這個理想而奮鬥，才能不斷進步。

在聖聖相傳的史觀系統中，貞觀君臣同樣選擇了堯舜（即唐虞）之時為最高目標。貞觀時期關於治國理想和治國方針的探討，集中在堯舜之道，其目標是魏徵在貞觀十四年（640）上疏中提出的「若君為堯、舜，臣為稷、契」[245]。唐太宗自己也曾表示，「朕今所好者，唯在堯、舜之道，周、孔之教，以為如鳥有翼，如魚依水，失之必死，不可暫無耳」[246]。

唐太宗與侍臣討論天子要懷有謙恭和畏懼之心，以「稱天心及百姓意」，其歷史依據是堯舜。他引用《尚書》裡舜誡禹之語：「汝唯不矜，天下莫與汝爭能；汝唯不伐，天下莫與汝爭功」；又引用《周易》「人道惡盈而好謙」的說法，說明天子必須上畏皇天，下懼群臣百姓。魏徵進一步強調這是唐虞之道，曰：「古人云：『靡不有初，鮮克有終。』願陛下守此常謙常懼之道，日慎一日，則宗社永固，無傾覆矣。唐、虞所以太平，實用此法」[247]。

唐太宗在談論災異祥瑞問題時，主張百姓富足、天下太平是最大的祥瑞，其理論依據仍是堯舜，他說：「如朕本心，但使天下太平，家給人足，雖無祥瑞，亦可比德於堯、舜。若百姓不足，夷狄內侵，縱有芝草遍

---

[244]　班固：《漢書》卷五六〈董仲舒傳〉，第 2502 頁。
[245]　吳兢撰，謝保成集校：《貞觀政要集校》卷七〈論禮樂〉，第 406 頁。
[246]　吳兢撰，謝保成集校：《貞觀政要集校》卷六〈慎所好〉，第 331 頁。
[247]　吳兢撰，謝保成集校：《貞觀政要集校》卷六〈謙讓〉，第 323 頁。

街衢,鳳凰巢苑囿,亦何異於桀、紂?……夫為人君,當須至公理天下,以得萬姓之歡心。若堯、舜在上,百姓敬之如天地,愛之如父母,動作興事,人皆樂之,發號施令,人皆悅之,此是大祥瑞也」[248]。

魏徵在貞觀初年關於治國方針的討論中,堅持實行教化的方針,一個重要的歷史和理論依據,就是「五帝、三王,不易人而化。行帝道則帝,行王道則王,在於當時所理,化之而已。考之載籍,可得而知」。後來唐太宗在總結自己的成功時,也著重強調了魏徵在勸行帝道王道方面的貢獻,他說:「貞觀初,人皆異論,云當今必不可行帝道、王道,唯魏徵勸我。既從其言,不過數載,遂得華夏安寧,遠戎賓服。突厥自古以來常為中國勍敵,今酋長並帶刀宿衛,部落皆襲衣冠。使我遂至於此,皆魏徵之力也」[249]。在關於明君暗君的討論中,魏徵同樣以堯舜為參照,而歷史實際中的秦二世、梁武帝和隋煬帝等人,則成為背離堯舜之道的反面教材。貞觀二年(628),太宗問魏徵曰:「何謂為明君暗君?」徵曰:「君之所以明者,兼聽也;其所以暗者,偏信也。《詩》云:『先民有言,詢於芻蕘。』昔唐、虞之理,闢四門,明四目,達四聰。是以聖無不照,故共、鯀之徒,不能塞也;靖言庸回,不能惑也。秦二世則隱藏其身,捐隔疏賤而偏信趙高,及天下潰叛,不得聞也。梁武帝偏信朱異,而侯景舉兵向闕,竟不得知也。隋煬帝偏信虞世基,而諸賊攻城剽邑,亦不得知也。是故人君兼聽納下,則貴臣不得壅蔽,而下情必得上通也。」[250]

在關於君臣關係和君民關係的討論中,魏徵的參照還是唐、虞之世。他說皇帝任意威罰,是所以長奸。「此非唐、虞之心也,非禹、湯之事也」。接著引用《尚書》「撫我則後,虐我則仇」、荀子「水所以載舟,亦所

---

[248] 吳兢撰,謝保成集校:《貞觀政要集校》卷十〈災祥〉,第 520 頁。
[249] 吳兢撰,謝保成集校:《貞觀政要集校》卷一〈政體〉,第 36 — 37 頁。
[250] 吳兢撰,謝保成集校:《貞觀政要集校》卷一〈君道〉,第 13 頁。

以覆舟」和孔子「魚失水則死，水失魚猶為水也」等古訓，說明「故唐、虞戰戰慄慄，日慎一日」，提醒唐太宗「安可不深思之乎？安可不熟慮之乎？」[251] 所以王珪對當時人物的評價中，魏徵的特點是「每以諫諍為心，恥君不及堯、舜」[252]。綜括言之，貞觀君臣以堯舜之世、唐虞之道為自己時代的政治理想和治國指導思想，並將抽象的帝道、王道落實為具體的治國方略和施政措施，將自己時代定位為用唐虞之道開創一個歷史上從未有過的治世[253]。正如侍御史馬周在上疏中所說：「陛下當隆禹、湯、文、武之業，為子孫立萬代之基，豈得但持當年而已！」[254]

四、小結：
貞觀之治在中國古代治國傳統中的歷史地位

貞觀君臣的政治理想，在相當程度上是實現了的。貞觀之治成為中國古代治國傳統中一個可以效法的模範，成為唐虞之道以後一個新的典範。

還在貞觀中期，人們就開始意識到貞觀之初的政治局面具有落實帝道、王道理想和開創治世局面的雙重意義，上引馬周的上疏中就提到，「陛下必欲為久長之謀，不必遠求上古，但如貞觀之初，則天下幸甚」。吳兢在唐中宗時寫的〈上《貞觀政要》表〉中，已經不再把五帝三王視為楷模，而是把貞觀政化視為典範，其文曰：「竊唯太宗文皇帝之政化，自曠古而來，未有如此之盛者也。雖唐堯、虞舜、夏禹、殷湯、周之文武、漢

---

[251] 吳兢撰，謝保成集校：《貞觀政要集校》卷七〈論禮樂〉，第 404－405 頁。
[252] 吳兢撰，謝保成集校：《貞觀政要集校》卷二〈任賢〉，第 67 頁。
[253] 參見吳宗國：〈《貞觀政要》與貞觀君臣論治〉，《國學研究》第三卷，北京大學出版社 1995 年，第 355－381 頁。
[254] 《資治通鑑》卷一九五，第 6132 頁。

之文景，皆所不逮也」[255]。開元時期吳兢修訂完成《貞觀政要》，其序云：「太宗時政化，良足可觀，振古而來，未之有也。」[256] 唐代以後，歷代想要有所作為的君主，都以唐太宗為效法的榜樣。對後世治國者來說，重現貞觀之治，就如同貞觀君臣追求堯舜之世的重現一樣，成為崇高的理想。貞觀君臣和他們開創的貞觀之治，逐漸確立了在歷史程式中的典範地位，總結貞觀之治的《貞觀政要》，也因此成了歷代帝王的教科書。

「貞觀之治」是以自己的特有的內涵進入傳統政治的概念體系，進而成為新的典範的。在貞觀政治實踐中，已經將古代治國理念具體落實為治國方針和施政措施，是歷史上少有的對帝道、王道的具體落實。對後人來說，貞觀治國方略比帝道、王道更加真實可信，也更加具有可操作性和現實借鑑意義。

原載《北京聯合大學學報》（人文社會科學版）
2003 年第 2 期，第 64－69、84 頁

貞觀君臣政治風氣建設的現代啟示

唐太宗貞觀時期是中國古代歷史上有名的政治清明、社會安定的一個階段，其間取得的政治、經濟、軍事上的巨大成就常為後世稱頌，素有「貞觀之治」的美名。貞觀時期各項成就的取得，與當時一系列正確有效的政治、經濟政策自然是密不可分的，而決策的正確則離不開貞觀時期良好的政治氛圍與和諧的君臣關係。實際上，貞觀一朝為後世稱道的主要原因，還並不在於經濟的富足和國家的強盛，更多則是因為融洽的君臣關係

---

[255]　董誥：《全唐文》卷二九八，第 3023 頁。
[256]　董誥：《全唐文》卷二九八，第 3026－3027 頁。

和清明公正的政治氣氛。貞觀君臣注重對當時政治風氣的建設，努力營造天下為公的時代精神，從而保證了唐初各項方針政策的有效實施與開展，迅速由天下大亂迎來了天下大治的局面，最終成就了貞觀一代治世。

良好政治風氣的形成需要君臣上下的共同努力。唐太宗君臣對國家建設的思考和論辯，集中體現在唐人吳兢編纂的《貞觀政要》中。書中記載了大量貞觀君臣論治的對話，這其中亦有對政治風氣建設的諸多理念，可見對如何營造良好的政治氛圍，貞觀君臣是有很多思考的。實際上，政治風氣的建設對君臣都提出了不同方面的要求。

君主：虛心納諫、大氣自信

就君主而言，首先是如何突破心理障礙，兼聽納諫，創造一種臣子勇於進諫的政治氛圍。《貞觀政要》記載：「貞觀二年，太宗問魏徵曰：『何謂為明君暗君？』徵曰：『君之所以明者，兼聽也；其所以暗者，偏信也。……是故人君兼聽納下，則貴臣不得壅蔽，而下情必得上通也。』太宗甚善其言。」[257] 君主應該廣泛聽取各方面的意見，是儒家治國理念中非常重要的內容，而魏徵繼承了這種思想，並透過太宗將之運用到了貞觀政治中去。魏徵提出的「兼聽則明，偏信則闇」這個原則在貞觀前期的決策中得到了比較好的堅持，唐太宗遇事經常會與朝臣們廣泛地討論。而這是貞觀政治風氣的一個重要組成部分。

然而，兼聽則明、偏信則闇的原則看似簡單，但身為君主其實並不容易做到。尤其是一位有能力的君主，要廣泛聽取各方面意見而不以自己的意見為決斷，實際上是對心理的一種考驗。唐太宗在對歷史的借鑑中其實

---

[257] 吳兢撰，謝保成集校：《貞觀政要集校》卷一〈君道〉，第13頁。

已經敏感地發現了這一問題。貞觀二年（628）六月「戊子，上謂侍臣曰：『朕觀《隋煬帝集》，文辭奧博，亦知是堯、舜而非桀、紂，然行事何其反也！』魏徵對曰：『人君雖聖哲，猶當虛己以受人，故智者獻其謀，勇者竭其力。煬帝恃其俊才，驕矜自用，故口誦堯、舜之言而身為桀、紂之行，曾不自知以至覆亡也。』上曰：『前事不遠，吾屬之師也！』」[258] 唐太宗身為經歷了隋末動亂的君主，特別注意吸收隋亡的教訓。隋煬帝則是貞觀君臣日常對話中經常出現的人物，可以說對隋煬帝執政的反思貫穿了貞觀政治的始終。唐太宗曾經在隋煬帝的時代生活過，他了解隋煬帝並不是一個昏庸無能的君主，正是因為如此，隋煬帝最後亡國被殺的結局更是讓他思索。唐太宗觀隋煬帝文集所發出的感慨，其實提出了一個十分敏感的問題：身為一個能力很強的領導人，如何虛心聽納臣下的意見。隋煬帝在這一問題上正是「恃其俊才，驕矜自用」，才導致滅亡，正如王夫之所說「然則煬帝之奧博，固有高出於群臣之上者，不己若，誠不若己矣，而人言又惡足以警之哉？」[259] 隋煬帝才華高於群臣，故而覺得眾人之言沒有警示作用，一意孤行，終至覆滅。

　　唐太宗在意識到這一點之後，在實際的政治生活中就處處留意，提醒自己克服自持才高、不樂納諫的心態。所以王夫之評價云：「太宗君臣之知此也，是以興也。不然，太宗之才，當時之臣無有能相項背者，唯予言而莫違，亦何所不可乎？」[260] 稱贊唐太宗不恃才拒諫，雖然其才能出色，但並不因此不聽從臣下的意見。唐太宗對自身才華的認同其實並不輸於隋煬帝，貞觀九年（635）時他曾說：「朕觀古先撥亂之主皆年逾四十，唯光武年三十三。但朕年十八便舉兵，年二十四定天下，年二十九升為天子，

---

[258]　《資治通鑑》卷一九二，第 6053 頁。
[259]　王夫之：《讀通鑑論》卷二十〈太宗〉，中華書局 1975 年，第 587 頁。
[260]　王夫之：《讀通鑑論》卷二十〈太宗〉，第 588 頁。

此則武勝於古也。少從戎旅,不暇讀書,貞觀以來,手不釋卷,知風化之本,見政理之源。行之數年,天下大治而風移俗變,子孝臣忠,此又文過於古也。昔周、秦以降,戎狄內侵,今戎狄稽顙,皆為臣妾,此又懷遠勝古也。」[261] 認為自己在文、武、懷遠三方面的成績都是前無古人的,言語中的自信表達得毫無掩飾,但是這樣自信甚至有些自戀的唐太宗並沒有重蹈隋煬帝的覆轍,相當程度上是由於他克服了君主能力太強而恃才傲物的弊病。唐太宗固然自豪於自身的才能,但卻並沒有自大地認為任何人在任何方面都不如自己,在治國理政方面,仍舊虛心接受各種意見。

不僅如此,唐太宗還經常鼓勵臣子進諫,議論朝政得失。貞觀元年(627)閏三月「壬申,上謂太子少師蕭瑀曰:『朕少好弓矢,得良弓十數,自謂無以加,近以示弓工,乃曰『皆非良材』。朕問其故,工曰:『木心不直,則脈理皆邪,弓雖勁而發矢不直。』朕始寤矗者辨之未精也。朕以弓矢定四方,識之猶未能盡,況天下之務,其能遍知乎!』乃命京官五品以上更宿中書內省,數延見,問以民間疾苦,政事得失。」[262] 而由於害怕群臣緊張,唐太宗在接見大臣時還特意營造一種寬鬆的政治氣氛,史載:「上神采英毅,群臣進見者,皆失舉措;上知之,每見人奏事,必假以辭色,冀聞規諫。」[263] 身為一位強勢的君主,唐太宗能夠照顧到臣子的感受,和顏悅色地引導他們進諫,可謂是用心良苦。

納諫者能夠站在進諫者的立場上,考慮臣下的畏懼情緒,唐太宗的雅量確實難得。而還有一點值得稱道的則是他身為一位君主,雖然有失策和疏漏的時候,卻往往勇於承認自己的錯誤。「貞觀六年,有人告尚書右丞魏徵,言其阿黨親戚。……居數日,太宗問徵曰:『昨來在外,聞有何不

---

[261] 吳兢撰,謝保成集校:《貞觀政要集校》卷十〈論慎終〉,第 533 頁。
[262] 《資治通鑑》卷一九二,第 6034 頁。
[263] 《資治通鑑》卷一九二,第 6040 頁。

是事？』徵曰：『前日令（溫）彥博宣敕語臣云：「因何不存形跡？」此言大不是。臣聞君臣同氣，義均一體。未聞不存公道，唯事形跡。若君臣上下，同遵此路，則邦國之興喪，或未可知！』太宗瞿然改容曰：

『前發此語，尋已悔之，實大不是，公亦不得遂懷隱避。』」[264] 貞觀二年（628）十月，「交州都督遂安公壽以貪得罪，上以瀛州刺史盧祖尚才兼文武，廉平公直，徵入朝，諭以『交趾久不得人，須卿鎮撫。』祖尚拜謝而出，既而悔之，辭以舊疾。上遣杜如晦等諭旨曰：『匹夫猶敦然諾，奈何既許朕而復悔之！』祖尚固辭。戊子，上覆引見，諭之，祖尚固執不可。上大怒曰：『我使人不行，何以為政！』命斬於朝堂，尋悔之。他日，與侍臣論『齊文宣帝何如人？』魏徵對曰：『文宣狂暴，然人與之爭，事理屈則從之。……此其所長也。』上曰：『然。曩者盧祖尚雖失人臣之義，朕殺之亦為太暴，由此言之，不如文宣矣！』命復其官蔭」[265]。身為一名才能出眾的君主，唐太宗其實也會有考慮不周或者意氣用事的情況，但是他能夠在別人的規勸下認識並承認自己決斷的失誤，事後予以改正，真正在心理上接受大臣的進言，這相較於接受進諫更需要克服心理上的障礙。所以，貞觀良好政治風氣的形成，最重要的可以說是得益於唐太宗本人的虛心納諫和在處理君臣關係方面大氣自信的態度，而這種心態是在不斷克服自我中心與樹立帝王自信兩方面的平衡較量中磨煉出來的，也是對一位君主的巨大考驗。

---

[264] 吳兢撰，謝保成集校：《貞觀政要集校》卷二〈求諫〉，第83頁。
[265] 《資治通鑑》卷一九三，第6058頁。

同僚關係：基於公心、樂於合作

　　對臣下而言，基於公心對君主行為的規諫，輔助人君進行正確的決策，營造清明的政治風氣是貞觀群臣的共同目標。而提到進諫，魏徵則是貞觀歷史上不可缺少的人物。魏徵的直言敢諫在中國古代歷史上十分有名，但實際上大多數情況下，魏徵身為臣子向唐太宗進諫其實是很講究進諫規勸方式的。貞觀六年（632），「太宗幸九成宮，宴近臣，長孫無忌曰：『王珪、魏徵，往事息隱，臣見之若仇，不謂今者又同此宴。』太宗曰：『魏徵往者實我所仇，但其盡心所事，有足嘉者。朕能擢而用之，何慚古烈？徵每犯顏切諫，不許我為非，我所以重之也。』徵再拜曰：『陛下導臣使言，臣所以敢言。若陛下不受臣言，臣亦何敢犯龍鱗，觸忌諱也！』太宗大悅，各賜錢十五萬。」[266] 唐太宗稱讚魏徵勇於進諫，魏徵則說是由於太宗引導有方，所以他才勇於進諫，這樣魏徵對唐太宗的規諫實際上成為唐太宗政績的表現，可見魏徵的聰明之處。唐太宗曾說：「人言魏徵舉止疏慢，我視之更覺嫵媚。」[267] 以嫵媚形容魏徵，可見在唐太宗的印象中，魏徵讓他覺得有許多可愛之處，並不是只會處處頂撞君主、不善於變通的臣子。在魏徵的多次進諫中，許多都是藉由唐太宗本人的感慨進而生發的。「貞觀元年二月，上謂侍臣曰：『人言天子至尊，無所畏憚。朕則不然，上畏皇天之監臨，下憚群臣之瞻仰，兢兢業業，猶恐不合天意，未副人望。』藉此魏徵對曰：『此誠致治之要，願陛下慎終如始，則善矣。』」[268] 由唐太宗初登皇位的感受出發，引出了善始慎終的話題，魏徵的規勸實際是充滿智慧和靈活機動的。因此魏徵的進諫之所以經常可以打動唐太宗，

---

[266] 吳兢撰，謝保成集校：《貞觀政要集校》卷二〈任賢〉，第 62 頁。
[267] 《資治通鑑》卷一九四，第 6098 頁。
[268] 《資治通鑑》卷一九二，第 6048 頁。

除了他的為國之心難以動搖外，與他注重進諫策略和規勸的實效性是密不可分的。

貞觀時期勇於規勸君主不當行為的並不是魏徵一人。在史籍所載的貞觀君臣事蹟中，言辭激烈，遠勝魏徵的並不少見。貞觀二年（628），上使太常少卿祖孝孫教宮人音樂，不稱旨，上責之。溫彥博、王珪諫曰：「孝孫雅士，今乃使之教宮人，又從而譴之，臣竊以為不可。」上怒曰：「朕置卿等於腹心，當竭忠直以事我，乃附下罔上，為孝孫遊說邪？」彥博拜謝。珪不拜，曰：「陛下責臣以忠直，今臣所言豈私曲邪！此乃陛下負臣，非臣負陛下。」上默然而罷。明日，上謂房玄齡曰：「自古帝王納諫誠難，朕昨責溫彥博、王珪，至今悔之。公等勿為此不盡言也。」[269]貞觀四年（630）六月「乙卯，發卒修洛陽宮以備巡幸，給事中張玄素上書諫，以為：『……陛下初平洛陽，凡隋氏宮室之宏侈者皆令毀之，曾未十年，復加營繕，何前日惡之而今日效之也！且以今日財力，何如隋世？陛下役瘡痍之人，襲亡隋之弊，恐又甚於煬帝矣！』上謂玄素曰：『卿謂我不如煬帝，何如桀、紂？』對曰：『若此役不息，亦同歸於亂耳！』上嘆曰：『吾思之不熟，乃至於是！』顧謂房玄齡曰：『朕以洛陽土中，朝貢道均，意欲便民，故使營之。今玄素所言誠有理，宜即為之罷役。後日或以事至洛陽，雖露居亦無傷也。』仍賜玄素綵二百匹。」[270]張玄素勇於將唐太宗與隋煬帝甚至桀、紂相提並論，這對君主是非常嚴厲的批評，但唐太宗最後仍然採納了他的意見，改變了修建洛陽宮的決定。溫彥博、王珪、張玄素都是貞觀時期唐太宗的得力臣子，由此可見，整個貞觀時期不僅僅是魏徵，群臣都致力於輔佐唐太宗成為一代明君，不遺餘力地將自己的才思貢

---

[269]《資治通鑑》卷一九三，第6060頁。
[270]《資治通鑑》卷一九三，第6079－6080頁。

獻於朝廷,所以才會形成臣下勇於進諫,君主樂於受諫的良好政治氛圍。

另一方面,貞觀群臣還營造出了互相欣賞、善於發現對方所長的良好共事環境。《資治通鑑》載:「玄齡明達吏事,輔以文學,夙夜盡心,唯恐一物失所;用法寬平,聞人有善,若己有之,不以求備取人,不以己長格物。與杜如晦引拔士類,常如不及。至於臺閣規模,皆二人所定。上每與玄齡謀事,必曰:『非如晦不能決。』及如晦至,卒用玄齡之策。蓋玄齡善謀,如晦能斷故也。二人深相得,同心徇國,故唐世稱賢相者,推房、杜焉。」[271] 房玄齡善於謀劃而杜如晦勇於決斷,兩人互相配合常常收到很好的成效,後世所說「房謀杜斷」即從此而來。房、杜身為貞觀時有名的宰相,均是才華橫溢,但是二人卻能夠取長補短,通力合作,對貞觀的政治風氣實際上起到了積極的影響。魏徵、王珪這些前太子東宮的人馬,能夠在貞觀政局中發揮自身的才能而不受到排擠,與房玄齡、杜如晦這兩位太宗最得力的臣子關係融洽、一心為國其實是不無關係的。

正是在群臣都一心為國的環境下,才會出現王珪在唐太宗的授意下點評眾位大臣的場面。據《貞觀政要》記載,貞觀二年(628,《資治通鑑》作四年)唐太宗設宴招待宰相們,席間他對王珪說:「卿識鑑精通,尤善談論,自玄齡等,咸宜品藻。又可自量孰與諸子賢。」要王珪當著眾人的面來說說大家的短長,王珪評論道:「孜孜奉國,知無不為,臣不如玄齡。每以諫諍為心,恥君不及堯、舜,臣不如魏徵。才兼文武,出將入相,臣不如李靖。敷奏詳明,出納唯允,臣不如溫彥博。處繁理劇,眾務必舉,臣不如戴冑。至於激濁揚清,嫉惡好善,臣於數子,亦有一日之長。」[272] 王珪是拿自己做參照,把同僚們一一做了評價,最後也給予自己合適的定

---

[271] 《資治通鑑》卷一九三,第 6063 頁。
[272] 吳兢撰,謝保成集校:《貞觀政要集校》卷二〈任賢〉,第 67 頁。

位。這個氛圍本身，就表明當時有一個健康的政治環境，大臣可以開誠布公地談論各自的短長，當面互相品評也不會招致同僚的不滿。這種和諧的同僚關係，保證了貞觀群臣將精力集中於國家建設和發展方面，減少了鉤心鬥角的內耗，形成了清明公正的政治風氣和政治環境。

制度：有效的設計和實行

除了君臣雙方的共同努力，貞觀政治風氣的清明還與當時的制度建設息息相關。風氣建設需要制度的規範和制約，才可以達到所希望的成效。武德九年（626），唐太宗雖未改年號但已即位，當時「上遣使點兵，封德彝奏：『中男雖未十八，其軀幹壯大者，亦可並點。』上從之。敕出，魏徵固執以為不可，不肯署敕，至於數四。上怒，召而讓之曰：『中男壯大者，乃奸民詐妄以避徵役，取之何害，而卿固執至此！』對曰：『夫兵在御之得其道，不在眾多。陛下取其壯健，以道御之，足以無敵於天下，何必多取細弱以增虛數乎！……』乃不點中男，賜徵金甕一。」[273] 按規定，本來是年滿十八歲的丁男國家才徵調的，唐太宗聽從封德彝的建議，未滿十八歲的中男也要徵調。敕旨發到門下省，魏徵堅決不同意，不肯署敕。最終打消了唐太宗徵發中男的想法。

魏徵堅決反對唐太宗徵發中男為兵，除了他本人希望規勸太宗守信守法之外，與他當時擔任的官職是有密切關係的。魏徵時任給事中，是門下省的官員。門下省是唐代三省之一，主要職責是出納帝命，總典吏職，以弼庶務，即稽核下行的詔敕，審批百司奏抄，處理日常庶政。門下省的長官是侍中，副長官是門下侍郎，負責日常工作的則是給事中。給事中的主

---

[273]《資治通鑑》卷一九二，第 6026 — 6027 頁。

要任務，一是審讀奏抄；二是審查中書省起草的制敕，制敕有差失或不便施行，駁正奏還；三是大獄三司詳決，刑名不當，輕重或失的，要根據法例進行裁決；四是六品以下官的任用，吏部擬定後，由給事中進行審定。所以，在制度規定上，魏徵有封還制敕的權力，也有保證制敕不違反律令的義務。因此魏徵四次封還制敕不肯簽署，與唐代三省制的權責分工和給事中的職責是分不開的，可以說促使魏徵不肯聽從唐太宗命令的是他為國為民的公心，但他能夠擁有封還制敕的權力則得益於唐代政治制度的設計和三省的相互制衡分工體制。

而貞觀群臣樂於合作的同僚關係，則與唐代的集體宰相制關係密切。唐代宰相由兩部分人組成，一為三省長官。中書令是中書省的長官，侍中則是門下省的長官，尚書省是最高行政機關，負責執行各項命令；其長官本是尚書令，但因為尚書省長官既參與決策，又主持政務實施，權力較大，並且官品也在中書令、侍中之上，不利於三省的分權制衡，所以李世民即位之後，就不再設尚書令，而以原來的副長官左右僕射為實際長官，從而改變了隋朝行政運作中心在尚書省的局面。因此左右僕射也是宰相。第二部分人是以他官加「參預朝政」「參知政事」「同中書門下三品」「同中書門下平章事」等頭銜，由皇上指定為知政事官，到政事堂議事，參與國家大事的謀劃。宰相們上午在政事堂議事，下午回本衙辦公。政事堂是宰相議事之所，初設於門下省。凡是軍國大事和五品以上官員的任免，均需經由政事堂會議議決，奏請皇上批准。可以說政事堂會議是協助皇帝統治全國的最高決策機構。這種宰相集體在政事堂辦公的體制，方便大臣商量籌劃又防止個人專權，在唐代前期政策制定和國家治理中發揮了重要的作用。

在集體宰相制的框架下，宰相們之間的合作和配合自然是頻繁和密切的，對同僚的了解也是深刻的。王珪對幾位同為宰相的同僚的點評深獲認

可,是與他們每日共同參加政事堂會議,互相熟悉密不可分的。政事堂制度促進了貞觀宰相們之間的溝通與合作,加上貞觀良好的政治環境,從而形成了貞觀時期清明的風氣和政治氛圍。由此可見,良好政治風氣的建立與有效的制度設計是相輔相成的。制度能夠促進政治風氣的改善,也可以保證良好的風氣鞏固和延續下去,而制度要得到有效的實行也同樣需要清明的風氣和公正的人心,否則就會成為一紙具文。貞觀時期正是制度建設與風氣建設結合得比較好的時期,而貞觀時期取得的成就也是建立在這兩方面成就的基礎上。

貞觀良好政治風氣的形成,得益於貞觀君臣的共同努力。唐太宗對納諫心理障礙的克服和勇於改過的氣魄實際上為臣下進諫提供了一個暢通的管道,而群臣通力合作、一心為公,恥君不及堯舜,最終成就了唐太宗這位一代聖君。他們之間的君臣關係,蘊含著值得我們深刻思索的智慧,如何處理上下級關係,營造公正和諧的工作環境,貞觀君臣的態度和心理都有許多可借鑑之處。另一方面,貞觀君臣政治風氣建設的實踐也說明政治風氣建設離不開制度的規範和保障,風氣建設應該和制度建設並重,互相促進,方能發揮出應有的作用。

(原載《人民論壇》2011年第35期,第162－164頁,與趙璐璐合著)

唐太宗的政績觀與貞觀之治

唐太宗在位的貞觀年間總共有二十三年,其間出現了中國歷史上少有的治理局面,史稱「貞觀之治」。貞觀之治的歷史內涵很多,核心是天下大亂之後迎來的大治。唐太宗即位之前的幾年時間裡,隋末唐初的社會景

象令人聞之悚然。隋末竭澤而漁的政策以及戰亂的衝擊，導致社會經濟的崩潰、社會秩序的混亂以及世道人心的極度黑暗，尤其是人與人之間的信任危機。但是，在唐太宗即位五六年時間之後，局面出現了根本的改觀。百姓建立起了對官府的高度信任，即使遇到嚴重的自然災害，賣兒鬻女，外出逃荒，也沒有因此怨恨官府，一旦年成好轉，就迅速重返家園，社會秩序井然。在唐朝人看來，這種局面是自古以來從未有過的。吳兢說：「唯太宗文武皇帝之政化，自曠古而來，未有如此之盛者也。雖唐堯、虞舜、夏禹、殷湯、周之文武，漢之文景，皆所不逮也。」[274]

「貞觀之治」局面的出現，有著複雜的歷史原因，唐太宗的政績觀是其中一個重要的方面。唐太宗政績觀的主要內容包括：以民為本，治理國家要以百姓之心為心；關心民生，不去追求以犧牲百姓當前利益為前提的「帝王功業」。以民為本是唐太宗君道觀和政績觀的核心內容。唐太宗在即位之初就在與近侍大臣們的務虛會議上表示：「為君之道，必須先存百姓。若損百姓以奉其身，猶割股以啖腹，腹飽而身斃。若安天下，必須先正其身，未有身正而影曲，上治而下亂者。」[275] 貞觀二年（628），他再一次發揮：「凡事皆須務本，國以人為本，人以衣食為本，凡營衣食，以不失時為本。夫不失時者，在人君簡靜乃可致耳。若兵戈屢動，土木不息，而欲不奪農時，其可得乎？」[276] 他不僅是這樣說，在大部分時間裡也是這樣做的。貞觀五年（631），主管部門根據陰陽吉凶各種禁忌，選定二月的某一天給太子舉行象徵成年的冠禮。太宗當即表示反對，理由是在即將春播的時候舉行重大活動，需要徵調人馬，會妨礙農事，下令改到十月舉行。面對大臣們提出的一套陰陽禁忌理論，唐太宗說：「吉凶在人，豈假陰陽

---

[274] 吳兢撰，謝保成集校：《貞觀政要集校·上貞觀政要表》，第 3 頁。
[275] 吳兢撰，謝保成集校：《貞觀政要集校》卷一〈君道〉，第 11 頁。
[276] 吳兢撰，謝保成集校：《貞觀政要集校》卷八〈務農〉，第 423 頁。

拘忌？農時甚要，不可暫失。」[277] 唐太宗關於祥瑞災異問題的談話中，也多次表示，只有家給人足、百姓歡心才是帝王應該追求的治國目標，自然現象中的一些所謂祥瑞和災異，不應該影響到這個治國目標。他在貞觀二年（628）說過，「夫家給人足而無瑞，不害為堯、舜；百姓愁怨而多瑞，不害為桀、紂」[278]，貞觀六年（632）又說：「夫為人君，當須至公理天下，以得萬姓之歡心。若堯、舜在上，百姓敬之如天地，愛之如父母，動作興事，人皆樂之，發號施令，人皆悅之，此是大祥瑞也。」[279] 魏徵、王珪等大臣多次引用《老子》「聖人無恆心，以百姓之心為心」，對唐太宗以民為本政績觀的形成發揮了很大作用。

　　民生安寧是唐太宗施政的最高目標。唐太宗關心民生的談話、舉措，以及輕徭薄賦、發展生產的政策法令，史不絕書。儘管吃蝗蟲、縱死囚等事件都難免政治作秀之嫌，但唐太宗的作秀也多是為了樹立在關心民生方面的聖君形象，而與隋煬帝那種「功在當代、利在千秋」的帝王功業觀根本不同。民生安寧必須以社會風氣的根本改善和信任危機的克服為前提。隋末以來的那種混亂無序狀況是否能夠迅速扭轉？貞觀君臣們最初並沒有把握。經過幾次激烈討論，唐太宗樹立起了信心，在武德九年（626）十一月與群臣討論維穩之策時，他明確提出反對高壓政策。唐太宗說：「民之所以為盜者，由賦繁役重，官吏貪求，飢寒切身，故不暇顧廉恥耳。朕當去奢省費，輕徭薄賦，選用廉吏，使民衣食有餘，則自不為盜，安用重法邪！」[280] 貞觀之治的局面正是在這種思想指導下出現的。

（原載《文史天地》2014 年第 2 期，第 1 頁）

---

[277]　吳兢撰，謝保成集校：《貞觀政要集校》卷八〈務農〉，第 426 頁。
[278]　《資治通鑑》卷一九三，第 6056 頁。
[279]　吳兢撰，謝保成集校：《貞觀政要集校》卷十〈論災祥〉，第 520 頁。
[280]　《資治通鑑》卷一九一，第 6025－6026 頁。

唐太宗如何提升民心指數

唐憲宗元和年間（805～820年），大詩人白居易觀賞了朝廷大典上表演的樂舞〈七德舞〉之後，有感於唐太宗在唐朝統一戰爭和開創貞觀之治過程中的艱難，以及取得的偉大成就，寫下了以〈七德舞〉為名的著名詩篇。詩中特別強調，唐太宗「不獨善戰善乘時，以心感人人心歸。爾來一百九十載，天下至今歌舞之」[281]。實際上，百姓對唐朝政權的信任，是貞觀之治的核心內容之一。貞觀時期民心指數之高，在中國古代歷史上可謂空前。

由於史料的限制，我們已經不可能用嚴密的指標體系來反映貞觀時期的民心指數。但是，從以下一些宏觀的記載和具體事例，可以窺見其時全社會的精神面貌和百姓對唐朝政權的高度信任。

《資治通鑑》記載，「（貞觀）元年，關中饑，米斗直絹一匹；二年，天下蝗；三年，大水。上勤而撫之，民雖東西就食，未嘗嗟怨。是歲（貞觀四年），天下大稔，流散者咸歸鄉里，米斗不過三、四錢，終歲斷死刑才二十九人。東至於海，南極五嶺，皆外戶不閉，行旅不齎糧，取給於道路焉」[282]。唐太宗即位以後，連續三、四年的災害與饑荒，剛剛從隋末社會動亂之中走過來的老百姓，生活之艱辛可想而知。或背井離鄉，東西逐食；或賣兒賣女，以求生路。民生幾近崩潰的邊緣。然而，唐朝的統治卻是在這樣的基礎上牢固地穩定下來，並且迅速迎來了天下大治的良好局面。究其原因，就是老百姓沒有把自然災害帶來的困難化為怨氣，沒有把生活的艱辛歸罪於朝廷。只要年成一旦好轉，他們就紛紛回到家鄉，承擔

---

[281] 白居易：《白居易詩集》卷三〈七德舞〉，第276頁。
[282] 《資治通鑑》卷一九三，第6084－6085頁。

起對國家的各項義務；糧價也直線下降，從一斗米值絹一匹（約合 200 文錢）到米斗不過三、四錢，沒有人囤積居奇；社會治安狀況迅速好轉，全國一年內判死刑的才二十九個人。正如唐朝史臣吳兢在其編撰的《貞觀政要》中所說，「百姓雖東西逐食，未嘗嗟怨，莫不自安。至貞觀三年，關中豐熟，咸自歸鄉，竟無一人逃散」[283]。在民生如此艱辛的背景下，唐朝還在貞觀三年冬天派出十餘萬大軍，分道出擊東突厥，在第二年春天就取得了全面的勝利。吳兢因此感嘆道：「其得人心如此！」

為什麼唐太宗和他統治下的唐朝政權能夠如此贏得民心？吳兢的解釋是，「帝志在憂人，銳精為政，崇尚節儉，大布恩德」[284]。結合貞觀初年的治國實踐，可以歸納為以下三方面的原因。

其一，也是最為關鍵的一點，關心民生疾苦，心中裝著老百姓。貞觀二年（628），由於關中地區發生了嚴重的旱災，接著就是蝗災。夏日的一天，唐太宗來到皇城的御苑中，發現了蝗蟲，順手就抓起了幾隻，拿在手上，用咒語般的話譴責起蝗蟲來：「民以穀為命，而汝食之，寧食吾之肺腸。」說完，舉手就要把蝗蟲往嘴裡送。左右的大臣趕緊勸阻，說：「這些個髒東西，吃了會得病啊。」唐太宗說：「朕為民受災，何疾之避！」於是把這幾隻蝗蟲都吞吃之。《資治通鑑》記載這件事情的結果是，「是歲，蝗不為災」[285]。也許是唐太宗的真誠感動了上蒼，但其實更多的是感動了天下百姓，提高了災區人民減災抗災的積極性和戰勝災害的自信心。

唐太宗關心民生的具體措施，白居易〈七德舞〉詩中概括為「亡卒遺骸散帛收，饑人賣子分金贖」[286]。貞觀二年，當唐太宗得知關中地區由於

---

[283] 吳兢撰，謝保成集校：《貞觀政要集校》卷一〈政體〉，第 51 頁。
[284] 吳兢撰，謝保成集校：《貞觀政要集校》卷一〈政體〉，第 51 頁。
[285] 《資治通鑑》卷一九二，第 6054 頁。
[286] 白居易：《白居易詩集》卷三〈七德舞〉，第 275 頁。

旱災導致百姓有賣兒賣女的情況後，對身邊的侍臣說：「水旱不調，皆為人君失德。朕德之不修，天當責朕，百姓何罪，而多遭困窮！聞有鬻男女者，朕甚愍焉。」[287] 於是，他派遣御史大夫杜淹到關中各地去巡視檢查，發現被賣的孩子，就從國庫出錢把他們贖回，還其父母。唐太宗勇於把造成自然災害的責任攬到自己身上，勇於承擔責任，而不是怨天尤人，並且採取果斷措施，「出御府金寶贖之」。又，《資治通鑑》記載，由於連續的自然災害，唐太宗在貞觀二年（628）三月下了一道大赦詔，詔書裡說：「若使年穀豐稔，天下又安，移災朕身，以存萬國，是所願也，甘心無吝。」四月又下詔，針對「隋末亂離，因之饑饉，暴骸滿野，傷人心目」[288] 的狀況，下令各級官府出資，把散落在荒野的屍骸進行收葬。〈七德舞〉中還寫到了「死囚四百來歸獄，怨女三千放出宮」，說的是唐太宗能夠「以不忍人之心，行不忍人之政」。

暴屍荒野的也許是無名的陣亡士卒，或者還是來自曾經敵對的陣營；賣兒賣女的無疑是普通的貧寒百姓。但是，唐太宗沒有忽略他們，他們也是人，值得同樣地加以憐惜和尊重。尊重生命，順遂人性，是唐太宗君臣治國理念的重要組成部分。唐太宗之所以能夠做到如此關心民生疾苦，是因為貞觀君臣都有強烈的求治理想，他們在治國理論上也進行了深刻的探討。貞觀二年（628），正是貞觀君臣討論「安民之道」最為集中的一段時期，他們從理論上認識到，要使皇位穩固，要把國家治理好，關鍵是要把老百姓的生活安頓好。

其二，抑制豪強和權貴，懲治貪官汙吏。《貞觀政要》在解釋唐太宗之所以能夠深得民心、能夠迅速開創貞觀之治的原因時，特別強調了唐

---

[287] 吳兢撰，謝保成集校：《貞觀政要集校》卷六〈論仁惻〉，第 326 頁。
[288] 《資治通鑑》卷一九二，第 6049 頁。

太宗抑制豪強的措施與效果,「深惡官吏貪濁,有枉法受財者,必無赦免。在京流外有犯贓者,皆遣執奏,隨其所犯,置以重法。由是官吏多自清謹。制馭王公、妃主之家,大姓豪猾之伍,皆畏威屏跡,無敢侵欺細人」[289]。唐太宗對於貪官汙吏的深惡痛絕,有時甚至表現得非常激進。據《資治通鑑》記載,武德九年(626)底,即位不久的唐太宗深為朝廷之中一些低階的小吏受賄成風而苦惱,一時沒有想到什麼好的對策,情急之下竟想出「釣魚執法」這一招,暗中派人去向中央各部門的辦事人員行賄。尚書省刑部的司門司有一個令史中招,接受了一匹絹。唐太宗決定嚴懲,殺之以應人望。民部尚書裴矩覺得不妥,進諫道:「為吏受賂,罪誠當死;但陛下使人遺之而受,乃陷人於法也,恐非所謂『道之以德,齊之以禮。』」[290]唐太宗也認識到釣魚執法的危害,沒有處死司門令史,但是他嚴厲打擊貪汙受賄的決心卻顯露無遺。

貞觀三年(629),唐太宗做秦王時的幕僚、濮州刺史龐相壽因為貪汙而被免官。龐相壽找到唐太宗,而出於對部下的個人感情,唐太宗決定法外開恩,保留他的官職。但是,魏徵進諫說:「秦府左右,中外甚多,恐人人皆恃恩私,是使為善者懼。」如果秦王府的幕僚都透過與皇帝的個人關係而獲得法外之恩,將使那些正直善良的官員感到害怕和心寒。唐太宗在此提醒下,認識到自己的過失,對龐相壽說:「我昔為秦王,乃一府之主;今居大位,乃四海之主,不得獨私故人。大臣所執如是,朕何敢違!」[291]他賜給龐相壽一些絹帛,卻依法免去了其官職。貞觀六年(632),右衛將軍陳萬福貪小便宜,在扈從皇帝從九成宮赴京的途中,違法多取了管理驛站人家的幾石麩皮。唐太宗知道此事後,決定羞辱他一

---

[289] 吳兢撰,謝保成集校:《貞觀政要集校》卷一〈政體〉,第 52 頁。
[290] 《資治通鑑》卷一九二,第 6029 頁。
[291] 《資治通鑑》卷一九三,第 6070 頁。

下，將這些麩皮賜給他，「令自負出以恥之」[292]，就是讓他揹著這些麩皮隨行，好叫他長記性。

唐太宗對於享受特權的階層有著特別的警惕。《資治通鑑》記載，武德九年（626），唐太宗對於唐高祖大封宗室為王的政策進行了調整，將數十位宗室郡王皆降為縣公，唯有功者數人不降。他的理由是「朕為天子，所以養百姓也，豈可勞百姓以養己之宗族乎！」畢竟那麼多的郡王是一個龐大的特權集團，「爵命既崇，多給力役，恐非示天下以至公也」[293]。

唐太宗之所以取年號為「貞觀」，就是要示天下以公。只有維護社會的公平正義，嚴懲貪官汙吏，才能真正贏得民心。

其三，嚴守法度，樹立政權的公信力。《資治通鑑》記載，武德九年，唐太宗聽從封德彝的建議，下令將那些未滿十八歲的身體強壯的男子徵點為兵。而按照制度規定，只有年滿十八歲的中男和二十二歲以上的丁男才能被徵點為兵。負責在門下省簽署皇帝詔敕的魏徵，根據制度規定拒絕簽署這份敕令，多次將中書省起草好的詔敕退回。唐太宗很生氣，召見魏徵，加以指責說：「中男壯大者，乃奸民詐妄以避征役，取之何害，而卿固執至此！」意思是說，那些個身強體壯的青年男子，雖然戶籍上登記的年齡還沒有到十八歲，但那是他們為了逃避征役而故意隱瞞年齡，是典型的奸詐之民。魏徵搬出了唐太宗自己的話，陛下常常說要「以誠信御天下，欲使臣民皆無詐欺」，可是這即位沒多久，陛下就已經多次失信了。唐太宗驚愕不已，忙問：「朕何為失信？」魏徵說，陛下剛即位的時候下過一道詔令，宣布凡是拖欠了官府錢物的，全部加以免除。但是在實際執行之中，拖欠了陛下過去秦王府錢物的，都被繼續追繳。陛下從秦王做到

---

[292] 吳兢撰，謝保成集校：《貞觀政要集校》卷六〈論貪鄙〉，第 367 頁。
[293] 《資治通鑑》卷一九二，第 2025 頁。

天子，難道秦王府的錢物就不應在免除之內嗎？這是第一個失信於民的方面。第二，陛下曾經下令，關中免二年租調，關外則免一年。命令釋出之後，又有規定說「已役已輸者，以來年為始」。官府原本已經將徵收上來的租調錢物退還給百姓，但根據後來的規定，當年已經徵收過的就不要免了，於是地方官府又把退還之物再次徵回。這種朝令夕改的做法，令老百姓徒增折騰而不能真正享受到政策的實惠。既然陛下有意要減免百姓的賦稅徭役，為什麼還要繼續徵點十八歲以下的中男為兵呢？再說，陛下強調過，「所與共治天下者，在於守宰」，身為地方長官的刺史、縣令，是陛下賴以治理地方的、無可替代的力量，平時對於戶籍、丁口的檢查全都由他們負責，而到徵點兵士的時候，卻懷疑這些地方官有所隱瞞詐欺，這怎麼符合陛下以誠信治天下的理念呢？在事實面前，唐太宗愉快地接受了魏徵的意見，決定放棄初衷，停止徵點中男為兵。唐太宗因此深刻反省：「夫號令不信，則民不知所從，天下何由而治乎！朕過深矣！」[294]

唐太宗曾說，「法者非朕一人之法，乃天下之法」[295]，所以他能夠聽進魏徵的意見，使自己的政策符合制度的規定。他要求國家的政策要以法令為依據，而不能取決於皇帝的一時喜怒和片言隻語。從皇帝到各級官員都要堅守法令，否則就會導致社稷傾危。

從隋末動盪中走來的貞觀君臣，對於如何防止社會矛盾的激化，懷著高度的警惕，也有著深刻的認識。唐太宗曾說：「民之所以為盜者，由賦繁役重，官吏貪求，飢寒切身，故不暇顧廉恥耳。朕當去奢省費，輕徭薄賦，選用廉吏，使民衣食有餘，則自不為盜，安用重法邪！」[296] 在這個思想的指導下，經過幾年的實踐，就出現了「海內昇平，路不拾遺，外戶不

---

[294]《資治通鑑》卷一九二，第 6027 頁。
[295] 吳兢撰，謝保成集校：《貞觀政要集校》卷五〈論公平〉，第 281 頁。
[296]《資治通鑑》卷一九二，第 6025 − 6026 頁。

閉，商旅野宿焉」的大治局面。而上述施政措施的背後，體現的正是貞觀君臣以存養百姓為中心的「為君之道」和以不奪農時為中心「安人之道」。

（原載《領導文萃》2012年第20期，第86－89頁）

唐太宗如何說服來自內部的反對者

　　武德九年（626）九月的一天，即位不久的唐太宗李世民主持召開表彰大會，以當面確定各位功臣的封爵等級，「面定勳臣長孫無忌等爵邑」。第一等功臣是長孫無忌、房玄齡、尉遲敬德、杜如晦、侯君集五人。《資治通鑑》記載，當宰相陳叔達把功臣等第當眾唱示之後，唐太宗說：「朕給各位愛卿排定的勳賞，也許還有不妥當之處，有什麼不同意見都可以講出來。」話音未落，「於是諸將爭功，紛紜不已」，場面近乎失控。其中，有一個聲音特別刺耳，李世民的堂叔淮安王李神通當眾叫嚷：「臣舉兵關西，首應義旗，今房玄齡、杜如晦等，專弄刀筆，功居臣上，臣竊不服。」面對如此明目張膽的挑戰，新即位的皇帝毫不示弱地數落起來：「當年義旗初起，叔父雖然首唱舉兵，在關中響應，那大概也是出於無奈的自救之舉吧。後來被派往河北山東與竇建德作戰，叔父是全軍覆沒；又後來跟朕去鎮壓劉黑闥，叔父還是望風而逃。」如此這般的刻薄挖苦之後，李世民擺出了房玄齡、杜如晦的功勞，「房玄齡等人，運籌帷幄，為朕出謀劃策，最終安定了社稷，有如漢之蕭何，論功行賞，自然要在叔父之前了。儘管叔父是朕的至親，但不可以因為私恩，而濫與勳臣同賞！」一番較量，會場上的氣氛終於緩和下來，那些爭功的將領們都表示心悅誠服，他們說：

「陛下至公,雖淮安王尚無所私,吾儕何敢不安其分!」[297]

　　這種敘事是《資治通鑑》中典型的對治國之道的書寫範式。讀懂了文字邏輯,只是閱讀史書的第一個層次。值得思考的是,皇帝話音剛落,就可能場面失控?不服的到底都有哪些人?李神通為什麼偏偏針對房玄齡、杜如晦這兩個唐太宗最信任的謀士?最關鍵的,李神通和唐太宗在政治立場上是否一致?

　　《資治通鑑》記載,「(李)建成夜召世民,飲酒而鴆之,世民暴心痛,吐血數升,淮安王神通扶之還西宮」[298],並引來唐高祖李淵的親臨問候。在李世民與李建成、李元吉兄弟爭奪皇位繼承權的關鍵時刻,李神通是站在李世民一邊的。李神通無疑是來自內部的一位反對者。至於他是真的不服,還是配合皇帝在用人方面樹立權威,不好輕下結論。他有資格不服,但他更應該知道,皇帝要重用房、杜是不可改變的,而且反對房、杜被如此重用的還大有人在,包括參加太原起義和統一戰爭的眾多功臣武將,也包括一些高祖時期的老臣如裴寂、蕭瑀、封德彝等人,甚至也包括剛剛宣布封賞名次的陳叔達。有些話要挑明是需要找到話頭的。李神通率先發難,就給李世民提供了一個旗幟鮮明地宣布自己用人立場的突破口。論功行賞,無論私恩,提拔重用房、杜是毋庸置疑的人事決策。

　　李神通在受到唐太宗尖刻數落之後的表現已經無從知曉了,《舊唐書》的列傳中記完此事緊接著就是四年之後李神通的去世,「(貞觀)四年薨,太宗為之廢朝,贈司空,諡曰靖」[299]。根據諡法,寬樂令終曰靖。李神通最後幾年的心態是平和快樂的,至少唐太宗心裡是這麼認為的。他們這對君臣和姪叔之間更多的是理解和默契,而沒有對抗和怨恨。即便當初李

---

[297]《資治通鑑》卷一九二,第 6022－6023 頁。
[298]《資治通鑑》卷一九一,第 6004 頁。
[299]《舊唐書》卷六〇〈宗室·淮安王神通傳〉,第 2341 頁。

神通確實是不服，是真心反對那樣的人事安排，經過李世民一番義正詞嚴的批評，也聽出了話外之音，理解了皇帝的苦衷。重大決策往往最先遇到來自內部的強烈反對，而能夠成功說服來自內部的反對者，達成一致，是落實決策的關鍵。

（原載《文史天地》2015年第10期，第1頁）

房玄齡的風範

在中國歷史上，能夠輔佐君王，實現天下大治與君臣間互相成就的，除了傳說中殷商時期的伊尹、傅說之外，當數唐朝初年的房玄齡和杜如晦。房、杜與「貞觀之治」也是互相成就的。唐朝開國背景與唐太宗勵精圖治的時代精神，為房、杜輔佐唐太宗提供了歷史舞臺。而房、杜身為唐太宗治國理政的主要助手，為貞觀時期制度規模的奠定、政治格局的開創、社會經濟的恢復發展，以及各項對內、對外方針政策的制定和落實，都發揮了無可替代的作用。

一、「房謀杜斷」與宰相團隊的團結

房、杜二人在唐朝歷史上享有崇高的評價。雖然二人並稱，但以房玄齡為主，因為房玄齡活的時間長，輔佐唐太宗的時間也長，而且杜如晦本身也是由房玄齡引薦給唐太宗的。唐玄宗時期的史官吳兢在《貞觀政要》一書中記載唐太宗的任賢，首推房、杜，說杜如晦與房玄齡一起擔任宰相的期間，「至於臺閣規模，典章文物，皆二人所定，甚獲當時之譽，時稱

房、杜焉」[300]。唐朝中後期人劉肅撰《大唐新語》以〈匡贊〉開篇，表彰對君王治國有匡贊之功的大臣，其中最推崇的也是房、杜。劉肅對房、杜的評價是，「自是臺閣規模，皆二人所定。其法令意在寬平，不以求備取人，不以己長格物。如晦、玄齡引進之，如不及也。太宗每與玄齡圖事，則曰：『非如晦莫能籌之。』及如晦至，卒用玄齡之策。二人相須以斷大事，迄今言良相者，稱房、杜焉」[301]。北宋史學家司馬光在《資治通鑑》中對此進行了引用和總結，提出「二人深相得，同心徇國，故唐世稱賢相，推房、杜焉」[302]。

　　唐朝人推崇房、杜，有不同的角度，後人引述最多發揮最廣的是所謂「房謀杜斷」，大體是說房玄齡善於謀劃，杜如晦善於決斷，二人之間的密切配合和優勢互補，成就了李世民的帝王事業。劉肅記載的上述傳聞，《舊唐書‧房玄齡杜如晦傳》「史臣曰」加以引用，後來流布更加廣泛。「房謀杜斷」與「蕭規曹隨」一起，成了歷史上著名宰相輔佐皇帝治國理政的典故。不過，「蕭規曹隨」用得很多，而「房謀杜斷」用得卻很少。其實，要真正做到「蕭規曹隨」也很不容易，新官上任三把火，都想有所建樹，做出成績，「蕭規曹隨」就等於把自己埋沒了。即便如此，人們還是願意說自己要「蕭規曹隨」，表示對前任的尊重，也表示自己的謙虛。可是，很少有人敢用「房謀杜斷」的典故。這裡面有幾個原因。一則「蕭規曹隨」說的是前任和繼任者之間的關係，而「房謀杜斷」說的是同僚之間的關係。說尊重前任總是容易做到的，反正是否真的尊重，前任也沒有多少發言的機會了。而要尊重同僚，同事之間互相欣賞卻很難。二則「房謀杜斷」的前提，是皇帝對宰相團隊的信任，房也好，杜也好，他們都是忠心地為皇

---

[300] 吳兢撰，謝保成集校：《貞觀政要集校》卷二〈任賢〉，第 60 頁。
[301] 劉肅撰，許德楠、李鼎霞點校：《大唐新語》卷一〈匡贊〉，第 3 頁。
[302] 《資治通鑑》卷一九三，第 6063 頁。

帝謀和斷,都得到皇帝的充分信任。其實他們都是謀,真正的斷還是交給了皇帝本人。三則,所謂「房謀杜斷」,並不像後來人們理解的那樣是李世民當了皇帝,房、杜擔任宰相時候的事情,其實際內容是在李世民武裝奪權的過程中,房、杜發揮了謀和斷的作用。也就是說,「房謀杜斷」的歷史背景是武裝奪權。由於這幾個原因,後人就很難用「房謀杜斷」來表達自己的行政理念和執政風格了。這也是房、杜在唐朝很受推崇而後代言之者不多的一個原因。

「房謀杜斷」其實有非常正面的政治意義,那就是宰相班子的團結。維護宰相團隊的團結,對於輔佐君王來說,是提高工作效率、營造良好政治氛圍的重要前提。對於宰相團隊自身建設來說,尤其是對於團隊中的領導者來說,是一種難能可貴的修養。《舊唐書》的「史臣曰」便特別強調輔佐團隊團結的作用,房、杜二人,一謀一斷,「相須而成,俾無悔事,賢達用心,良有以也」,所謂「笙磬同音,唯房與杜」[303]。

二、「孜孜奉國,知無不為」──房玄齡的勤勉與擔當

據《貞觀政要‧任賢》記載,貞觀二年的一天,唐太宗與宰相團隊成員一起宴飲之時,令王珪點評一番各位宰相的長處。王珪首先說到的就是房玄齡,對其評價是「孜孜奉國,知無不為」[304]。這樣一個出自同僚的當面評價,得到了唐太宗的首肯及房玄齡本人的認可,道出了房玄齡身為唐太宗首席助理的勤勉與擔當精神。

房玄齡是跟隨李世民時間最長的輔佐成員。他和杜如晦都是在隋末動盪之中直接投奔李世民而來的,是李世民真正的貼心謀士。二人原本都是

---

[303] 《舊唐書》卷六六〈杜如晦傳〉,第 2472 頁。
[304] 吳兢撰,謝保成集校:《貞觀政要集校》卷二〈任賢〉,第 67 頁。

隋朝官僚的子弟，在隋朝都屈居下僚。李淵起事的時候，房玄齡是隰城縣尉，杜如晦是滏陽縣尉，都是最低階別的地方官。但是，他們又都有政治抱負，都有成就一番事業的理想。在縣尉的位置上，如果在正常情況下，是很難有大發展的。投奔李世民是改變其政治命運的轉捩點。正值隋末社會紛亂之際，他們都棄官不做，在等待和尋找機會。當李世民帶兵圍攻長安的時候，他們感到機會來了。房玄齡是「杖策謁於軍門」，就是自己帶著早已想好的計謀，來到李世民的軍中自薦。同時，還得到李世民屬下溫彥博的推薦。李世民正在尋求發展自己的勢力，對於計謀之士，自然是一見如故，當即任命他為自己的機要祕書「渭北道行軍記室參軍」。按照當時制度上的規定，記室參軍，掌表、啟、書、疏，就是為領導人起草和處理各種表奏文書的機要祕書。杜如晦是在李淵軍隊進入長安後，來到李世民身邊的，應該是房玄齡把他招羅來的。就這樣，房玄齡、杜如晦形成了歷史上的一對黃金組合。杜如晦在貞觀四年（630）病逝，享年四十六歲。房玄齡則一直活到貞觀二十二年（648），享年七十歲。十個月後，唐太宗去世。房玄齡輔佐唐太宗達三十二年之久。

　　從擔任李世民渭北道行軍元帥府的記室參軍開始，房玄齡就一直陪伴在李世民的左右，自始至終是李世民的首席祕書。李世民做秦王的時候，他是秦王府的記室參軍。李淵當了九年皇帝，李世民就做了九年的秦王。但是，《舊唐書·房玄齡傳》說「玄齡在秦府十餘年」，是從唐朝建國之前房玄齡進入李世民的元帥府之日算起。這十餘年之中，房玄齡身為李世民的機要祕書，「常典管記，每軍書表奏，駐馬立成，文約理贍，初無稿草」[305]。在許多重要而緊急的關口上，房玄齡以其高超的文字水準和傑出的參謀能力，為李世民出謀劃策、應對時艱。這個時期，除了在軍政事

---

[305]　《舊唐書》卷六六〈房玄齡傳〉，第 2460 頁。

務中幫助李世民謀劃決策之外，房玄齡的另外一個重要貢獻是蒐羅人才。《舊唐書》載，「賊寇每平，眾人競求珍玩，玄齡獨先收人物，致之幕府。及有謀臣猛將，皆與之潛相申結，各盡其死力」[306]。

　　玄武門事變後，李世民做了太子，房玄齡隨之擔任了太子右庶子。李世民做了皇帝，房玄齡則取代老臣蕭瑀擔任了中書令，功列第一等。這兩個職位分別是太子東宮和皇帝朝廷之中的首席祕書。房玄齡繼續在首席祕書的職位上為李世民處理權力交接前後的複雜軍政事務。貞觀三年以後，擔任了尚書左僕射，作為行政首長，任職達十五年之久。在這個位置上，房玄齡「虔恭夙夜，盡心竭節，不欲一物失所。聞人有善，若己有之。明達吏事，飾以文學，審定法令，意在寬平。不以求備取人，不以己長格物，隨能收敘，無隔卑賤。論者稱為良相焉」[307]。見於《貞觀政要》和兩《唐書》中的這一段概括，是王珪評價房玄齡「孜孜奉國，知無不為」的最好註腳。遍看貞觀一朝史事，房玄齡被記載下來的事蹟並不多，而「良相」、「賢相」的桂冠，又非房玄齡莫屬。其中的奧祕就在於他的「孜孜奉國，知無不為」。房玄齡在擔任宰相期間所作出的貢獻，主要包括制度層面的機構改革和人事改革，制定法令，並省州縣，裁減官員，整頓財政等，還包括協助唐太宗指揮消滅東突厥的戰爭。所謂「臺閣規模，皆二人所定」，誠非虛言。房玄齡的作用與貢獻，是當時任何大臣都不可比肩的。

　　房玄齡身為唐太宗的首席輔佐，其器識是超越群倫的，尤其是他寬厚待人的胸懷。唐太宗賦予了房玄齡很大的用人權，但他在用人方面卻從未受到批評。這不得不歸功於他「聞人有善，若己有之」的胸懷。唐太宗曾

---

[306]　《舊唐書》卷六六〈房玄齡傳〉，第 2460 頁。
[307]　《舊唐書》卷六六〈房玄齡傳〉，第 2461 頁。

經批評宰相封德彝錯誤的人才觀，說他總是用自己的長處去量別人的短處，所以選拔不出任何人才，並以「豈借才於異代」來責問他。房玄齡深知不可向其他時代借用人才的道理，所以能夠做到「不以求備取人，不以己長格物，隨能收敘，無隔卑賤」[308]。

三、「輔贊彌縫，而藏諸用」——房玄齡的低調與律己

熟悉本朝國史的唐朝中期人柳芳，曾經對房玄齡有一個評價：「玄齡佐太宗定天下，及終相位，凡三十二年，天下號為賢相；然無跡可尋，德亦至矣。故太宗定禍亂而房、杜不言功，王、魏善諫諍而房、杜讓其賢，英、衛善將兵而房、杜行其道，理致太平，善歸人主。為唐宗臣，宜哉！」[309]《新唐書·房玄齡杜如晦傳》史臣「贊曰」引柳芳之言，還有如下一段，「持眾美效之君。是後，新進更用事，玄齡身處要地，不吝權，善始以終，此其成令名者」[310]。完整地理解柳芳的評價，可以看出其所推重的是房玄齡低調行事、嚴格律己的品格。《新唐書》史臣「贊曰」進一步總結了房玄齡的這個品格，「宰相所以代天者也，輔贊彌縫，而藏諸用，使斯人由而不知，非明哲曷臻是哉？彼揚己取名，了然使戶曉者，蓋房、杜之細邪！」[311]大意是說，君王越是信任，宰相就越是不能有優越感和特權感，要努力使得周圍的人都願意為君王效力，而不是由自己把君王包圍起來。宰相要盡心竭力輔佐君王，但不可貪天之功，既要勇於承擔責任，又要有做無名英雄的境界，「善歸人主」。至於那些揚己取名，喜歡利用和君王的近密關係吹噓炫耀、把自己宣揚得家喻戶曉的人，相比於房玄齡、

---

[308]《舊唐書》卷六六〈房玄齡傳〉，第 2461 頁。
[309]《資治通鑑》卷一九九，第 6260－6261 頁。
[310]《新唐書》卷九六〈杜如晦傳〉，第 3866 頁。
[311]《新唐書》卷九六〈杜如晦傳〉，第 3866 頁。

杜如晦這樣的大臣來說，無疑是小兒科了。

　　由於房玄齡的律己，使得長孫皇后在臨終前要給唐太宗留下叮囑，說「玄齡事陛下最久，小心謹慎，奇謀祕計，皆所預聞，竟無一言漏洩，非有大故，願勿棄之」[312]。也由於他的低調，而深得唐太宗的信任，並因此培養出君臣之間的默契。貞觀十八年（644），太宗親征遼東，命玄齡留守京城。正好有人上訪，稱有祕密要報告，房玄齡問是什麼，那人回答說：「此事與您有關。」於是房玄齡派人將他送到太宗行在所。皇上聽說留守房玄齡送來一個告密人，十分憤怒，命人持長刀站在旁邊而後見之，問那人所告謀反之人是誰，答：「房玄齡。」太宗說：「果然是這樣。」命令拉出去腰斬。然後給房玄齡去信，給他授權，「更有如此者，得專斷之」[313]。貞觀二十一年（647），唐太宗到翠微宮暫住，任命司農卿李緯為戶部尚書。房玄齡當時在京城留守，正好有人從京師來，太宗問曰：「玄齡聽說李緯拜尚書有什麼意見嗎？」來人回答說：「玄齡只是說李緯的鬍鬚長得很好看，就沒說別的了。」太宗聽後馬上改授李緯為洛州刺史，不讓他當戶部尚書了。可見房玄齡的意見對太宗是多麼重要。

　　房玄齡和唐太宗之間的默契配合與相互信任，無疑是「貞觀之治」局面形成並得以維持較長時間的一個重要前提。

（原載《祕書工作》2014年第7期，標題為「唐代名相房玄齡」，第70－72頁）

---

[312] 《舊唐書》卷五一〈后妃‧長孫皇后傳〉，第2166頁。
[313] 劉餗撰，程毅中點校：《隋唐嘉話》上，第12頁。

是誰彈劾了凱旋的李靖？

據《資治通鑑》記載，貞觀三年（629）唐太宗下詔派出幾路大軍討伐東突厥，由兵部尚書李靖擔任總指揮。到貞觀四年（630）春天，唐軍俘虜了頡利可汗，取得了徹底勝利。四月戊戌日，唐太宗登上長安的順天門城樓，盛陳文物，引見頡利，歷數頡利的五大罪行。其後，太上皇李淵感慨於太原起兵之時曾經被突厥掣肘，感嘆曰：「漢高祖困白登，不能報；今我子能滅突厥，吾託付得人，復何憂哉！」似乎是對李世民發動政變奪取皇位的公開肯定。於是，「上皇召上與貴臣十餘人及諸王、妃、主置酒凌煙閣，酒酣，上皇自彈琵琶，上起舞，公卿迭起為壽，逮夜而罷」[314]。皇宮內的凌煙閣上演了一齣父子和洽的歡喜劇。但是，等待前線總指揮李靖的卻不是如此歡慶的氣氛。

《資治通鑑》明確記載：

（五月）丁亥，御史大夫蕭瑀劾奏李靖破頡利牙帳，御軍無法，突厥珍物，虜掠俱盡，請付法司推科。上特敕勿劾。及靖入見，上大加責讓，靖頓首謝。久之，上乃曰：「隋史萬歲破達頭可汗，有功不賞，以罪致戮。朕則不然，錄公之功，赦公之罪。」加靖左光祿大夫，賜絹千匹，加真食邑通前五百戶。未幾，上謂靖曰：「前有人讒公，今朕意已寤，公勿以為懷。」復賜絹二千匹。[315]

李靖本應是回來請功領賞的，卻遭到了負責監察百官的御史臺長官御史大夫的彈劾。不必探究李靖的部下是否真的將突厥的珍寶器物搶掠殆盡，因為那個年代的重大戰爭獲勝的一方縱兵搶掠似乎是通行的慣例；

---

[314]《資治通鑑》卷一九三，第 6075 頁。
[315]《資治通鑑》卷一九三，第 6078 頁。

也不必忙於佩服李靖的隱忍低調不加辯解，畢竟彈劾百官是御史大夫的職責所在，而且皇帝已經下令不接受彈劾。面對唐太宗見面時的「大加責讓」，李靖只有頓首謝罪，他還能說什麼呢？君臣見面的場景，實在令人有點窒息。哪怕是短短幾分鐘的沉寂，李靖和唐太宗都會覺得是過了許久。這「久之」後面唐太宗的一段話，像是提醒和敲打，敲打那個時代最懂得兵法的李靖不要有異圖；也像是自我警醒，忠誠如李靖，千萬不可因猜疑而問罪甚至殺戮。這一段話雖然不像後來《唐太宗李衛公問對》留下的君臣之間談話那樣坦誠相待，但從結果看，兩個明白人之間的溝通應該是默契的。要說還有點自責或者放心不下的，是唐太宗而不是李靖，所以還要找李靖談話，挑明所謂彈劾是有人陷害而進讒言，希望李靖不要放在心裡，並再次重賞李靖。整個事件的結果是，李靖得到了本該獲得的加官晉爵受賞，只是中間多出了一個被彈劾和接受責讓的波折。而且恰恰是這個波折，折射出了帝制時代君主和功臣武將之間微妙的關係。從文字表面看，《資治通鑑》敘事所要表達的意思是，儘管李靖出現了御軍不嚴、放縱部下搶掠的錯誤，唐太宗卻倍加愛護，不僅不接受彈劾，而且誠懇地找李靖談話，在責讓之中善意提醒、加官賜賞。這是司馬光筆下唐太宗善於用人的一個典型事例。從這個層面上閱讀《資治通鑑》，歷史事件傳遞的是正能量，是歷史自身陽光的一面。

　　身為中國歷史上最偉大的史學家之一的司馬光，在作為代表北宋最高學術成就的《資治通鑑》中要傳遞的信息應該遠不止於這個層面的內容。如果這段記載中反映出的李靖之低調和唐太宗之包容就是整個事件的全部歷史，那歷史就顯得有點單薄。人的不確定性和歷史的複雜性遠甚於此。司馬光寫給僅僅透過閱讀《資治通鑑》來了解歷史的人，尤其是僅僅從字面上來了解歷史的人看的，到這個層面似乎也足夠了。但是，如果深入思

附錄論文

考一下，就會發覺李靖所受的這一頓責讓，有必要引起懷疑，尤其是唐太宗事後的勸解更覺得話裡有話：「前有人讒公，今朕意已寤，公勿以為懷。」[316] 你都明白是被誣告了，那就應當去追究當初誣告李靖的人。換言之，如果唐太宗對李靖無比信任，又有誰願意冒險去進讒言誣告他呢？

檢舉李靖軍無綱紀、放縱士兵搶掠突厥珍寶的人到底是誰呢？唐太宗可以不告訴李靖，但在史籍記載中卻無可迴避。今存記載中有兩個說法，一是溫彥博，另一個是蕭瑀，不過二人的頭銜都是御史大夫。《舊唐書‧李靖傳》的記載是，「御史大夫溫彥博害其功，譖靖軍無綱紀，致令虜中奇寶，散於亂兵之手。太宗大加責讓，靖頓首謝」[317]。《新唐書‧李靖傳》則記為「御史大夫蕭瑀劾靖持軍無律，縱士大掠，散失奇寶。帝召讓之，靖無所辯，頓首謝」[318]。司馬光在這兩個說法中，選擇的是蕭瑀，而且不知根據什麼材料，將蕭瑀上疏彈劾李靖的時間明確記為貞觀四年（630）五月丁亥。時間是歷史學家可以運用的重要武器。司馬光在這裡明確下來蕭瑀上疏彈劾李靖的具體時間，似乎將溫彥博彈劾的說法無可辯駁地否定了。因為就在同一卷，《資治通鑑》記載了貞觀四年二月甲寅「以克突厥赦天下。以御史大夫溫彥博為中書令，守侍中王珪為侍中；守戶部尚書戴冑為戶部尚書，參預朝政；太常少卿蕭瑀為御史大夫，與宰臣參議朝政」[319]。溫彥博和蕭瑀身為前後任的御史大夫，其交接是在二月，而五月丁亥日上疏彈劾李靖的御史大夫只能是蕭瑀。

兩個說法一定是非此即彼嗎？後世讀史者對此亦少有措意而加以考辨

---

[316]《資治通鑑》卷一九三，第 6078 頁。
[317]《舊唐書》卷六七〈李靖傳〉，第 2480 頁。
[318]《新唐書》卷九三〈李靖傳〉，第 3814 頁。
[319]《資治通鑑》卷一九三，第 6073 頁。

者。常伯工著《李靖評傳》[320] 採用的是《舊唐書·李靖傳》的說法，認為是溫彥博彈劾了李靖。雷家驥的《李靖》[321] 卻採用《新唐書·李靖傳》和《資治通鑑》的記載，認為是蕭瑀彈劾了李靖。若細加考辨，這不是一個可以忽略的小問題。

值得警惕的問題恰恰出現在上引《資治通鑑》關於蕭瑀接替溫彥博擔任御史大夫的那條記載中。溫彥博和蕭瑀兩個說法，可能來自不同的史源，在沒有確鑿的證據之前，不能用一個說法否定另外一個，最大的可能是兩個說法都對。當然這只是推測，但根據已知測未知的部分，是讀歷史的必經之路。應該相信司馬光深知這一點，他有理由對好學深思尤其是像他自己一樣帶著懷疑精神思考歷史的人寄予希望，面對自己寫定的五月丁亥御史大夫蕭瑀上疏彈劾李靖的記載，只要參考更加原始的《舊唐書·李靖傳》，就會產生疑問：溫彥博和蕭瑀是否都上疏彈劾過李靖？在這個疑問的引導下，一個細思恐極的答案就要跳將出來：難不成彈劾李靖是御史大夫的角色行為而非溫彥博或蕭瑀的個人行為？

按照官方口徑記載在《舊唐書·李靖傳》中的說法，是「御史大夫溫彥博害其功」而彈劾。至於溫彥博為什麼要對建立不世奇功的李靖如此羨慕嫉妒恨呢？《舊唐書·溫彥博傳》的記載中有一個間接的說法，武德年間溫彥博參加了對東突厥的戰爭，「軍敗，彥博沒於虜庭。突厥以其近臣，苦問以國家虛實及兵馬多少，彥博固不肯言。頡利怒，遷於陰山苦塞之地。太宗即位，突厥送款，始徵彥博還朝」[322]。原來溫彥博在對突厥的戰爭中被俘虜，在那邊受盡了苦頭。現在李靖竟然把東突厥徹底打敗了，對比之下，溫彥博多麼沒有顏面。「害其功」所指應是這種心態，無論溫

---

[320]　常伯工：《李靖評傳》，解放軍出版社 2014 年。
[321]　雷家驥：《李靖》，聯名文化有限公司 1980 年。
[322]　《舊唐書》卷六一〈溫彥博傳〉，第 2361 頁。

彥博是真心嫉恨還是被安排嫉恨，這個背景都是很好的鋪陳。至於蕭瑀為什麼要彈劾，除了他是御史大夫的職責所在，《舊唐書・蕭瑀傳》也提供了一個間接的背景，那就是蕭瑀喜爭好辯，熱衷於彈劾同僚。據載，唐太宗即位之初，武德年間的宰相蕭瑀和封倫（字德彝）鬧矛盾，雖然理在蕭瑀一邊，但封德彝處理人際關係能力比他強，而且是主動站到了唐太宗舊部房玄齡、杜如晦一邊，將性格耿直、脾氣暴躁的蕭瑀逼得惡言相向，向唐太宗打祕密報告揭發或者發洩，言語之中傷及房、杜等正受重用的功臣，因此引起唐太宗的強烈不滿，將其罷官回家。到貞觀四年（630）二月重新起用，接替溫彥博擔任御史大夫並獲得參與御前決策的授權之後，蕭瑀還是秉性難改，繼續與房玄齡等人爭執不休，房玄齡、魏徵、溫彥博等人都曾因為一些小的過錯而遭到過蕭瑀的彈劾。這是《舊唐書・蕭瑀傳》中列舉的蕭瑀彈劾過的人。如果李靖遭受過蕭瑀的彈劾，為什麼偏偏不記載下來呢？難道蕭瑀也是被安排去彈劾李靖的？

從《資治通鑑》的敘事入手，尋找李靖被彈劾事件在兩《唐書》中的記載，各種說法互相參照，自然指向彈劾李靖是在攻打東突厥取得決定性勝利之後御史大夫的角色行為。而角色行為的背後自然就是皇帝的意志，是唐太宗李世民授意或者暗示先後交接的兩任御史大夫上疏彈劾李靖。《資治通鑑》的敘事在字面上沒有這個意思，但是二月甲寅「以克突厥赦天下」的當天以御史大夫溫彥博為中書令，以太常少卿蕭瑀為御史大夫的記載，以及將蕭瑀上疏彈劾李靖的時間明確定在五月丁亥日，都留下了通向這個理解的線索。五月丁亥日應該是李靖見到唐太宗並接受責讓的時間，至於為唐太宗對凱旋的總指揮大加責讓提供由頭的彈劾是什麼時間由什麼人提交的，官方的記載可以根據需要安插到擔任御史大夫的人頭上。如果是溫彥博彈劾的，他在二月甲寅日就已經卸任御史大夫，前線剛剛傳來打

敗突厥的消息。唐太宗一方面「以克突厥赦天下」，慶祝抗擊突厥的偉大勝利，而在暗中卻指示或暗示御史大夫溫彥博上疏彈劾李靖。如果蕭瑀也彈劾了李靖，那理應在其接任御史大夫最初的一段時間裡，無論如何都是在李靖取得了對突厥戰爭的決定性勝利之後。按照這個邏輯去理解李靖被彈劾事件，那唐太宗對李靖的心態就不是信任和包容那麼簡單，而是帶著防範和戒備，是一場大勝仗之後對作戰總指揮的敲打和提醒。要敲打一位凱旋的將軍，自然需要有一個合適的藉口。溫彥博也好，蕭瑀也好，只不過是承擔起了皇帝希望他們承擔的角色而已。

閱讀《資治通鑑》進入到這個層面，這個歷史事件傳遞的似乎是馭人之術的權謀了，讓讀者有理由相信，貫穿在一個英明偉大帝王政治生涯之中的就是厚黑學、就是潛規則。司馬光編撰此書是為了給皇帝看，是為了給皇帝提供「資治」的借鑑，「有資於治道」。所以，這些我們分析出來的內容，是具有潛在不確定性的，是帶著懷疑精神去研究歷史可能得出的結論，當然從字面上閱讀《資治通鑑》是認識不到的。

唐太宗為什麼要防範和敲打凱旋的李靖呢？因為李靖是除了唐太宗本人以外那個時代最懂得謀略和兵法的人，是李世民當皇帝以後統帥大軍出征的不二人選，自然也就存在著潛在的威脅。在貞觀三年（629）戰機初現的緊要關口，唐太宗首先考慮的帶兵將領就是李靖（事實表明，以後很多年他都一面對臨著用還是不用李靖的艱難選擇）。《資治通鑑》記載，貞觀三年八月丁亥，「命兵部尚書李靖為行軍總管討之（東突厥），以張公謹為副」。十一月庚申，「以并州都督李世勣為通漢道行軍總管，兵部尚書李靖為定襄道行軍總管，華州刺史柴紹為金河道行軍總管，靈州大都督薛萬徹為暢武道行軍總管，眾合十餘萬，皆受李靖節度，分道出擊突厥」[323]。

---

[323]《資治通鑑》卷一九三，第 6066 頁。

據此可知，唐太宗分多次下令派兵進攻突厥，最後參與作戰的軍隊當為六路，除了李靖、張公謹率領的定襄道行軍，李勣、丘行恭率領的通漠道行軍，柴紹率領的金河道行軍，薛萬徹率領的暢武道行軍之外，還有衛孝節率領的恆安道行軍，李道宗率領的大同道行軍。據《舊唐書‧突厥傳上》載，貞觀三年，「詔兵部尚書李靖、代州都督張公謹出定襄道，并州都督李勣、右武衛將軍丘行恭出通漠道，左武衛大將軍柴紹出金河道，衛孝節出恆安道，薛萬徹出暢武道，並受靖節度以討之」[324]。可知李勣和丘行恭為一路。又據《舊唐書‧江夏王李道宗傳》記載，貞觀三年，為大同道行軍總管，「遇李靖襲破頡利可汗，頡利以十餘騎來奔其部。道宗引兵逼之，徵其執送頡利。頡利以數騎夜走，匿於荒谷，沙缽羅懼，馳追獲之，遣使送於京師」[325]。可知李道宗在後期參與了擒獲頡利可汗的戰鬥，不過應該不在「皆受李靖節度」的範圍之內。雷家驥撰《李靖》認為李靖為六道軍隊節度的說法值得商榷，不過他注意到受李靖節度的將領爵位大都高於李靖的現象，或可說明除了李靖是兵部尚書之外，恐怕還與唐太宗對諸道將領的牽制有關，也是李靖的軍事指揮才能所決定的。無論如何，李靖在唐朝進擊突厥的戰爭中處於總指揮的位置，其受到的重用是無可置疑的，與此同時，他應該也受到唐太宗一定程度的防範。對於帝王來說，大凡不得不用之人，一定也是不得不心存防範之人。

《資治通鑑》沒有明確揭示唐太宗對李靖的防範，而是標樹聖明君主對遭到嫉恨和彈劾的將軍加以敲打，其敘事目的了然若揭。但在敘事當中又留下了一些線索，尤其是點名兩個特別時間，若隱若現地引導讀者去發現一個懂權謀、善馭人的唐太宗，一個並不那麼光明磊落的君王。這是一

---

[324]《舊唐書》卷一九四上〈突厥傳上〉，第5159頁。
[325]《舊唐書》卷六〇〈宗室‧江夏王道宗傳〉，第2354~2355頁。

條潛在的敘事線索，如果僅僅停留在這條線索的表層意圖，那歷史教給讀者的就是陰謀和暗算。司馬光不希望人們如此讀歷史，至少王夫之理解中的司馬光的編撰意圖並非如此。王夫之在《讀通鑑論·敘論三》中批評了編撰歷史的不良傾向，「抑有纖曲嵬瑣之說出焉，謀尚其詐，諫尚其譎，徼功而行險，干譽而違道，獎詭隨為中庸，誇偷生為明哲，以挑達搖人之精爽而使浮，以機巧裂人之名義而使枉；此其於世教與民生也，災愈於洪水，惡烈於猛獸矣」[326]。他認為《資治通鑑》是克服了這種不良傾向的代表，將歷史講述得光明亮堂而不是陰暗詭詐。

如果唐太宗確實對李靖心存防範，那麼在取得決定性勝利，而且朝野內外都沉浸在勝利喜悅之中的時候，指示或暗示御史大夫上疏彈劾一下李靖御軍無法，回到朝廷後順勢對其進行提醒和敲打，未嘗不是一種保護。錯綜複雜的權力格局中，軍功最大的李靖可能招來的嫉恨又何止來自一二人呢？況且受其指揮的各路將領資歷和爵位都比他高。透過敲打來加以保護，也是一種愛護人才的表現。即使唐太宗本人也心存戒備，帝王對於臣下的預先防範也不見得一定是陰謀，在一定前提下也可以理解為善意提醒或者暗中保護。在這個層面上，李靖被誣告事件傳遞出來的意義就又回到《資治通鑑》敘事的字面意圖上來了。

（原載《文史天地》2016 年第 10 期，第 15 — 18 頁）

---

[326] 王夫之：《讀通鑑論》卷末〈敘論三〉，第 953 頁。

《資治通鑑》敘事中的史事考訂與歷史重述
——基於唐太宗即位之初「諸將爭功」事件的個案分析

在中國古代史學史上,《資治通鑑》(以下簡稱《通鑑》)無疑是最為重要的一部編年體史書。自該書問世以來,歷代史家都曾就其史觀、史學與史料價值多有討論。不過,在現今的學術視野下,其最值得注意的史學價值是什麼?

海登·懷特以敘事模式的類型區別為標準,將歷史著述分為編年史、故事、情節化描述、論證模式、意識形態蘊含模式等幾種。在他看來,編年史是將原始素材加以簡單時間排列的歷史敘述模式[327],這是就他習見的編年史而言。《通鑑》顯然並不是這樣的「編年史」,它取材於一些業已經過編纂加工的文本,司馬光及其合作者們又按照他們的標準將這些素材重新加以編排,使本就經過前代史家「情節化」與邏輯化的歷史敘事再經歷了一重加工,形成一個新型敘事文字。因而,在文獻比對的基礎上,判別《通鑑》中的內容哪些直接承襲自前代史書的敘事,哪些是司馬光對歷史文字所做的新解釋,從而對《通鑑》中某些具體事件的敘事類型、敘事特徵及全書的敘事模式進行解析。

懷特對待歷史敘事的態度被視為「後現代」的代表,他明確提出「我將歷史說成是事實的虛構化和過去實在的虛構化」[328]。本文並不贊同這

---

[327] 參見海頓·懷特著,陳新譯:《元史學:19世紀歐洲的歷史想像》,譯林出版社2004年,第6頁。
[328] 見於海頓·懷特為《元史學》中譯本所寫的前言,第7頁。懷特對歷史的「虛構」特徵自己做過說明,「我傾向在現代邊沁主義和費英格爾的意義上來理解虛構的觀念,即將它看成假設性構造和對於實在的『好像』(as if)式描述,因為這種實在不再呈現在感知前,它只能被想像而非簡單地提起或斷定其存在。」有關懷特所說的「虛構」,也可參見李劍鳴〈後現代主義與「虛構」說〉,收錄於氏著《隔岸觀景》,社會科學文獻出版社 2012 年。

個觀點，但其認為歷史敘事必然要帶有「詩性的」和「修辭性的」特徵這一思路，依然值得我們重視。古代中國最早討論歷史編纂學的專門論著中，《文心雕龍·史傳》與《史通》都非常強調編排與敘事的作用，中國傳統史學也的確強調敘事在史書編纂中的作用，劉知幾更是明確地提出「史之稱美者，以敘事為先」[329]，因而，將《通鑑》置於歷史敘事的考察範圍加以分析，也應是古代史學研究與古代史研究應有的題中之義。

學界對《通鑑》的敘事研究已經取得了一些成果[330]，不過並未形成較為一致的研究思路與方法。本文將以《通鑑》對唐太宗即位之初「諸將爭功」之事的記載為案例，對《通鑑》的歷史敘事進行個案解析，並嘗試對《通鑑》敘事研究的方法做一探索。

---

[329] 劉知幾撰，浦起龍通釋：《史通通釋·敘事》，152頁，王煦華整理，上海古籍出版社，2009年。需要說明的是，劉知幾所講的「敘事」和懷特所說的「敘事」並非同一概念，但二者強調歷史編纂中作者對材料的編排以及書寫的文學性方面是一致的。

[330] 新近辛德勇考察《通鑑》記載漢武帝時期「巫蠱之禍」與「輪台詔」的研究，以及李浩針對辛文而發表的商榷之作，可以視為對《通鑑》敘事研究的最新嘗試。辛文立足於文獻比對，認為司馬光「出於資以鑑戒的特殊需要而率以己意取捨史料」，並且進一步提出「此種情況在《通鑑》中隨處可見，因此所謂《通鑑》取捨史料無征不信且嚴謹不苟的看法是很荒謬的」。參見辛德勇〈漢武帝晚年政治取向與司馬光的重構〉，《清華大學學報》2014年第6期；後在此基礎上出版了《製造漢武帝》，三聯書店2015年。辛文發表後，李浩撰文商榷，指出辛文中存在大量的史料誤讀，認為《通鑑》敘事與《漢書》等原始史料高度吻合，不存在重構現象。李浩還著重強調，「歷史闡釋不等於歷史重構，《通鑑》之敘事、議論僅是對公認史實不同視角的歷史觀察，司馬光沒有也不可能重構歷史」。參見李浩〈「司馬光重構漢武帝晚年政治取向」說獻疑——與辛德勇先生商榷〉，《中南大學學報》2015年第6期。二人對《通鑑》的不同理解，基本是立足於文獻學領域內的史源考察，對歷史敘事其實涉及不多。除辛、李二人的相關討論之外，姜鵬在分析、比較《通鑑》原文與明人嚴衍《資治通鑑補》改訂文字的基礎上，指出《通鑑》原本就不是「一種單純的歷史敘述文本」，而是「借歷史敘述以表達施政理念」，《通鑑》中很多看似有「破綻」的地方，其實隱含了司馬光表達自身理念的深意。嚴衍對《通鑑》的訂補和改寫，「反而消解了文本的原有寫作語境，使作者力圖借歷史敘述予以表達的施政理念湮沒不顯，而成為一種單純的歷史敘述文本」。參見姜鵬〈司馬光施政理念在歷史編纂中的表達——從《資治通鑑補》對原作的改動說起〉，《復旦學報》2015年第2期。

一、《通鑑》對「諸將爭功」的記載及其史源考察

《通鑑》卷一九二《唐紀八》高祖武德九年（626）記載：

（九月）己酉，上面定勳臣長孫無忌等爵邑，命陳叔達於殿下唱名示之，且曰：「朕敘卿等勳賞或未當，宜各自言。」於是諸將爭功，紛紜不已。淮安王神通曰：「臣舉兵關西，首應義旗，今房玄齡、杜如晦等專弄刀筆，功居臣上，臣竊不服。」上曰：「義旗初起，叔父雖首唱舉兵，蓋亦自營脫禍。及竇建德吞噬山東，叔父全軍覆沒；劉黑闥再合餘燼，叔父望風奔北。玄齡等運籌帷幄，坐安社稷，論功行賞，固宜居叔父之先。叔父，國之至親，朕誠無所愛，但不可以私恩濫與勳臣同賞耳！」諸將乃相謂曰：「陛下至公，雖淮安王尚無所私，吾儕何敢不安其分。」遂皆悅服。房玄齡嘗言：「秦府舊人未遷官者，皆嗟怨曰：『吾屬奉事左右，幾何年矣！今除官，反出前宮、齊府人之後。』」上曰：「王者至公無私，故能服天下之心。朕與卿輩日所衣食，皆取諸民者也。故設官分職，以為民也，當擇賢才而用之，豈以新舊為先後哉！必也新而賢，舊而不肖，安可舍新而取舊乎！今不論其賢不肖而直言嗟怨，豈為政之體乎！」[331]

此段文字是《通鑑》中有關玄武門事變後李世民用人、賞功的案例，因其事關李世民即位後的用人方略與權力格局重組，故在唐史研究中極具意義。整段記載從《通鑑》自身的敘事邏輯而言可以分為兩個部分，一是以「（九月）己酉」為時間標誌的「諸將爭功」事件，這一事件的敘述似乎是按照時間順序自然排列，至「遂皆悅服」結束；二是追記李世民與房玄齡就「秦府舊人」的任用問題對「為政之體」的討論，自「房玄齡嘗言」至本段末。之所以要追記這一段，是為了說明李世民即位後對「為政之體」

---

[331]《資治通鑑》卷一九二，第 6022－6023 頁。

的堅持——無論是封賞功臣還是任用官員，都以「至公無私」、「擇賢才而用之」為原則。

不過，由於《通鑑》主要取材於前代史書而非原始材料，故而「諸將爭功」之事史源出自何處，《通鑑》在採錄時對材料如何取捨、有無刪削，是探討其敘事特點與敘事方法時首先應解決的問題。就此段中第一部分關於封賞功臣之事而言，《通鑑》的敘事並不完整，且與其所據史料來源有一定出入。據《唐會要》卷四五〈功臣〉記載[332]：

（武德）九年九月二十四日詔曰：「褒賢昭德，昔王令典。旌善念功，有國彝訓。吏部尚書上黨縣公長孫無忌、中書令臨淄縣侯房玄齡、右武候大將軍尉遲敬德、兵部尚書建平縣男杜如晦、左衛將軍全椒縣子侯君集等，或夙預謨謀、綢繆帷幄，竭心傾懇，備申忠益；或早從任使、契闊戎麾，誠著艱難、績宣內外。義冠終始，志堅金石，誓以山河，實允朝議。無忌封齊國公，玄齡封邢國公，敬德封鄂國公，如晦封萊國公，君集封潞國公，其食邑各三千戶。」遣侍中陳叔達於殿階下唱名示之。上謂曰：「朕敘公卿勳勞，量定封邑，恐不能盡當，（宜）各自言。」從叔父淮安王神通進曰：「義旗初起，臣率兵先至。今房玄齡、杜如晦等刀筆之人，功居第一，臣竊不伏。」上曰：「義旗初起，人皆有心。叔父雖得率兵，未嘗身履行陣。山東未定，受委專征。建德南侵，全軍陷沒。劉黑闥翻動，望風而破。今計勳行賞，玄齡等有籌謀帷幄、定社稷之功，所以漢之蕭何雖無汗馬，指蹤推轂，故得功名第一。叔父於國至親，誠無所愛，但以不可緣私濫與勳臣共賞耳。」初，將軍邱師利等咸自矜其功，或攘袂指天，以手畫

---

[332] 所據《唐會要》清刻本因避康熙皇帝玄燁名諱改「玄齡」為「元齡」，今回改。個別地方重新標點。此段記載又見於《冊府元龜》卷一二八〈帝王部‧明賞第二〉，中華書局影印本 1960 年，1531 頁；《舊唐書》卷六六〈房玄齡傳〉，第 2461 頁。這三處記載較為近似，所不同者，《冊府》記詔書文字略有節文，《舊唐書‧房玄齡傳》則省去詔書原文，只錄受封的功臣五人姓名。茲舉記載最詳之《唐會要》為例。

309

地。及見淮安王理屈，自相謂曰：「陛下以至公行賞，不私其親。吾屬何宜妄訴。」[333]

《唐會要》所載文字較《通鑑》更為詳細，且有一處細節與《通鑑》存在差異，即將軍丘（邱）師利等「自矜其功」之事。據《唐會要》，此事發生在詔書頒下之前，而補記於李世民訓誡李神通之後；而《通鑑》則將「諸將爭功」繫於詔書公布當日，成為李神通論功的背景。

關於九月二十四日「諸將爭功」之事，與《唐會要》記載情況一致者，有《冊府元龜》卷一二八《帝王部·明賞第二》[334]和《舊唐書·房玄齡傳》[335]。此外，尚有其他記載版本，其中並未出現「諸將爭功」的內容，只擷取了功臣封爵授食邑後李神通與李世民的君臣對話，《舊唐書·李神通傳》[336]與《貞觀政要》[337]即是如此。

就《通鑑》所記「諸將爭功」之事的史源而言，《冊府元龜》、《唐會要》和《舊唐書·房玄齡傳》非常明顯出於同一個系統，即唐代本朝所修的國史、實錄。同時還存在另一個記載系統，即《舊唐書·李神通傳》和《貞觀政要·論封建》，這兩段材料中都未記丘師利等人爭功之事，應是在前一個系統的基礎上所做的刪節，為說明某一主題（如《貞觀政要·論封建》即與宗室諸王相關而與他人無涉）或為突出傳主生平（如《舊唐書·李神通傳》）。《通鑑》記此事時，明顯選擇了前一個文獻系統作為史源，而這一系統直接以唐代國史、實錄為源，故而最為接近唐代史官記述之原貌；《通鑑》在編纂時對這一系統所做的記載進行了改動，將原本發生在詔書公布前諸將「自矜其功」的誇耀行為改寫成詔書公布現場的「諸將爭功」，這一

---

[333]　《唐會要》卷四五〈功臣〉，第 936 － 937 頁。
[334]　王欽若：《冊府元龜》，中華書局影印本 1960 年，第 1531 頁。
[335]　《舊唐書》卷六六〈房玄齡傳〉，第 2461 頁。
[336]　《舊唐書》卷六〇〈宗室·淮安王神通傳〉，第 2341 頁。
[337]　吳兢撰，謝保成集校：《貞觀政要集校》卷三〈論封建〉，第 172 － 173 頁。

改動缺乏直接的文獻證據，應視為《通鑑》敘事過程中的一次「虛構」。

《通鑑》此段文字第二部分對房玄齡與李世民就秦府舊人任用問題的討論，在《貞觀政要》中有類似的記載：

太宗初即位，中書令房玄齡奏言：「秦府舊左右未得官者，並怨前宮及齊府左右處分之先己。」太宗曰：「古稱至公者，蓋謂平恕無私。丹朱、商均，子也，而堯、舜廢之。管叔、蔡叔，兄弟也，而周公誅之。故知君人者，以天下為心，無私於物。

昔諸葛孔明，小國之相，猶曰『吾心如秤，不能為人作輕重』，況我今理大國乎？朕與公等衣食出於百姓，此則人力已奉於上，而上恩未被於下，今所以擇賢才者，蓋為求安百姓也。用人但問堪否，豈以新故異情？凡一面尚且相親，況舊人而頓忘也！才若不堪，亦豈以舊人而先用？今不論其能不能，而直言其嗟怨，豈是至公之道耶？」[338]

此段記載較《通鑑》「諸將爭功」第二部分為詳，且在其他史料中未見，應是《通鑑》參考的史源。但文中未記房玄齡與李世民對話的具體時間，此事是否發生在九月二十四日前已不可考，《通鑑》將其視為「諸將爭功」發生前之事，未有明確證據。此事的真實性雖無可置疑，但《通鑑》的這一編排方式可視為在兩件可能彼此無關的事件中建立邏輯關係的「發明」。

二、虛實之間：「諸將爭功」相關史事與《通鑑》敘事模式的分析

以上對《通鑑》中「諸將爭功」的一段文字與其史源做了比較，並認為將「諸將爭功」置於褒獎功臣當日、將房玄齡與李世民討論秦府舊人的處

---

[338] 吳兢撰，謝保成集校：《貞觀政要集校》卷五〈論公平〉，第 278 — 279 頁。

置問題與「諸將爭功」相連結這兩個細節屬於司馬光及其合作者在其採錄的史源之外所做的歷史建構。不過，這僅是從史源學角度得出的結論，與史源不同也並不等於與史實不符。它回答不了的問題是：司馬光及其合作者為何會有這種建構？這一建構結果是史實考訂的結論，還是如一些研究者所言，只是司馬光出於「資治」目的而表現個人的政治觀點[339]？

就「諸將爭功」之事的兩部分而言，在史實層面要解決的問題是：「爭功」之事發生在九月二十四日當場，還是在此之前？丘師利是否是爭功中值得重點記述的人物？房玄齡與李世民議論秦府舊人安置問題，與「諸將爭功」之事是否有關聯？

據《唐會要》記載，李神通表達不同意見是在李世民「朕敘公卿勳勞，量定封邑，恐不能盡當，（宜）各自言」的表態之後，將軍丘師利等「自矜其功」的行為出現在九月二十四日詔書頒布之前。若果真有丘師利等指天畫地的爭功情景存在，則此前必有論功行賞之令，此其一；依《貞觀政要》與《通鑑》所記，秦府舊人未見任用而發怨怒之辭，房玄齡便將其言進奏，若有爭功之舉，恐怕不得不聞，此其二；丘師利等如事前有爭功，在頒詔之時則不應無言，此其三。這三點在《通鑑》問世前的各種文獻中均無體現，確實有些令人費解。而這三點之中，在頒詔之前有論功之令實為後兩點之前提，如此事並不存在，後面的事情也不會發生，因此，我們完

---

[339] 前引辛德勇與姜鵬文都持此觀點，這是學界對《通鑑》的一種態度，即認為「資治」必然會損害對歷史事實的記述，如夏祖恩認為「過分強調史學的資治功能只會使史學淪為統治階級的御用工具，甚至可能導致歷史學的科學性蕩然無存」，參見夏祖恩〈資治與垂鑑不是作史的宗旨──評司馬光的《資治通鑑》〉，《福建師範大學學報》1994 年第 2 期。不過，另一種態度認為，《通鑑》在材料選用、考辨與記載方面皆體現了求實的史學傳統，金毓黻、柴德賡、張舜徽等即持此觀點。將這兩種態度做綜合表達的代表是朱維錚，他既對「以史為鏡」的「資治」觀念予以批評，又充分肯定《通鑑》歷史編纂學的成就，特別是求實之成就，參見朱維錚著，廖梅、薑鵬整理《中國史學史講義稿》，上海：復旦大學出版社，236-243 頁。朱維錚的觀點值得注意，因為他說出了一個事實：「資治」與「求實」可以出現在同一部古代史著中，若無具體例證便概言《通鑑》是「資治」還是「求實」，並無實際意義。

全有理由懷疑論功之令是否真實存在。考諸史實，李世民從武德九年六月四日發動玄武門政變時起至八月登基稱帝，此間近有建成、元吉之黨需撫平，遠有李瑗謀反之事待處置；內有重組中樞政治格局之要務，外有與突厥重建關係並抵禦其進犯之難題，民間亦需安撫，如此種種，皆為急務，無法好整以暇地為臣下論功，故對長孫無忌等功臣之賜爵授食邑之事亦推遲至九月二十四日。由此推之，論功之令恐怕未必存在，而丘師利等爭功之事可能也未曾發生過。

　　從丘師利的身分與事蹟，也可證明這一點。其在大業末年是關中一帶聚兵自保的豪強，據《舊唐書·丘和附子行恭傳》記載：「大業末，（丘行恭）與兄師利聚兵於岐、雍間，有眾一萬，保故郿城，百姓多附之，郡盜不敢入境。」[340]《資治通鑑》記載，恭帝義寧元年（617）九月，李唐創業之初，平陽公主在其夫柴紹自長安赴太原後「歸鄠縣別墅，散家貲，聚徒眾」[341]，以響應太原起兵。在李氏所招納的地方勢力中，就有丘師利兄弟。《舊唐書·柴紹傳》記錄了李氏家僮馬三寶出面勸誘他們歸附之事，「又說群盜李仲文、向善志、丘師利等，各率眾數千人來會」[342]。李氏招附的兵馬與李神通在關中的隊伍成為李淵進兵長安的重要內應，當李淵渡過黃河以後，包括丘師利在內的「關中群盜，皆請降於淵，淵一一以書慰勞授官，使各居其所，受敦煌公世民節度」[343]。就在正式歸附李世民前後，丘師利還派遣其弟丘行恭率兵計斬圍攻扶風太守竇璡的「平涼奴賊」首領，《資治通鑑》記載此事云，「行恭帥五百人負米麥持牛酒詣奴賊營，奴帥長揖，行恭手斬之，謂其眾曰：『汝輩皆良人，何故事奴為主，使天

---

[340] 《舊唐書》卷五九〈丘和傳〉，第 2326 頁。
[341] 《資治通鑑》卷一八四，第 5757 頁。
[342] 《舊唐書》卷五八〈柴紹傳〉，第 2315 頁。
[343] 《資治通鑑》卷一八四，第 5758 頁。

下謂之奴賊！』眾皆俯伏曰：『願改事公。』行恭即帥其眾與師利共謁世民於渭北，世民以為光祿大夫」[344]。後來丘行恭跟隨李世民長期征戰，在唐朝初年的統一戰爭中立下赫赫戰功，丘師利則事蹟無聞，僅在武德五年迎接自嶺南歸順的其父丘和入朝之時出現過一次[345]。另外，《元和姓纂》中有簡略記載，「師利，左監門大將軍，冀州刺史，都督，譚國公」[346]。據此可推知，丘師利後來仕途雖還算順利但並不顯赫，其譚國公的爵位襲封自其父丘和。

據《舊唐書·太宗本紀上》記載，在九月二十四日封賞之後，十月癸酉又進一步落實了元老和功臣「食實封」的待遇：

裴寂食實封一千五百戶，長孫無忌、王君廓、尉遲敬德、房玄齡、杜如晦一千三百戶，長孫順德、柴紹、羅藝、趙郡王孝恭一千二百戶，侯君集、張公謹、劉師立一千戶，李世勣、劉弘基九百戶，高士廉、宇文士及、秦叔寶、程知節七百戶，安興貴、安修仁、唐儉、竇軌、屈突通、蕭瑀、封德彝、劉義節六百戶，錢九隴、樊世興、公孫武達、李孟常、段志玄、龐卿惲、張亮、李藥師、杜淹、元仲文四百戶，張長遜、張平高、李安遠、李子和、秦行師、馬三寶三百戶。[347]

九月二十四日詔中第一等功臣五人的「食邑三千」只是象徵性的虛封，食實封才是他們享受的實際經濟待遇。這份「食實封」的名單囊括了太原起兵以來的功臣，體現了李世民即位後重組朝內權力格局的初步結果。在這份名單中依然沒有丘師利，可見他遠未達到可與房、杜爭功的資格。

既然當時不具備為臣下論功的穩定環境，丘師利本人也不具備爭功的

---

[344]《資治通鑑》卷一八四，第 5758 — 5759 頁。
[345]《舊唐書》卷五九〈丘和傳〉，第 2325 頁。
[346] 林寶撰，岑仲勉校記：《元和姓纂》卷五，中華書局 1994 年，第 709 頁。
[347]《舊唐書》卷二〈太宗本紀上〉，第 31 頁。

資格，為何《唐會要》等文獻會有其爭功的記載？這應該是作為其藍本的唐代國史、實錄的敘事模式之影響。

實錄與國史也是在原始材料基礎上所做的歷史編纂，史官在纂修實錄與國史時，也要選擇一定的敘事模式對原始材料加以編排。唐初《漢書》學興盛，這對其時的本朝史編纂產生了影響，套用《漢書》的敘述時時可見。

《漢書》卷三九《蕭何傳》記漢初封功臣之事，應是唐代史官記載「諸將爭功」之事的藍本，略如下：

漢五年，已殺項羽，即皇帝位，論功行封，群臣爭功，歲餘不決。上以何功最盛，先封為酇侯，食邑八千戶。功臣皆曰：「臣等身被堅執兵，多者百餘戰，少者數十合，攻城略地，大小各有差。今蕭何未有汗馬之勞，徒持文墨議論，不戰，顧居臣等上，何也？」上曰：「諸君知獵乎？」曰：「知之。」「知獵狗乎？」曰：「知之。」上曰：「夫獵，追殺獸者狗也，而發縱指示獸處者人也。今諸君徒能走得獸耳，功狗也；至如蕭何，發縱指示，功人也。且諸君獨以身從我，多者三兩人；蕭何舉宗數十人皆隨我，功不可忘也！」群臣後皆莫敢言。[348]

《漢書》的此段記載，由「論功行封——群臣爭功——欽定蕭何食邑高於群臣——群臣質疑——劉邦為群臣釋疑——群臣噤聲」等細節組成，這些細節構成了完整的敘事鏈條，使封賞功臣這一事件具有豐富的情節性。與這段文字相比較，《唐會要》等文獻中體現出的唐代國史、實錄的敘事鏈條則由「頒詔賞功——李神通質疑房、杜封賞過重——李世民為之釋疑——補記諸將爭功事——諸將嘆服」等細節構成，除了缺少「論功行封」的明確記載，並在描述「諸將爭功」時使用了追敘法，在細節上與《漢書》極為相似。若按照時間順序將其敘事過程還原，其完整結構

---

[348] 班固撰，顏師古注：《漢書》卷三九〈蕭何傳〉，第 2008 頁。

應為「諸將爭功 —— 頒詔賞功 —— 李神通質疑 —— 李世民釋疑 —— 諸將嘆服」，與《漢書》幾乎如出一轍。這應是唐代史臣對《漢書》敘事的主動模仿，而非當時史實的直接反應，這一點從缺乏爭功之前提「論功」就可證明。

唐代史臣在模仿《漢書》敘事結構時，忽略了一些最基本的問題：其一，漢高祖時期對功臣的「論功行封」，是在漢並天下之後，當時局勢與武德九年夏秋之際相比較為緩和，可以從容論功；其二，西漢帝國是在「軍功受益階層」的支持下建立起來的[349]，功臣們在帝國的權力結構中自有其強大影響力，劉邦晚年也透過「白馬之盟」承認了劉氏與功臣共同構成核心集團的現狀，這也是唐初功臣難以與之比擬的。脫離了《漢書》敘事所在的時空環境而套用其敘事模式，使這個生造出的敘事結構中存在極大的漏洞，其中最明顯的一點，就是不具備爭功資格的丘師利作為爭功的代表，被推向舞臺的中心。

唐代修史者在記載丘師利等爭功之事時，似乎懷有一種遊移不定的態度，一是並未明言他們欲與何人爭功，僅僅說他們「自矜其功」；二是在寫作時採用追敘之法，而並未將丘師利等人的行為當作此段敘事中的重點。這種態度，使唐代實錄、國史中的「諸將爭功」敘事與其漢代藍本相比存在結構上的明顯差異。丘師利的資歷與功績不足以擔起爭功重任，恐怕是令唐代史臣為難的重要原因。

丘師利爭功之行為雖不能成立，但他與其他人「自矜其功，或攘袂指天，以手畫地」之事應不是唐代史臣的向壁虛造。以丘師利為代表的「諸將」之所以會叫囂自己功績如何如何，應該也是與李世民有舊者在其登基後企望改變地位而未遂時的情感宣洩。史臣在編纂實錄、國史時將此事件

---

[349]　參見李開元《漢帝國的建立與劉邦集團：軍功受益階層研究》，三聯書店 2000 年。

《資治通鑑》敘事中的史事考訂與歷史重述

與為首功者賜爵授食邑之事相綴合，完成了模擬《漢書》的敘事結構。

而反觀《通鑑》關於「諸將爭功」之事的記載，在第一部分中，整個敘事鏈條包含了「頒詔——諸將當場爭功——李神通質疑——李世民釋疑——諸將悅服」等細節，且完全按照時間順序，使論功爭功被描述為同一天發生之事。與《漢書》及唐代史臣的模擬之作相比，《通鑑》的敘事結構較為精簡，而大體敘事框架則與二者相同。

司馬光及其合作者在保留其史源的敘事框架時，巧妙地回避了「論功」前提缺失的情況下記述事前爭功存在的漏洞，將爭功之事置於詔書頒布當日；在記載爭功之時，又隱去了史源中作為爭功重點人物的丘師利之名，但以「諸將」作為概稱。這一處理方式避開了史源中的不合理之處，盡量做接近史實的努力。

不過，這種努力也同樣要面對後來者的質疑。在頒詔當日，是否有可能出現「諸將爭功」的場面？史源沒有提供任何可以作為線索的依據，因而這一場景是《通鑑》作者的想像。這一想像若要符合其歷史情境，就必須有具體史實作為基礎，而史源中曾記載的兩個細節——諸將事前矜功之事與詔書頒布後李神通發表不同意見，正為進行想像提供了一種可能性。司馬光等應該認定李神通上前質疑時存在一個群臣不平的氛圍，於是將史源中發生在九月二十四日之前的爭功時間挪到了褒獎首功者的現場。而完成這一想像，並非僅靠這兩個細節，《通鑑》記此事的第二部分在其中發揮了關鍵作用，應受到充分的注意。

第二部分中，房、李論秦府舊人的安置問題，房玄齡強調了未被重用的舊人「嗟怨」，李世民用「擇賢才而用之」來回答。這一細節在《貞觀政要》中所體現的只是李世民用人原則中的「至公」之道，而放進《通鑑》此條，其承載的信息就發生了變化——秦府舊人在玄武門之變發生後因未

317

見用而「嗟怨」，作為一種普遍存在的現象，已經成為「諸將爭功」敘事的重要背景。追隨李世民者期待升遷，盼望封賞，然而未受重用造成了極大的心理落差，因此他們有「嗟怨」之表現；隨後而來的褒獎功臣事件，只封賞了長孫無忌等五位首功者，他們又將有何等表現？恐怕《通鑑》所述的「諸將爭功，紛紜不已」是理所當然的結果。

透過補記房、李論秦府舊人之事，《通鑑》成功地為賞功當日出現的「諸將爭功」場面找到了合理的解釋，透過在這兩個也許互不相干的事件之間建立關聯，使此段敘事呈現出一種合理性，即敘事結構內部的邏輯自洽。

透過「諸將爭功」事件兩部分內容的關聯，《通鑑》為自己的敘事鏈條創造了一個首尾呼應的模型：

頒詔 —— 諸將當場爭功 —— 李神通質疑 —— 李世民釋疑 —— 諸將悅服……補記房、李論秦府舊人「嗟怨」事 —— 諸將當場爭功事出有因

綜上可知，《通鑑》的敘事並未完全突破《漢書》中的論功爭功敘事模式，但和削足適履的唐代國史、實錄相比，其能夠盡量迴避史源中不合理之處；想像了一個也許未曾發生過的爭功現場，又選擇以房、李論秦府舊人嗟怨之事對此加以彌合。這就是《通鑑》對其史源敘事模式的修正，其作出修正的重要原因，正是該書「求實」之宗旨。

三、想像的反對派：爭功事件中李神通形象反映的「資治」追求

如前節所述，《通鑑》對其史源敘事模式的修正與細節的重新編排源自其對相關史源中有違史實之處的考正，而《通鑑》對「諸將爭功」的敘

述，也包含了司馬光等對唐初歷史的重新理解。在重新理解唐初歷史的過程中，「當場爭功」與「論秦府舊人」建立了邏輯關聯，而現場質疑九月二十四日詔令的李神通，被描繪成李世民的對立面，反襯出其「至公」治國理念的正義性。這種敘事手段，反映出《通鑑》對「資治」的追求，此段對李世民治國理念的突顯，正體現了司馬光的撰史主張。

《通鑑》與《唐會要》等史源在有關李世民為李神通釋疑的記載中，有一處明顯不同。在《唐會要》等文獻中，李世民批評李神通「叔父雖率兵先至，未嘗身履行陣」，而《通鑑》則記作「義旗初起，叔父雖首唱舉兵，蓋亦自營脫禍」。兩相比較，《通鑑》中李世民的語氣更為嚴厲。

《通鑑》中這種言辭鋒利的批評，從史實而言並無問題，據《舊唐書·李神通傳》載：神通，隋末在京師。義師起，隋人捕之，神通潛入鄠縣山南，與京師大俠史萬寶、河東裴勣、柳崇禮等舉兵以應義師。遣使與司竹賊帥何潘仁連結。潘仁奉平陽公主而至，神通與之合勢，進下鄠縣，眾逾一萬。自稱關中道行軍總管，以史萬寶為副，裴勣為長史，柳崇禮為司馬，令狐德棻為記室。高祖聞之大悅，授光祿大夫。從平京師，拜宗正卿。武德元年，拜右翊衛大將軍，封永康王，尋改封淮安王，為山東道安撫大使。[350]

李神通為李淵堂弟，隋末時確因李淵起事後為逃避隋朝官府的追捕而聯繫豪傑響應李淵，故而李世民說他「雖首唱舉兵，蓋亦自營脫禍」也是實情。然而，李世民當時是否會以此種口氣訓斥李神通？

李神通在李世民與李建成爭奪儲位時，明顯是偏向李世民的。據《舊唐書·隱太子建成傳》記載，李建成與元吉「謀行鴆毒，引太宗入宮夜

---

[350]《舊唐書》卷六〇〈淮安王神通傳〉，第 2340 頁。

宴，既而太宗心中暴痛，吐血數升，淮安王神通狼狽扶還西宮」[351]。李世民對其也有特別的優待。《資治通鑑》記載武德九年太宗「降宗室郡王皆為縣公，唯有功者數人不降」[352]，這少數沒有降封的郡王中就有李神通。他在貞觀四年去世後，李世民為之廢朝，贈司空，諡曰靖[353]。按照諡法，以德安眾曰靖，可知李世民對其一生行事持肯定態度。這些材料都表明二人關係十分密切，李神通在賞功詔書公布時的爭功之語，是其身為首義功臣、宗親與李世民的支持者，對將新進文臣房、杜列為首功的不滿，李世民大可溫言勸誡，而不是面斥其過。而且，《唐會要》等文獻均有明確記載，李世民對他的批評只是「雖率兵先至，未嘗身履行陣」，這是對其指責房玄齡等「專弄刀筆」的回應，委婉地指出其亦未身先士卒衝鋒陷陣，這一說法也與後文所言「叔父於國至親，誠無所愛」的基調一致，說明李世民並不打算在財物賞賜上對李神通有所吝惜。

以上文獻與史實都表明，李世民不會如《通鑑》所記那般怒斥李神通，因此《通鑑》所記李世民斥責李神通之言論，應是此段中又一處對文字的改寫，而這一改寫也與上節所言《通鑑》敘事模式有關。

在《通鑑》對此事的敘事邏輯中，秦府舊人對現狀不滿在先，此種不滿情緒積至頒詔褒獎首功者之時爆發，「紛紜不已」。李神通雖非秦府舊人，但自恃出身與往日功業，故在此情境下向李世民發難。《通鑑》在追記房、李論秦府舊人不滿之事時，李世民就明確表示了治國應「至公無私」，對府中舊人重私利而輕公義之言論較為不滿，在此語境下與房、杜爭功的李神通，自然也被《通鑑》塑造成李世民治國理念中的對立面。

事實上，在《唐會要》與《舊唐書》中，李神通對褒功詔書的質疑只是

---

[351]《舊唐書》卷六四〈隱太子建成傳〉，第2417頁。
[352]《資治通鑑》卷一九二，第6025頁。
[353]《舊唐書》卷六〇〈淮安王神通傳〉，第2341頁。

其個人不明大體之舉,對於這位一時糊塗的長輩,李世民採取了相對溫和的回應方式。《通鑑》既將李神通與詔書頒布時的「諸將爭功」相連繫,又將其為自己論功之事與秦府舊人「嗟怨」做類比,將他們視為親舊的代表,作為「至公」之道的反對派被打入另冊,以此兩例反覆申明李世民的執政理念。在此敘事策略下,李世民與李神通的對話也被處理為兩種理念間的辯論。李神通遭到李世民不留情面的譏刺,正是這一敘事結構中的歷史想像。

《通鑑》對李神通與李世民論爭的處理,雖立足於其史源,但有意改動對話內容,使李世民否定李神通之功績,則有將歷史簡單化之嫌。這與賞功之日諸將當場爭功之事雖同屬《通鑑》的歷史想像,但不可同日而語。此處對歷史的改寫,將李神通與未受重用之秦府舊人視為一體,作為李世民推行新政的阻礙,由此愈顯李世民之公心,而顯李神通之偏狹。為了強化二人的形象差異,以至於在記貞觀四年之事時未採錄李神通去世後李世民為之輟朝的材料。與之相比,同在貞觀四年去世的杜如晦則受到特別的重視,《通鑑》不但記載了其去世時間,更對其病重後受到李世民的關懷與去世後李世民對他的懷念加以渲染。而與李世民常有意見分歧的封德彝,因偶有合乎貞觀之政的議論,兼之身為武德重臣,故其去世之事亦有記載。

身為貞觀歷史上的「失蹤者」,李神通是《通鑑》想像出的反對派,他在《通鑑》所記載的貞觀歷史上只出現在「諸將爭功」事件中,反襯了李世民執政理念的正義性。與史實反差極大的這一形象塑造,正可作為司馬光選擇「善可為法,惡可為戒」的案例以「資治」的撰史主張。但是,為「資治」而對李神通的形象進行矮化,對《通鑑》「求實」之宗旨有所損害。

李世民在《通鑑》中被塑造成一個足可垂範後世的「聖君」,「諸將爭

功」事件的敘事主題也是彰顯其「至公無私」的治國之道，司馬光等人就是以此為出發點，對原有材料加以改寫，最適合用來表現這一主題的關鍵人物李神通被施以文學性的改扮，成功地作為李世民的對立面而存在於該事件的描寫之中。

四、《通鑑》敘事研究的方法

　　本文透過對《通鑑》「諸將爭功」之事的分析，考察了《通鑑》與其史源在敘事結構、細節描述與人物塑造上的異同，其結論是：在敘事模式的建構上，《通鑑》對其史源在史實上的漏洞加以修正，在基本保持原有敘事結構的基礎上描繪出不同於其史源的敘事鏈條，並作出了較史源更接近史實且符合邏輯的想像。但在此敘事結構中，為突出李世民的執政理念而對與之發生爭辯的李神通形象進行了簡單化的文學性處理，以犧牲史實為代價來表現其「資治」精神。

　　在對「諸將爭功」之事進行細讀之後，我們對如何研究《通鑑》的歷史敘事也有一些方法上的認識，現不揣鄙陋，略述於後，以期求教於方家。

　　因為《通鑑》以前代史書為主要材料且時有改作，故而若要考察《通鑑》的敘事特徵與敘事結構，首先就應將其與相關史源做文字上的比勘，分析哪些內容是承襲自其史源，哪些是《通鑑》重新編排甚至重寫的。在比勘過程中，除比較文字在內容上的異同外，還應對不同文字的性質加以分析，以確定是否會因文體不同而出現不同的表達形式，從而對整體敘事產生影響。

　　在文字比較過後，對《通鑑》為何會有改作與重寫就應進行深入探討。

與「後現代」思潮影響下史家對史著的懷疑態度有所不同[354]，我們仍認為歷史著作中保留有豐富的史實或相關信息，因此敘事研究不能僅在文字層面做語言學或修辭學方面的考察，也不能僅停留在史源學層面對《通鑑》敘事加以議論，還應充分考慮其敘事背後是否有考訂史事後重述歷史的可能性。《通鑑》雖以撰述見長，但其長編考異之學正體現了歷史考據學的基本方法，欲對其敘事進行研究，亦應至少重新經歷一次司馬光做「考異」的環節，如此方能對其敘事進行評估，認定構成其敘事邏輯的重要內容中，何處為修正前史失實而得出的可信結論，何處為符合邏輯之歷史想像，何處為不合史實之個人發明。

經過以上兩個環節，便可對《通鑑》與相關史著在敘事結構、敘事特點上的異同加以初步分析，比較它們在敘事邏輯上的差異，並盡可能地對《通鑑》不同於他書之處進行解釋。此外，對於《通鑑》敘事鏈條中處於重要細節之外的情節與人物角色加以考辨，將需要進一步解釋的內容加以考察，在此基礎上對其敘事結構與敘事邏輯做出較為完整的梳理，便可大體復原《通鑑》的編纂思路與敘事手法。

對《通鑑》編纂過程的復原並非《通鑑》敘事研究的目的，而只是這一研究的開始。司馬光及其合作者們能夠使用與其他史著大體相近的材料，

---

[354]「後現代」思潮在史學領域的表現是涉及各個層面的，而且在理論和研究方法上並不具有一致性，不過持此立場者有一個較為共同的認識，即透過史料並不一定能夠認識客觀歷史，經過史學家編纂的歷史記載只是透過建立某種敘事結構反映編纂者的意識形態。基於此點，後現代史學致力於批判以往帶有「現代」意識的歷史觀，並對編纂史料所蘊含的意識形態與敘事特點進行反思。有關「後現代」思潮在史學界的具體影響及其批評，可參見吳莉葦〈史學研究中的後現代取向——從幾部論著看後現代理論在史學研究中的利弊〉，《史學理論研究》2000 年第 2 期。吳莉葦強調後現代史學對現代理論的批判與反思具有「只破不立」的特徵，趙世瑜對此則有不同看法，他認為單純對某種研究傾向冠以「後現代」之名也許並不合適，而這些對已有史料與理論的反思應受到充分重視；後現代史學儘管不認可編纂史料能夠反映客觀歷史，但其從文本入手進行史料批判的思路應成為重建歷史認識與歷史敘事的重要途徑。他的相關看法詳見〈歷史學即史料學：關於後現代史學的反思〉，《學術研究》2004 年第 4 期；〈後現代史學：匆匆過客還是餘音繞梁〉，《學術研究》2008 年第 3 期。

支撐起一個對過往歷史進行重述的新模型，最緊要者就在於他們在搭建敘事結構時所持的思路和將這一思路付諸實施的具體敘事手法。只有將編纂者們在微觀層面編排綴合史料的操作手法、中觀領域內建立起的敘事結構和宏觀角度所持的理念濃縮到某些具有典範意義的案例中進行綜合考察，才能夠避免僅僅將《通鑑》視為普通史料之一而與其他編纂史料與原始數據互證——儘管《通鑑》的確保留了一些其他史書中沒有的寶貴材料。

在《通鑑》敘事研究中，有關唐代的數據無疑是最豐富也是最適合進行案例分析的，與《唐會要》、《冊府元龜》和兩《唐書》等材料相對照，便可發現《通鑑》獨有的敘事特徵及其敘事中蘊含的理念。這不但能讓我們看到《通鑑》與兩《唐書》在講述唐史時「橫看成嶺側成峰」的不同意趣，更可以突破以往限於從「臣光曰」這類評論中分析司馬光史識之做法，而對中國史學「寓論斷於敘事」的敘事學特徵有所發明。

（原載《中國人民大學學報》2017 年第 1 期，第 2 — 10 頁，與張耐冬合著。）

增訂後記

　　本書是 2008 年出版的《說唐太宗》的增訂本，書名改為《盛唐奠基：貞觀之治的開創》。在保留原書口語化和通俗化基礎上，適當增加了注釋交代史事出處。同時將近年來發表的若干篇相關文章作為附錄，這些文章大都是在中國古代史和隋唐五代史課程講稿基礎上改寫的，與學術文章相比顯得通俗，故增附於後，作為教學生涯的一個小結。張飄博士協助我完成了書稿的校訂和注釋工作，添補了不少史事和文獻出處，糾正了原書中的若干錯誤。這個增訂本無疑是我們共同完成的成果。

　　感謝與我共同署名發表的張耐冬、趙璐璐同意將文章收錄本書。感謝出版社編輯耐心等候。這些年來學界對唐太宗與貞觀之治的認識又有了許多推進，本書的一些觀點當有落後，敬祈讀者原諒並指正。

劉后濱

貞觀之治，從亂世英豪到開創盛世：

關隴背景 × 玄武兵變 × 平定突厥，從血腥宮廷政變到天下大治，李世民如何在爭權奪利中締造太平盛世？

作　　　者：	劉后濱，張飄
發 行 人：	黃振庭
出 版 者：	崧燁文化事業有限公司
發 行 者：	崧燁文化事業有限公司
E-mail：	sonbookservice@gmail.com
粉 絲 頁：	https://www.facebook.com/sonbookss/
網　　　址：	https://sonbook.net/
地　　　址：	台北市中正區重慶南路一段 61 號 8 樓 8F., No.61, Sec. 1, Chongqing S. Rd., Zhongzheng Dist., Taipei City 100, Taiwan
電　　　話：	(02)2370-3310
傳　　　真：	(02)2388-1990
印　　　刷：	京峯數位服務有限公司
律師顧問：	廣華律師事務所 張珮琦律師

—版權聲明—

本書版權為山西人民出版社所有授權崧燁文化事業有限公司獨家發行繁體字版電子書及紙本書。若有其他相關權利及授權需求請與本公司連繫。

未經書面許可，不得複製、發行。

定　　價： 450 元
發行日期： 2025 年 04 月第一版
◎本書以 POD 印製

國家圖書館出版品預行編目資料

貞觀之治，從亂世英豪到開創盛世：關隴背景 × 玄武兵變 × 平定突厥，從血腥宮廷政變到天下大治，李世民如何在爭權奪利中締造太平盛世？/ 劉后濱，張飄 著 . -- 第一版 . -- 臺北市：崧燁文化事業有限公司，2025.04
面；　公分
POD 版
ISBN 978-626-416-424-5(平裝)
1.CST: 唐太宗 2.CST: 傳記
624.11　　　　114003316

電子書購買

爽讀 APP　　　　臉書